POLIZEI-UNIFORMEN
der
Süddeutschen Staaten
1872 - 1932

Ingo Löhken

© Copyright, 1988
Alle Rechte, auch die des auszugsweisen Nachdrucks, beim
PODZUN - PALLAS - VERLAG GMBH, Markt 9, 6360 Friedberg / H. 3
Fotosatz: Brigitte Keller
Technische Herstellung: Druckerei L. Wagner, 6350 Bad Nauheim
ISBN 3-7909-0328-0

Ingo Löhken

POLIZEI-UNIFORMEN
der
Süddeutschen Staaten
1872 - 1932

Baden
Bayern
Hessen
Württemberg
Reichslande

PODZUN - PALLAS

Während der abschließenden Arbeiten zu diesem Buch wurden am 2. November 1987, während einer Demonstration an der Startbahn West des Flughafens Frankfurt am Main, die Polizeibeamten

Thorsten Schwalm und
Klaus Eichhöfer

erschossen.

Dem Gedenken an diese beiden Männer möchte ich das Buch widmen.

Inhalt

Vorwort

Die vorliegende Arbeit ist der erste Versuch, die Uniformierungsgeschichte der Polizei und Gendarmerie mehrerer Staaten innerhalb einer geschichtlich und kulturell zusammengehörigen Region aufzuzeigen. Die süddeutschen Staaten haben sich bis in die zweite Hälfte des 19. Jahrhunderts ihre Eigenständigkeit gegenüber den unter preußischer Vorherrschaft immer mächtiger werdenden norddeutschen Staaten bewahrt und erst nach dem deutsch-französischen Kriege, mit Gründung des Deutschen Reiches, Teile ihrer Eigenständigkeit aufgegeben. Für das hier vorliegende Thema relevant sind die bilateralen Militärkonventionen mit Preußen zu nennen, die auf die Entwicklung der Polizei allgemein — und damit auch auf die Uniformierung — zum Teil erheblich Einfluß genommen haben. Als signifikant sind hier die Uniformen der militärisch organisierten Gendarmeriekorps und die offensichtlich nach preußischem Vorbild eingerichteten Schutzmannschaften zu nennen.

Die Literatur um und über den bunten Rock des Soldaten ist von einer erdrückenden Vielfalt. Von jeher war der Soldatenstand das Ziel zahlreicher Betrachtungen. Historiker, Maler und Dichter, Kriegervereine und Traditionsverbände, aber auch Museen und Sammlungen haben das Interesse an der Militärgeschichte und am bunten Rock als augenfälliges Symbol des Soldatenstandes lebendig gehalten.

Dabei ist eine Seitenlinie des Militärs, die Gendarmerie und die Polizei, in Vergessenheit geraten. Bis in unser Jahrhundert hinein konnte nur der zur Polizei kommen, der eine mehrjährige Militärdienstzeit, zumindest aber seinen Wehrdienst, abgeleistet hatte. Eine fünfjährige Militärdienstzeit als Voraussetzung zur Übernahme in eine Schutzmannschaft war nicht selten. Die Gendarmen blieben ohnehin im Soldatenstand. Gendarmeriedienst war bis 1918 ein Dienst bei der Fahne. Die Gemeindepolizeien nahmen gerne Militärinvaliden in ihren Reihen auf.

Schutzmannschaften waren militärisch organisiert. Dienstgradbezeichnungen und Rangabzeichen wurden, wie auch die Grundmuster der Uniformen, gerne vom Militär übernommen. — Nur mit der Tradition und mit der Geschichtsschreibung im eigenen Hause tat man sich schwer — und tut es wohl auch heute noch.

Die vorhandene Literatur ist gewiß nicht arm an polizeibezogenen Themen. Das Interesse beschränkt sich aber in der Regel auf die Polizei als staatliches Machtmittel, als Exekutivgewalt. Die Themen kreisen um Verwaltungstheorie und -praxis, Machtgebrauch und Machtmißbrauch, Eingriffsbefugnisse und Rechtsgrundlagen. Die Reihung ließe sich beliebig fortsetzen.

Vergessen wurde dabei zumeist das letzte Glied in der Kette: der Schutzmann und Gendarm, Wachtmeister und Sergeant, der Posten- und Streifenbeamte. Vor der allumfassenden Motorisierung war der Wachtmeister ein prägender Bestandteil des Straßenbildes. Er war nicht nur Respektsperson, er war auch Symbol für Ruhe, Ordnung, Sicherheit und Hilfeleistung. Der Schutzmann war aus dem Straßenbild nicht fortzudenken.

Der Schutzmann in den deutschen Staaten ist heute 140 Jahre alt. Die erste Schutzmannschaft entstand in Berlin, als Folge der Revolution von 1848. Die Arbeit dieser Polizei war so erfolgreich, daß sie schon bald in vielen deutschen Staaten, aber auch im fernen Ausland, Nachahmung fand.

Die Gendarmerie in Deutschland ist ein Ausfluß der napoleonischen Ära. Die deutschen Fürsten hatten die Wirksamkeit der gut ausgebildeten und organisierten französischen Gendarmen kennen- und schätzengelernt. Spätestens in den Unruhen während und nach den Befreiungskriegen begannen in den deutschen Staaten die Bestrebungen, Gendarmeriekorps nach bewährtem französischen Vorbild für polizeiliche Tätigkeiten in den damals noch weitläufigen ländlichen Regionen der Staaten einzurichten. Auch wenn einige Gendarmeriekorps ihre Traditionen in noch frühere Zeit zurückgeführt haben, so ist für die Sicherheit auf dem Lande erst mit der militärisch organisierten Gendarmerie französischer Prägung ein durchgreifender Erfolg zu bemerken. Zwischen 1804 und 1812 entstanden in den von französischen Einflüssen stärker geprägten süddeutschen Staaten die einzelnen Gendarmeriekorps.

Es wäre angebracht, sich der Leistung und der Aufopferung all der Männer stärker zu erinnern und dem Gedenken der deutschen Polizei einen würdigen Platz in der Geschichte zu schaffen. Regierungen und Regierte sind gleichermaßen auf die Arbeit der Polizei im Sinne eines friedvollen Zusammenlebens angewiesen.

Die vorliegende Arbeit soll helfen, einen Teilaspekt der Polizeigeschichte, die Uniformierung, die Dienstkleidung, in der sich die Polizei täglich dem Bürger präsentierte, nicht ganz in Vergessenheit geraten zu lassen. Wenn zu Beginn von einem Versuch zur Darstellung der Uniformierung gesprochen wurde, so ist das wohlbegründet. Die vergleichsweise geringe Aktenüberlieferung und die in den Archiven verstreut verwahrten Quellen machen eine gezielte Nachsuche schwer. Ein Rückgriff auf die vorhandene Literatur ist nur im geringen Umfang möglich. Bei der Vorbereitung der vorliegenden Arbeit wurden nahezu alle großen Archive und Museen der Region aufgesucht. Die Resultate waren unterschiedlich, sie reichen von üppig bis ergebnislos, je nach Staat und Polizeisparte. Demzufolge kann diese erste Arbeit zum Thema auch nicht gleichermaßen umfangreich und ausführlich sein. Notwendigerweise ist sie nur so gut und ausführlich, wie die Quellenlage es zuläßt. Daher wurde der im Titel genannte Zeitraum gelegentlich unterschritten, aber auch dort, wo es sich angeboten hat oder wo es zweckmäßig erschien, erheblich überschritten. Neben der lange überfälligen Notwendigkeit, das vorliegende Thema aufzuarbeiten, kann das Buch nur der Beginn einer immer umfassender werdenden Nachforschung auf seinem Gebiet sein. Es wird für die Zukunft bleiben, die hier begonnene Dokumentation fortzuschreiben. Dem Verfasser und allen am Thema der Arbeit interessierten Lesern und Benutzern des Buches sei diese Aufgabe für die Zukunft gestellt. Mit der Angabe der von mir benutzten Quellen (eine Praxis, die sich in der generellen Uniformierungsgeschichte erst in jüngster Zeit durchsetzt) will ich versuchen, jedem zu helfen, der noch weiter an diesem Thema arbeiten möchte.

Windeck-Dattenfeld, im Sommer 1988   Ingo Löhken

Ein Wort des Dankes

Ohne die tatkräftige Unterstützung vieler Menschen wäre es nicht möglich gewesen, die folgende Arbeit vorzustellen. Ich bin dankbar, daß man mir mit viel Energie, Zeitaufwand und Verständnis behilflich gewesen ist, die Quellen zu diesem Buch zusammenzutragen.

Es ist kaum möglich, hier alle Personen und Institutionen zu nennen, die mir ihre Unterstützung zuteil werden ließen. Stellvertretend für alle möchte ich mich aber bedanken bei den Mitarbeitern der Bücherei in Windeck-Rosbach, die mir mit großem Eifer viele Bücher und ganze Serien von Regierungs- und Verordnungsblättern beschafft haben.

Den Damen und Herren des Generallandesarchives in Karlsruhe, dem Hauptstaatsarchiv (Kriegsarchiv) in München und dem Hauptstaatsarchiv in Stuttgart, die mich sehr tatkräftig unterstützt haben, möchte ich Dank sagen. Die Mitarbeiterinnen und Mitarbeiter des Bayerischen Armeemuseums in Ingolstadt und des Wehrgeschichtlichen Museums in Rastatt wie auch des Archivs für das Department Bas-Rhin in Strasbourg darf ich in diesen Dank einschließen.

Ein besonderer Dank gilt aber meiner Frau, die mir durch ihre Geduld, ihr Verständnis und ihre Unterstützung sehr geholfen hat. Durch sie ist mir manche Arbeit erleichtert worden, so zum Beispiel die Reinschrift des Manuskripts und die anschließende Korrekturarbeit.

Großherzogtum Baden

D as Großherzogtum Baden, im Westen des Reiches gelegen, setzte sich aus mehreren frühmittelalterlichen Herzogtümern zusammen, die von dem breisgauer Geschlecht der Zähringer regiert wurden. Der Markgraf von Baden, Friedrich Karl, nahm 1806, nach Gründung des Rheinbundes, den Titel »Großherzog von Baden« mit dem Prädikat »Königliche Hoheit« an. Unter seiner Herrschaft nahm das Land seine Gestalt an, die es bis 1918 behielt. Großherzog Friedrich I. war mit einer Tochter des preußischen Königs Wilhelm I. verheiratet. Er war es auch, der seinen Schwiegervater im Jahre 1871 in Versailles zum Deutschen Kaiser ausrief. Friedrich I. setzte sich sehr früh für eine deutsche Einigung unter preußischer Oberhoheit ein; ihm wurde gelegentlich der Beiname »Friedrich der Deutsche« gegeben.

Baden war eine konstitutionelle Monarchie. Die Landstände bildeten die gesetzgebende Vertretung des Volkes. Sie waren in zwei Kammern geteilt. In der ersten Kammer saßen die Prinzen des Herrscherhauses, Vertreter des Standes- und Gutsherrlichen Adels, Angehörige der Kirche und der Hochschulen, der Berufskörperschaften, einige Oberbürgermeister und Mitglieder, die der Großherzog selbst ernennen konnte. Die Abgeordneten der zweiten Kammer wurden vom Volke für die Dauer von vier Jahren gewählt.

Das Land hatte zuletzt eine Flächenausdehnung von etwas mehr als 15 000 qkm und, nach der Volkszählung von 1910, etwa 2,2 Millionen Einwohner, etwas mehr als Berlin damals Einwohner hatte. Die Hauptstadt war Karlsruhe.

Die Exekutivpolizei in Baden bestand aus dem Gendarmeriekorps, der Staatspolizei und der Gemeindepolizei. Die Gendarmerie wurde durch das Gesetz vom 31. Dezember 1831 eingerichtet, sie war militärisch organisiert. In ihrer dienstlichen Tätigkeit war sie dem Innenministerium unterstellt.

Das Gendarmeriekorps war in vier Distrikte unterteilt, die sich wiederum in Bezirke aufteilten. Dem Kommandeur des Korps unterstanden die vier Distriktoffiziere. Die Bezirke wurden von Oberwachtmeistern geführt. Die Gendarmen und Wachtmeister waren Hilfsbeamte der Staatsanwaltschaft.

Nach der Militärkonvention mit Preußen im Jahre 1871, als alle Truppen als badisches Kontingent der preußischen Armee direkt unterstellt wurden, blieb allein die Gendarmerie als militärische Organisation dem Großherzog unterstellt. Der jeweilige Korpskommandeur der Gendarmerie war daher nach 1871 der einzige badische General.

Die Staatspolizei war zuletzt in den Städten Mannheim, Heidelberg, Karlsruhe, Pforzheim, Rastatt, Baden, Freiburg und Konstanz eingerichtet. Die Anstellungsbehörde war das Innenministerium. Die Staatspolizei unterstand, in den Städten unterschiedlich organisiert, einem Bezirksamt oder einer Polizeidirektion. Ihr innerer Aufbau war den militärischen Grundsätzen nachempfunden. Die Angehörigen der Staatspolizei waren Hilfsbeamte der Staatsanwaltschaft.

Die Gemeindepolizei wurde vom Gemeinde- oder Stadtrat angestellt, sie unterstand dem Bürgermeister. Die Angehörigen der Gemeinde- oder Ortspolizei waren keine Hilfsbeamte der Staatsanwaltschaft.

Die Gendarmerie 1869 bis 1917

Im Vergleich zu den anderen süddeutschen Staaten sehr früh, bereits im Jahre 1869, wird in Baden die Uniformierung der Gendarmerie nach dem Vorbild der preußischen Landgendarmerie eingeführt. Der Befehl stammt vom 9. September 1869[1]. Die neuen Uniformen werden jedoch erst im Rahmen der jährlichen Neuanfertigungen angeschafft (Abb. 1). Das bedeutet, während einer recht langen Übergangzeit werden zwei unterschiedliche Uniformen im Lande getragen. Man muß dabei berücksichtigen, daß der Gendarm in der Regel vier Garnituren Waffenröcke hatte und daß die Tragezeit der Waffenröcke mit 16 Monaten festgesetzt war. Bestimmungen, daß die alten Bekleidungsstücke nach neuer Probe abzuändern sind, werden im Einführungsbefehl nicht erlassen.

Der Waffenrock des Gendarmen (Abb. 57) ist aus dunkelgrünem Tuch, mit einer Reihe von acht Knöpfen geschlossen. Das Grundtuch ist dunkler, als es von der preußischen Landgendarmerie her bekannt ist, es gleicht eher der Farbe, wie sie die Landjäger im Königreich Württemberg und die Gendarmen im Großherzogtum Hessen tragen, also das sogenannte russisch-grün. Die Achselklappen sind aus Grundtuch mit ponceauroten Vorstößen und den Distriktnummern (1 bis 4) in roten arabischen Zahlen. Der vorn abgerundete Stehkragen ist aus kornblumenblauem Tuch mit einer goldenen Unteroffizierstresse. Vorn, an jeder Kragenseite, befindet sich eine gelbwollene Litze mit blauem Spiegel. Der polnische Ärmelaufschlag aus kornblumenblauem Tuch mit roten Vorstößen hat ebenfalls eine Tresse wie am Kragen. In der Spitze der Aufschläge sitzt ein Knopf. Alle Knöpfe sind glatt, aus Tombak. Die Gendarmen 1. Klasse tragen zu beiden Seiten des Kragens, wie auch die Wachtmeister, je einen großen Auszeichnungsknopf (Sergeantenknopf) mit dem badischen Greifen. Den übrigen Gendarmen konnte, wenn sie die Auszeichnung noch nicht besaßen, diese seit dem 27. Oktober 1897 nach einer zehnjährigen Gesamtdienstzeit verliehen werden[2].

Ab dem 9. Juni 1898 erhalten Gendarmen, die in der Armee eine etatmäßige Feldwebel- oder Wachtmeisterstelle bekleidet haben, am Unterärmel des Waffenrockes, oberhalb der breiten Tresse des polnischen Aufschlages, eine zweite, schmalere Goldtresse[3].

Gendarmen und Wachtmeister, die beim Korps-Stab ihren Dienst versehen, haben auf den Achselklappen keinerlei Numerierung.

Der Waffenrock der Wachtmeister und auch der Vize-Wachtmeister gleicht dem der Gendarmen, jedoch mit den großen Auszeichnungsknöpfen (Sergeantenknöpfen) mit dem badischen Greifen an den Seiten der Kragen. Ab dem 9. Juni 1898 erhalten die Wachtmeister an den Ärmelaufschlägen des Waffenrocks, oberhalb der breiten Tresse, eine zweite, schmalere Goldtresse[4].

Der Waffenrock der Oberwachtmeister gleicht dem der Wachtmeister, einschließlich der Bestimmung vom 9. Juni 1898. Zusätzlich haben sie jedoch quer über die Achselstücke eine silberne Tresse (Epaulettentresse) mit Durchzügen in den badischen Landesfarben, gelb und rot[5] (Abb. 57 und 58).

Alle Gendarmen und Wachtmeister, die in der Armee ein Rang- oder sonstiges Abzeichen erworben haben (Militärschule, Sergeantenknöpfe, Schießauszeichnung, Telegrafenlehrgang pp.) tragen diese Abzeichen auch im Gendarmeriekorps. Ab dem 26. April 1894 wird das in Preußen am 27. Januar 1894 neu eingeführte Schützenabzeichen eingeführt[6]. Es wird unter der rechten Achselklappe und am zweiten Knopf des Waffenrockes befestigt. Die Schützenschnur ist in den Reichsfarben geflochten, Anzahl und Farbe der Eicheln gibt die Schießklasse an.

Die berittene Abteilung des badischen Gendarmeriekorps wird im Jahre 1890 eingerichtet[7]. Diese Abteilung ist immer verhältnismäßig klein. Die Berittenen tragen die Waffenröcke wie bei den nicht berittenen Gendarmen und Wachtmeistern.

Die Hosen sind für alle Dienstgrade gleich, aus blauschwarzem Tuch mit ponceauroten Vorstößen in den Seitennähten. In den warmen Jahreszeiten dürfen leichtere Hosen aus braunem oder weißem Tuch getragen werden. Die Reithosen der Berittenen haben Lederbesatz. Hier fehlen die Vorstöße in den Seitennähten.

13

Der Helm ist für die Gendarmen und Wachtmeister gleich. Bei der Einführung des Helmes, bereits am 11. März 1869, wird bestimmt, daß es der Helm des (I.) Leib-Grenadier-Regiments, jedoch ohne Haarbusch, sein soll[9]. Der Helm aus schwarzem Leder mit rundem Augenschirm hat eine Spitze mit Tellerbasis, die mit Buckelschrauben gehalten wird. Die Schuppenkette ist flach. Als Helmzier wird der badische Greif mit dem Bandeau »Mit Gott für Fürst und Vaterland« getragen. Alle Beschläge sind aus gelbem Metall. Unter der rechten Schuppenkettenbefestigung wird die badische Kokarde getragen, die Reichskokarde wird nicht angelegt (Abb. 4).

Nach der Militärkonvention zwischen Baden und Preußen vom 25. November 1870 und nach der Eingliederung der badischen Truppen in die preußische Armee am 3. April 1871 erhält das (I.) Leib-Grenadier-Regiment die Bezeichnung 1. Badisches Leib-Grenadier-Regiment Nr. 109. Dieses Regiment erhält im Jahre 1885 neusilberne Helmbeschläge und zusätzlich den Stern des Badischen Hausordens der Treue. Diese Veränderung wird von der Gendarmerie nicht nachvollzogen.

Der Helm der Berittenen hat einen eckigen Augenschirm, eine konvexe Schuppenkette und eine Helmspitze mit Kreuzblattbasis. Zur Parade oder zu feierlichen Anlässen wird ein schwarzer Roßhaarbusch angelegt. Sonst gleicht der Helm denen der nicht berittenen Gendarmen und Wachtmeistern.

Die Mütze in der steifen Form der Offiziersmütze des Militärs ist für alle Dienstgrade gleich. Sie ist aus dunkelgrünem Grundtuch mit kornblumenblauem Besatzstreifen und ponceauroten Vorstößen. Vorn auf dem Besatzstreifen ist die badische Kokarde befestigt. Die Reichskokarde wird nicht angelegt.

Die Blankwaffe der Gendarmen ist ein Yatagan mit einer keilförmigen, geschweiften Klinge, mit gelbem Griff und schwarzer Lederscheide mit gelben Beschlägen und Tragehaken. Es ist zum Aufpflanzen auf das Gewehr (seit 1847 ein verkürztes Gewehr System Minié; ab 1873 ein bei den Firmen Spangenberg & Sauer und C.G. Haenel gefertigtes Zündnadelgewehr[10] und nach 1898 ein Karabiner, Modell 88[11]). Das Yatagan wird in einem Köcher am übergeschnallten Leibriemen getragen (Abb. 2).

Die Wachtmeister tragen ebenfalls das Yatagan, ab dem 22. März 1878 jedoch einen Degen[12]. Es handelt sich hier um das alte Modell des Offiziersdegens der badischen Armee. Der runde Bügel mit Parierstange, die ovalen Stichblätter und der ovale Knauf der Waffe sind aus gelbem Metall. Der Griff hat eine Silberdrahtwicklung. Die schmale, gerade Klinge ist zweischneidig. Die Scheide aus schwarzem Leder hat gelbe Beschläge mit Tragehaken. Von den Wachtmeistern wird der Degen am übergeschnallten Leibriemen getragen.

Die Oberwachtmeister tragen den Säbel der Feld-Artillerie mit vernickelter Stahlscheide, untergeschnallt an zwei Trageriemen. Ab dem 24. November

1873 erhalten sie den Degen[13]. Dieser wird von den Oberwachtmeistern unter-geschnallt, durch den Waffenrock gesteckt, getragen.

Wenn die Wachtmeister und charakterisierten Oberwachtmeister im Dienst mit Gewehr erscheinen, so müssen sie das Yatagan anlegen.

Die Berittenen tragen den früheren badischen Kavallerie-Offizierssäbel in ver-nickelter Stahlscheide. Den Wachtmeistern und Oberwachtmeistern ist es au-ßer Dienst gestattet, den Löwenkopfsäbel anzulegen.

Die Gendarmen tragen an der Seitenwaffe die **Säbeltroddel** der Unteroffiziere der Infanterie. Ab dem 26. August 1899 wird ihnen nach einer zwölfjährigen, vorwurfsfreien Gesamtdienstzeit das silberne Portepee zu ihrer Seitenwaffe genehmigt. Später wird diese Dienstzeit auf neun Jahre reduziert. Die Wacht-meister und Oberwachtmeister tragen das silberne Portepee. Dieses wird auch von den Gendarmen getragen, denen es bereits bei der Armee verliehen wor-den ist. Bei den Berittenen tragen die nicht zum Führen des Portepees berech-tigten Gendarmen den Faustriemen am Säbel (Abb. 3).

Jeder Gendarm oder Wachtmeister erhält eine ständige Nummer (Dienstnum-mer), die auf seinen sämtlichen Bekleidungsstücken, dem Karabiner und dem Yatagan angebracht ist. In den Bekleidungsstücken wird neben der ständigen Nummer auch noch das Lieferungsjahr angebracht.

Der Leibriemen ist aus naturbraunem Leder. Das Kastenschloß aus Messing oder Tombak hat eine runde, weißmetallene Platte mit der Krone und der Umschrift »GOTT MIT UNS«.

Das Bandelier der Berittenen ist aus weißem Leder mit Schnalle, Schieber und Halbmond aus gelbem Metall und mit einem schwarzen Kartuschkasten, auf dem sich der verschlungene Buchstabe »F« unter der Krone befindet. Die Auf-lage auf den Patronentaschen der Fußgendarmen ist identisch.

Der Waffenrock der Offiziere gleicht dem der Gendarmen im Schnitt und in der Farbe, jedoch mit folgenden Abweichungen: am Kragen befinden sich kei-ne Tressen und Auszeichnungsknöpfe. Vorn an jeder Kragenseite sitzen je zwei goldgestickte Litzen. Die schwedischen Ärmelaufschläge aus kornblu-menblauem Tuch haben zwei goldgestickte Litzen mit je einem Knopf. Alle Knöpfe sind vergoldet.

Die Epauletten haben grüne Felder. Die Halbmonde sind vergoldet, die Epaulettentresse ist silberfarben, mit Durchzügen in den Landesfarben. Die Gradunterschiede werden durch vierspitzige, vergoldete Sterne angezeigt. Sonst sind keine Auflagen befohlen. Die Offiziere im Stabsoffiziersrang tragen lose Kantillen, der Kommandeur, wenn er im Generalsrang steht, starre Kan-tillen an den Epauletten.

Das Großherzoglich Badische Gendarmeriekorps hatte immer fünf Offiziere gleichzeitig, den Kommandeur und vier Distriktkommandeure.

Die Achselklappen haben auf dunkelgrüner, steifer Tuchunterlage silberne

Plattschnüre, die Durchzüge in den Landesfarben haben. Bei den Stabsoffizieren sind die Plattschnüre geflochten, sonst liegen sie nebeneinander. Die Gradunterschiede werden, wie bei den Epauletten, durch vergoldete Sterne angezeigt.

Der Paletot entspricht dem Modell, wie es von den Offizieren der Armee getragen wird. Er ist aus dunkelgrauem, ab dem 26. Juli 1885 aus hellgrauem Tuch. Der Klappkragen ist aus Grundtuch. Zum Paletot werden die Achselklappen getragen.

Die Hosen unterscheiden sich nicht von den Hosen der Mannschaften.

Der Offiziershelm gleicht dem Helm, wie er bei den Berittenen beschrieben ist, jedoch mit folgenden Besonderheiten: die vier Bügel der Spitzenbasis werden mit Sternschrauben befestigt. Die Schuppenkette hat Rosettenbefestigung, der schwarze Haarbusch ist aus Büffelhaar. Alle Beschlagteile sind vergoldet. Die Offiziere legen ab 1897 die Reichskokarde an.

Die Mütze der Offiziere gleicht in Form und Farbe der Mütze der Gendarmen und Wachtmeister, jedoch ab 1897 zusätzlich mit der Reichskokarde.

Das Offiziersseitengewehr ist ein Löwenkopfsäbel mit vergoldetem Bügel in einer weißmetallenen Scheide. Die Waffe wird untergeschnallt an zwei Trageriemen geführt. Am Gefäß das silberne Offiziersportepee wie in der Armee.

Die Schärpe ist aus Silbertresse mit zwei Streifen aus gelber und roter Seide. Die beiden Quasten, die an der linken Hüfte getragen werden, haben Füllfransen aus gelber und roter Seide. Die äußeren Fransen sind aus Silbergespinst.

Die Feldbinde ist aus Schärpentresse, das vergoldete Schloß zeigt die Krone über dem Namenszug des Großherzogs, wie auf der Kartusche.

Das Bandelier zur Parade wird für die Offiziere erst am 9. Juni 1898 eingeführt[14]. Es besteht aus Goldtresse mit grünem Unterfutter. Die Schnalle, die Schlaufe und der Halbmond sind vergoldet. Auf dem Deckel der schwarzen Kartusche ist der gedoppelte Namenszug »F« des Großherzogs, unter der Krone, aufgelegt. Die Auflage ist vergoldet.

Zusammenfassend muß für den Bereich der Uniformierungsvorschriften der Gendarmerieoffiziere ausweislich eines umfangreichen Vorganges aus dem Großherzoglichen Geheimen Kabinett aus dem Jahre 1910[15] festgestellt werden, daß »eine ausdrückliche und erschöpfende Regelung der Uniformierung der Offiziere, insbesondere des Korpskommandeurs der Gendarmerie nicht besteht«. Grundsätzlich galt die Regelung, daß auch die Offiziersuniform und -Bewaffnung der badischen Gendarmerie sich »der Uniformierung und Bewaffnung der preußischen Landgendarmerie anschließen soll«. Für die Offiziere sind lediglich einige Einzelanordnungen ergangen, die hier berücksichtigt worden sind.

Für den Korpskommandeur heißt es in der zitierten Akte von 1910, daß er »wenn er nicht im Generalsrang stand, die Uniform der Gendarmerieoffiziere getragen, wenn er aber im Generalsrang stand, dagegen die Uniform angelegt hat, wie sie für die königlich preußische Generale vorgeschrieben ist — jedoch mit den badischen Landesabzeichen. Ein früherer Korpskommandeur soll jedoch auch als Generalmajor den grünen Waffenrock der Gendarmerieoffiziere getragen haben.«

Gewiß sind diese ungenauen Bestimmungen nicht nur aus heutiger Sicht unbefriedigend. Die Sachlage ist aber, wie sich zeigen wird, nicht nur im Großherzogtum Baden anzutreffen.

Die Gendarmerie ab 1917

Auch die Gendarmerie in Baden wird gegen Ende des Krieges mit Bekleidungsstücken ausgerüstet, die sich in ihrer Farbe den Uniformen der Armee anpassen. Diese Bestimmungen erfolgten auch in anderen Staaten und wurden alle um die Jahre 1917/18 eingeführt.

Im Großherzogtum Baden erfolgen die neuen Bestimmungen am 26. April 1917[16].

Bestandteile der Bekleidung, Ausrüstung und Bewaffnung

a) Offiziere
Waffenrock
Bluse
Kleiner Rock
Lange Tuchhose
Reithose
Galahose
Mantel
Umhang
Helm
Schirmmütze
Handschuhe

b) Mannschaften
Waffenrock
Bluse
Tuchhose
Reithose
Mantel
Umhang
Lederhandschuhe
Helm
Helmüberzug
Schirmmütze
Feldmütze für Berittene

Achselstücke
Stiefel mit Sporen
Kavalleriestiefel mit Sporen
Schnürschuhe mit Sporen
Gamaschen
Bandelier mit Kartusche
Schärpe
Feldkoppel
Säbel
Säbelkoppel
Portepee

Drillichrock für Berittene
Drillichhose für Berittene
Reiterstiefel für Berittene
Portepee
Säbeltroddel
Faustriemen
Leibriemen mit Köcher aus Rindleder und Schloß
Leibriemen mit Köcher aus Glanzleder und Schloß, für Wachtmeister
Tragegurt mit Säbeltasche für Oberwachtmeister
Säbelkoppel zum Unterschnallen für Berittene
Patronentasche
Seitentasche
Pistolentasche, Revolvertasche
Karabinerriemen
Mantelriemen
Bandelier mit Kartusche
Schließkette mit Schloß und Schlüssel
Kavallerie-Karabiner M 88 mit Zubehör
Pistole 08 mit Zubehör für Fußmannschaften
Armee-Revolver mit Zubehör für berittene Mannschaften
Yatagan mit Scheide für sämtliche Fußmannschaften
Degen (badischer Infanteriedegen alter Art) für die Oberwachtmeister und Wachtmeister
Badischer Kavallerie-Offizier-Säbel für die berittenen Mannschaften
Den berittenen Wachtmeistern ist es gestattet, außer Dienst den Löwenkopfsäbel zu tragen.

Beschreibung der Bekleidung und Ausrüstung der Offiziere

Der Waffenrock bleibt im Schnitt wie bisher, jedoch ist die Farbe des Grundtuches feldgrau. Die Bluse ist feldgrau, hinten im Schnitt des Waffenrockes, vorne mit einer verdeckten Knopfleiste. Der Umlegekragen hat grüne Patten und matte Litzen mit Goldschnüren. Der feldgraue kleine Rock ist zweireihig, ohne Schöße. Die Knöpfe sind blank. Der Umlegekragen hat grüne Patten mit rotem Vorstoß.

Die lange Tuchhose ist grau, mit roten Vorstößen. Die graue Galahose hat zusätzlich zwei kornblumenblaue Streifen (Lampassen). Die Reithose hat keine Vorstöße.

Der feldgraue Mantel ist einreihig, mit matten Kronenknöpfen. Der Kragen ist resedagrün. Der feldgraue Umhang hat einen Kragen wie am Mantel.

Der Helm bleibt unverändert, es ist der Kavalleriehelm mit vergoldeten Beschlägen, gewölbter Schuppenkette und schwarzem Haarbusch zur Parade. Außerdem auf der linken Seite unter der Schuppenkette die badische Landeskokarde, rechts die deutsche Kokarde.

Die Schirmmütze ist feldgrau, mit kornblumenblauem Besatzstreifen und roten Vorstößen, auf dem Mützenband die badische Landeskokarde, darüber die Reichskokarde.

Die Schnürschuhe, Ledergamaschen und Kavalleriestiefel (mit Anschlagsporen) sind aus schwarzem Leder. Die Handschuhe sind aus weißem oder grauem Wildleder.

Die Achselstücke haben Silberplattschnüre, die mit rotgelben Seidenfäden durchzogen sind. Die steife, grüne Unterlage hat einen zusätzlichen roten Randstreifen.

Das Bandelier ist aus Goldtresse (4,5 cm breit) mit vergoldeter Schnalle, Schieber und Halbmond. Das Unterfutter ist grün. Die schwarze Kartusche hat auf dem Deckel eine vergoldete Krone über zwei verschlungenen »F«. Die Schärpe hat ein silbernes Band mit zwei eingewebten Streifen aus gelber und roter Seide, zwei offenen Quasten mit zwei Reihen silberner Deck- und einer Reihe gelbroter Füllfransen und Kopf mit matter Silberbekettelung. Das Feldkoppel ist aus braunem Leder mit mattem Koppelschloß; darauf befinden sich die gedoppelten Buchstaben »F« unter der Krone wie auf dem Kartuschkasten.

Die Metallscheide des Löwenkopfsäbels wird geschwärzt. Das Säbelkoppel mit Trageriemen, ohne Schweberiemen, ist aus rotem Saffianleder mit silbernem Tressenbesatz, in der Mitte zwei rote und ein gelber, mit Gold durchwirkter Streifen. Das flache, silberne Portepee hat eine geschlossene Quaste mit rot-gelber Füllung. Der schwarze Lederriemen hat zu beiden Seiten Silberfäden und in der Mitte gelb-rot-gelbe Seidenfäden. Der Schieber ist mit gelbroten Seidenfäden durchzogen.

Beschreibung der Bekleidung und Ausrüstung der Mannschaften

Der Waffenrock ist aus feldgrauem Grundtuch. Der vorn abgerundete kornblumenblaue Stehkragen mit roten Vorstößen hat eine Goldtresse und an jeder Seite eine gelbwollene Gardelitze.
Die Ärmel haben polnische Aufschläge mit roten Vorstößen und einem Besatz aus Goldtresse. In jeder Spitze befindet sich ein Knopf. Die Schulterklappen sind dunkelgrün mit roten Vorstößen und der Distrikts-Nummer aus rotem Tuch. Das vordere Schlußteil und die hinteren Taschenpatten haben rote Vorstöße. Der Waffenrock wird mit acht Knöpfen geschlossen und auf den hinteren Taschenpatten befinden sich je drei Knöpfe. Alle Knöpfe sind aus gelbem Metall, ohne Prägung.
Die Oberwachtmeister, Wachtmeister und die Gendarmen mit mehr als neunjähriger Gesamtdienstzeit tragen auf beiden Seiten des Kragens den Wappenknopf mit dem Greif. Die Oberwachtmeister tragen auf den Schulterklappen oberhalb der Distrikts-Nummer eine silberne, mit roter und gelber Seide durchwirkte, 1,5 cm breite Tresse. Oberwachtmeister und Wachtmeister haben ferner auf beiden Ärmeln, oberhalb der Aufschläge, eine schmale Goldtresse.
Leute, die während ihrer Militärdienstzeit ein Rang- oder sonstiges Abzeichen erhalten haben, tragen diese auch im Gendarmeriekorps weiter.
Die Bluse hat feldgraues Grundtuch, hinten leicht anliegend, ohne Schoßnaht und ohne Taschenleisten. Der niedrige, weiche Stehkragen aus Grundtuch ist vorne abgerundet. Um den Kragen, der ohne Vorstoß ist, läuft eine schmale Goldtresse und an jeder Kragenseite sitzt eine gelbe Gardelitze. Die Bluse hat eine verdeckte Knopfleiste ohne Vorstöße. Die hinteren Taillenknöpfe sind matt, mit der Krone. Auf beiden Vorderschößen sitzt je eine schrägliegende Tasche mit Klappe und kleinem matten Metallknopf mit Krone. Die Gradabzeichen am Kragen und auf den Schulterklappen sind wie beim Waffenrock. Oberwachtmeister und Wachtmeister tragen am linken Oberärmel drei Sparren aus schmaler Goldtresse. Die Schulterklappen sind wie am Waffenrock, jedoch mit einem matten Knopf mit Krone. Die Ärmel haben keine Aufschläge.
Die Hosen sind aus grauem Tuch, bei der Reithose ohne Vorstöße, bei der

Tuchhose mit roten Vorstößen. Die Drillichhose ist aus ungebleichtem Drillich.

Der feldgraue Mantel hat einen Umlegekragen aus Grundtuch. Vorne auf jeder Kragenseite sitzt eine Patte aus kornblumenblauem Tuch mit rotgelben Litzen (Gendarm eine, Wachtmeister und Oberwachtmeister zwei Litzen), die Schulterklappen sind wie am Waffenrock. Auf der Innenseite des Kragens sitzen zwei Wappenknöpfe mit dem Greif. Der einreihige Mantel hat vorne sechs und auf der Rückenschlaufe einen matten, gewölbten Knopf mit der Krone. Auf dem Vorderschoß sind zwei Seitentaschen mit Klappen. Der feldgraue Umhang hat den Kragen und die Abzeichen wie am Mantel.

Der Helm aus schwarzem Leder hat Tombakbeschläge und eine abschraubbare Spitze. Die Fußmannschaft trägt den Infanteriehelm mit flachen Schuppenketten und vorn abgerundetem Schirm; die berittene Mannschaft den Kavalleriehelm mit eckigem Vorderschirm, gewölbten Schuppenketten und mit schwarzem Haarbusch zur Parade und zu feierlichen Anlässen. Der Helmüberzug mit Spitze ist aus schilffarbenem Baumwollstoff, ohne Nummer.

Die Schirmmütze mit schwarzem Lederschirm ist aus feldgrauem Tuch. Um den kornblumenblauen Besatzstreifen und um den Deckelrand laufen rote Vorstöße. Auf dem Besatzstreifen wird die badische Kokarde getragen. Die weiche Feldmütze ohne Schirm ist in Farbe und Ausstattung wie die steife Mütze.

Das Portepee der Fußmannschaft hat eine runde, geschlossene Quaste aus Silber mit rotgelb schattierter Füllung. Der Stengel mit Silberkettelung ist mit rotgelber Seidenschnur durchzogen. Das Band und der silberne Schieber haben gleichfalls Durchzüge in den Landesfarben.

Die Säbeltroddel haben offene runde Quasten mit 3 bis 3,5 cm langen, weißen Fransen und einem Kranz aus rotgelber Wollschnur. Eichel, Schieber und das Band sind ebenfalls mit Durchzügen in den Hausfarben.

Der Faustriemen hat eine offene, flache Quaste aus rotgelber Wollschnur, einen rotjuchtenen Riemen und einen geflochtenen Lederschieber.

Der Leibriemen ist aus geschwärztem Leder oder aus Lackleder mit verschiebbarem Köcher. Das Kastenschloß aus Messing hat ein rundes, weißmetallenes Schild mit der Krone und der Umschrift »GOTT MIT UNS«. Die Oberwachtmeister haben einen Tragegurt aus weißem Baumwollband mit angenähter Säbeltasche aus schwarzem Glanzleder. Das Unterschnallkoppel für Berittene mit Trageriemen, ohne Schwungriemen, ist aus schwarzem Leder mit Kette und Schnabelhaken aus Messing.

Das Bandelier aus schwarzem Leder hat die Schnalle, den Schieber und Halbmond aus Messing. Auf der schwarzen Kartusche ist der Namenszug des Großherzogs, zwei verschlungene »F«, unter der Krone aus Messing, angebracht.

Zu den Blankwaffen gehören das Yatagan mit schwarzer Lederscheide und gelben Beschlägen, der badische Infanteriedegen alter Art mit Lederscheide und Tombakbeschlägen, bei den Oberwachtmeistern mit Klappscharnier. Die Berittenen tragen den Kavallerie-Offiziers-Säbel mit geschwärzter Stahlscheide. Wachtmeister tragen außer Dienst den Offiziers-Löwenkopfsäbel mit geschwärzter Stahlscheide.

Anmerkungen
[1] Gendarmerie Verordnungsblatt 1869, S. 88
[2] A. Steinhauer, Geschichte des Gr. Badischen Gendarmerie-Korps, Karlsruhe 1900, S. 196
[3] Gendarmerie Verordnungsblatt 1898, S. 33
[4] ebenda
[5] ebenda
[6] ebenda 1894, S. 62
[7] A. Steinhauer, ebenda, S. 217
[8] ebenda
[9] Gendarmerie Verordnungsblatt 1869, S. 19
[10] Generallandesarchiv Karlsruhe
[11] Gendarmerie Verordnungsblatt 1898, S. 69 ff.
[12] ebenda 1878, S. 9 ff.
[13] A. Steinhauer, ebenda S. 217
[14] Gendarmerie Verordnungsblatt 1898, S. 33
[15] Generallandesarchiv Karlsruhe GLA 60/544
[16] ebenda 1917, S. 107 ff.

Die städtische Polizei 1886 bis 1918

Neben der Gendarmerie und der Ortspolizei gab es in Baden noch die staatliche Polizei in den größeren Städten des Landes. Zu Beginn des vorigen Jahrhunderts waren das die Polizei in Karlsruhe, Mannheim, Heidelberg und Freiburg; später kamen noch Pforzheim, Rastatt, Baden und Konstanz hinzu. Die städtische Polizei wird gerne als Schutzmannschaft bezeichnet; der niedrigste Dienstgrad ist auch ein »Schutzmann«. In der Uniformierungsvorschrift vom 25. Februar 1886 werden jedoch die »Allgemeinen Bestimmungen über die Uniformierung des vom Staate angestellten Polizeipersonals«[1,2] erlassen. Von einer Schutzmannschaft im Sinne der in anderen Staaten bestehenden Schutzmannschaft kann hier also keine Rede sein.

Wenn die Darstellung der Uniformierung erst mit der Vorschrift von 1886 einsetzt, so liegt das an der reichlich dünnen Aktenüberlieferung. Ältere Quellen sind bisher noch nicht aufgefunden worden, es hat jedoch noch frühere Vorschriften gegeben.

Der Rock des Schutzmannes (Abb. 5), im Schnitt der Überröcke der Offiziere der Armee, ist aus dunkelblauem Tuch, mit zwei Reihen von je sechs flachen Goldknöpfen, ohne Prägung. Die Knopfreihen stehen senkrecht unter den Schulterknöpfen. An den geraden Schoßtaschen sitzen je zwei Knöpfe. Der Stehkragen ist aus dunkelblauem Grundtuch. Auf den Achselklappen aus kaliblauem Tuch sind die Dienstnummern aus gelbem Metall, mit glatter Oberfläche, angebracht. Die Ärmel haben lose Rollaufschläge aus Grundtuch. Um die Ärmelaufschläge und um den Kragen läuft eine 12 mm breite Goldtresse. An den Schoßtaschenleisten und den Ärmelaufschlägen hat der Rock kaliblaue Vorstöße.

Der Rock der Polizei-Sergeanten gleicht dem der Schutzmänner mit folgenden Abweichungen: die Goldtresse an Kragen und Ärmelaufschlägen ist 24 mm breit. Auf jeder Kragenseite in Höhe der Achselklappen ist ein großer Auszeichnungsknopf (Sergeantenknopf der Armee) mit erhaben geprägtem »streitfertigem badischen Greif« angebracht. Die Dienstnummer auf den Achselklappen entfällt.

Der Rock der Polizei-Wachtmeister gleicht dem der Sergeanten, nur ist die Goldborte an Kragen und Aufschlägen 36 mm breit (Abb. 59 und 60).

Der Rock der Polizei-Oberwachtmeister, der Dienstgrad wird am 20. April 1904 eingeführt[3], gleicht dem der Wachtmeister mit dem Unterschied, daß über der Tresse auf den Ärmelaufschlägen noch eine zweite, schmalere Goldtresse oberhalb der breiten Tresse angebracht ist. — Dieses Gradabzeichen ist von der Gendarmerie her hinlänglich bekannt.

Der Rock der Offiziere gleicht dem der Schutzmänner mit folgenden Abweichungen: die Goldtresse und der Auszeichnungsknopf fallen fort. Der Kragen ist aus dunkelblauem Samt mit Vorstößen in der Farbe des Rocktuches.

Die Gradunterschiede der Offiziere werden durch Epauletten und zum gewöhnlichen Dienst durch Achselstücke angezeigt.

Die Epauletten haben Feld und Schieber aus dunkelblauem Samt. Epaulettentressen werden in beiden Quellen nicht genannt. Die gepreßten Halbmonde sind vergoldet. Auf dem Feld ist das vergoldete badische Wappen angebracht. Das Unterfutter ist aus dem Grundtuch des Rockes.

Der Polizei-Inspektor trägt zwei goldene Sterne, die Pol.-Kommissäre I. Klasse (mit Staatsdienereigenschaft) tragen je einen Stern und die Pol.-Kommissäre II. Klasse (ohne Staatsdienereigenschaft) tragen keine Sterne auf den Epauletten.

Die Achselstücke haben eine Unterlage aus dunkelblauem Samt. Darauf ist ein Schnurgeflecht in den badischen Landesfarben gelb und rot angebracht. Auf dem Geflecht das Wappen und die Gradsterne wie auf den Epauletten. **Die Litewka der Offiziere** ist aus blauem Tuch in der Form der früheren Offizierslitewka. Sie wird allgemein am 20. April 1899 eingeführt[4]. Das Grundtuch ist blau. Der Umfallkragen aus Grundtuch ist ohne Abzeichen. Die Ärmel sind glatt, in der Rückentaille ist kein Gurt (Rückenschlinge) angebracht. Die Litewka wird mit einer verdeckten Knopfreihe geschlossen. Auf den Schultern werden die Achselstücke mit einem kleinen vergoldeten Knopf angebracht. Sonst hat die Litewka keine sichtbaren Knöpfe.

Die Litewka der Beamten ist länger als bei den Offizieren und wird mit sechs durchgeknöpften Knöpfen aus gelbem Metall geschlossen. Hier sind die Knöpfe leicht gewölbt und ebenfalls ohne Prägung. An den (hier vorhandenen) Ärmelaufschlägen aus Grundtuch sind zwei Knöpfe angebracht. Drei weitere Knöpfe sind an der Schlinge (Riegel) der Taille befestigt. Auf dem Klappkragen aus Grundtuch werden die Tressen wie am Kragen des Rockes getragen. Bei der Litewka jedoch nur senkrecht an den Vorderkanten der Kragen. Wenn der Sergeantenknopf am Rock getragen wird, so ist er bei der Litewka auf der Mitte der Kragentresse anzubringen.

Den Mannschaften, einschließlich der Wachtmeister und Sergeanten, kann nach längerer, treu geleisteter Dienstzeit eine Dienstauszeichnung verliehen werden. Nach einer Dienstzeit von zwölf Jahren, unter Anrechnung eventueller Zeiten bei der Gendarmerie, erhalten die Mannschaften auf der Mitte der Achselklappen eine 9 mm breite Goldborte, vom Knopf abwärts.

Nach achtzehnjähriger Dienstzeit werden zwei Goldborten verliehen, die parallel zueinander, mit einem kleinen Zwischenraum getragen werden. Die Dienstauszeichnungen werden auf den Achselklappen des Rockes, der Litewka und des Mantels getragen (Abb. 61).

Die Hosen sind aus dunkelgrauem Tuch, bei den Offizieren mit kaliblauen Vorstößen in den Außennähten. Es ist gestattet, in der warmen Jahreszeit weiße Hosen oder Drillichhosen zu tragen, die keine Vorstöße haben. Die Offiziere tragen im Sommer ebenfalls weiße Hosen.

Der Paletot der Offiziere ist aus dunkelgrauem Tuch mit glatten Aufschlägen an den Ärmeln, liegendem Kragen aus dunkelblauem Tuch, mit Unterfutter aus dunkelblauem Samt. Der Paletot ist doppelreihig geknöpft. An den Schoßtaschenleisten sitzen je drei und am Riegel ein Knopf. Die flachen Knöpfe sind vergoldet und ohne Prägung.

Der Mantel der Mannschaften ist wie bei den Offizieren. Jedoch ist der Unterkragen aus dem Grundtuch des Mantels. Vorn in jeder Kragenecke befindet sich eine kaliblaue Kragenpatte mit dem Auszeichnungsknopf, der bei den Schutzmännern entfällt. Auf den Schultern sind Achselklappen wie am Rock befestigt, bei den Schutzmännern wieder mit der Dienstnummer.

Der Umhang wird am 18. Oktober 1906 eingeführt[5]. Er ist aus schwarzem, imprägnierten Tuch mit dunkelblauem Umlegekragen, der Vorstöße aus kaliblauem Tuch hat. An den Kragen sind Tressen angebracht, wie sie bei der Litewka beschrieben sind. Die Achselklappen werden am Umhang nicht getragen. Für die Offiziere ist kein Umhang eingeführt worden.

Der Helm der Offiziere, mit Vorder- und Hinterschirm, ist aus schwarzem Leder. Er hat eine glatte Spitze mit Kreuzblattbasis wie beim Kavalleriehelm. Die Spitze, die Einfassung des Vorderschirmes, die Hinterhelmschiene, die Schuppenkette und der Zierat sind aus gelbem Metall, vergoldet. Die Helmzier wird von zwei in sich verschlungenen Buchstaben »F« unter der Krone gebildet (Abb. 6). Unter der rechten Schuppenkettenbefestigung ist die badische Kokarde angebracht.

Der Helm der Beamten gleicht dem Offiziershelm mit folgenden Abweichungen: die Helmspitze ist mit einer kleinen Kugel versehen, der Vorderschirm hat keine Metalleinfassung und statt der Schuppenkette wird ein schwarzer Kinnriemen mit Schiebeschnallen am Helm getragen. Die Beschläge sind nicht vergoldet. Ein Haarbusch zur Parade wird von der städtischen Polizei nicht getragen.

Die Mütze in der bekannten steifen Form hat die Farbe des Rocktuches. Der Besatzstreifen ist bei den Offizieren aus dunkelblauem Samt, sonst jedoch aus Rocktuch. Am Besatzstreifen und am Deckelrand werden kaliblaue Vorstöße getragen. Vorn an der Mütze, in der Mitte des Bandes, ist die badische Kokarde angebracht.

Die Seitenwaffe der Offiziere ist der Füsiliersäbel der Armee mit gelbem Bügelgefäß in schwarzer Lederscheide mit gelben Beschlägen. Die Waffe wird untergeschnallt an einem schwarzen Koppel und mit zwei Trageriemen mit Löwenkopfbeschlägen geführt. An der Waffe wird ein goldenes Portepee getragen. Die noch vorhandenen badischen Zivildegen können, in der Trageweise wie der Füsiliersäbel, noch aufgetragen werden.

Die Seitenwaffe der Mannschaft ist ein kurzer, leicht gebogener Säbel mit gelbem, eckigen Bügel in einer schwarzen Lederscheide mit gelben Beschlägen. Die Waffe wird untergeschnallt an einem schwarzen Koppel mit zwei Trageriemen geführt. Später tragen auch die Beamten den Säbel der Offiziere[6]. Das Einführungsdatum ist jedoch nicht bekannt.

Die Sergeanten und Wachtmeister tragen an der Waffe eine Säbelquaste aus goldgelber Seide. Den Schutzmännern ist es gestattet, eine gelbwollene Säbelquaste zu tragen.

Das Dienstzeichen (Metallschild) für Schutzmannschaften, die ihren Dienst in Zivil ausüben[7], ist oval (9 cm hoch und 7 cm breit), aus weißem Metall. Darauf befindet sich das erhaben geprägte badische Wappen mit Schild, Krone und zwei Greifen auf gerader Unterlage. Über dem Wappen steht vertieft und in schwarzer Schrift die Umschrift »Schutzmann«, bei den chargierten jedoch »Polizei«. Unter dem Wappen ist, allerdings nur bei den Schutzmännern, eine Zahl in arabischen Ziffern angebracht. Diese Nummern sind innerhalb eines Bezirksamtes fortlaufend.

Anmerkungen
[1] Stadtarchiv Heidelberg, UA 231/10
[2] A. Holzmann, Badens Orden und Ehrenzeichen, Karlsruhe 1901, S. 187 f.
[3] ebenda
[4] ebenda
[5] ebenda
[6] ebenda
[7] ebenda.

Die Ortspolizei von 1872 bis 1918

Die Ortspolizei war im Großherzogtum Baden nie einheitlich organisiert. Die Kreisämter erließen für ihren Bereich Dienstinstruktionen und wohl auch Regelungen für eine einheitliche Berufskleidung. Ein Entwurf des Innenministeriums aus dem Jahre 1836 sah zwar eine einheitliche Uniformierung vor, erhielt jedoch nie Rechtskraft.

So hat es auf regionaler Ebene wohl Bestimmungen über die Berufskleidung der Ortspolizei-Diener gegeben. Leider aber lassen sich solche Vorschriften heute nur noch schwer nachweisen. Hinzu kommt noch, daß die Polizeidiener ihre polizeilichen Tätigkeiten in der Regel neben einem anderen Amt auszuüben pflegten. Ein Erkennungszeichen, daß sie polizeilich tätig waren, war nur von Fall zu Fall erforderlich.

Der Staat hat erstmals am 18. November 1857 eine Regelung getroffen. In der Verfügung über die Uniformen der badischen Zivildiener[1] heißt es: »... und die Polizeibeamten, so oft sie bei dienstlichen Anlässen öffentlich auftreten müssen, als Auszeichnung eine aus gelber und roter Seide gewirkte Schärpe zu tragen haben«. Die Schärpe wurde tatsächlich bis nach dem Ersten Weltkrieg getragen.

Die Tatsache, daß selbst im Jahre 1926 noch keine einheitliche Regelung für die Dienstkleidung der Gemeindepolizei[2] bestanden hat, belegt die örtlich unterschiedliche Handhabung wohl deutlich.

Anmerkungen
[1] Gr. Bad. Regierungs-Blatt 1857, S. 530 ff.
[2] Gendarmerie Verordnungsblatt 1926, Anlage zu Nr. 2

Farbschema Baden vor 1918

	Gendarmerie	Staatspolizei
Waffenrock	dunkelgrün	dunkelblau
Kragen	kornblumenblau	dunkelblau
Aufschläge	kornblumenblau	dunkelblau
Vorstöße	ponceaurot	kaliblau
Knöpfe	goldgelb	goldgelb
Mütze	dunkelgrün	dunkelblau
Besatzstreifen	kornblumenblau	dunkelblau
Vorstöße	ponceaurot	kaliblau
Helm	Leder	Leder
Beschläge	goldgelb	goldgelb
Helmzier	Greif	Namenszug
Hose	blauschwarz	dunkelgrau
Vorstöße	ponceaurot	ohne, Offiziere: kaliblau

Farbschema Baden nach 1918

	Gendarmerie 1. Form	Gendarmerie 2. Form	Schutzpolizei
Bluse	feldgrau	dunkelgrün	dunkelblau
Kragen	grün	dunkelgrün	dunkelblau
Vorstöße	rot	rot	kaliblau
Mütze	feldgrau	dunkelgrün	dunkelblau
Besatzstreifen	kornblumenblau	kornblumenblau	dunkelblau
Vorstöße	rot	rot	kaliblau
Hose	feldgrau	schwarz	dunkelblau
Vorstöße	rot	rot	kaliblau

Republik Baden

Nach der Revolution von 1918 und nachdem der Großherzog abdanken mußte, kam es in Baden schon sehr früh, am 21. März 1919, zur Verabschiedung einer neuen Verfassung durch die am 5. Januar 1919 gewählte »Verfassunggebende Versammlung«. Baden wurde eine demokratische Republik. Die gesetzgebende und vollziehende Gewalt ging vom Landtag aus, der in freien Wahlen gewählt wurde.

In seiner Eigenschaft als westliches Grenzland hatte das Land Baden nach dem Ende des Ersten Weltkrieges eine Sonderstellung. Die Bestimmungen des Versailler Vertrages, die an der Westgrenze Deutschlands eine 50 km breite, neutrale Zone verlangten, wirkten sich auch auf das Polizeiwesen des Landes aus. Im Jahre 1919 wurde eine als Landespolizei aufgebaute Sicherheitspolizei eingerichtet. Sie bestand zum Teil aus Angehörigen badischer Volkswehren. Die Alliierten erklärten diese Polizei, wie übrigens auch in den anderen deutschen Ländern, als eine militärische Einrichtung; sie mußte aufgelöst werden. Die Sicherheitspolizei, die größtenteils kaserniert war, und die Einzelpolizei, die noch die Bezeichnung »Schutzmannschaft« trug, wurden einheitlich zur Ordnungspolizei zusammengefaßt.

Das Reichsgesetz über die Schutzpolizei der Länder vom 17. Juli 1922 hatte in Baden die Schaffung der Schutzpolizei zur Folge. In ihr waren die relativ starke Bereitschaftspolizei und der staatliche Einzeldienst zusammengefaßt. Im Einzeldienst fanden sich auch die Angehörigen der alten staatlichen Polizeiverwaltung wieder.

Der militärische Charakter der Gendarmerie brachte es nach dem Kriege in Baden mit sich, daß auch diese Polizei aufgelöst werden mußte. Aus der Gendarmerie wurde die Landespolizeigruppe, die Gendarmen erhielten die Bezeichnung »Landesschutzmann«. Bis Februar 1919 mußten sie in einer 10 km breiten Zone an der Westgrenze ihren Dienst in Zivil, mit einer Armbinde, versehen.

Im April 1919 wurde die Gendarmerie in Anlehnung an ihre alte Organisation wieder gegründet. Dabei entfiel der Kombattantenstatus. Das Korpskommando wurde 1923 aufgelöst. Die Gendarmerie unterstand jetzt dem Innenministerium und den nachgeordneten Behörden.

In den Gemeinden ohne staatliche Ordnungspolizei und Gendarmerie gab es noch die Einrichtung der Gemeindepolizei, die in ihrer Art wie zur Zeit des Großherzogtums bestehen blieb. Erst im Jahre 1936 wurde sie aufgelöst.

Die Gendarmerie 1919 bis 1932

In den Archiven und selbst im badischen Gendarmerie Verordnungsblatt finden sich kaum Angaben über die Dienstkleidung und Ausrüstung der Gendarmerie. In der hierzu vorhandenen Literatur[1] wird gesagt: die Gendarmerie in Baden trug praktisch die Uniform aus der Zeit des Großherzogtums weiter, abgesehen von der Änderung der Abzeichen, die durch die Umwandlung des Staates vom Großherzogtum zum Freistaat bedingt war. Am Helm mit goldgelber, kannelierter Spitze auf dem Kreuzblatt blieben goldgelbe Beschläge. Der Greif als Wappentier entsprach dem der Schutzpolizei. Der Helm selbst hatte einen runden Vorderschirm und zeigte an beiden Seiten je eine Kokarde in den badischen Landesfarben gelb-rot-gelb, schwarzen Kinnriemen, Offiziere vergoldete Schuppenkette. Der Rock war dunkelgrün mit gleichfarbigem Kragen. Er zeigte rote Vorstöße um den Kragen, entlang der Knopfleiste und an den Ärmelaufschlägen. Am Rock acht goldgelbe Knöpfe. Die Dienstgradabzeichen waren ursprünglich wie bei der Schutzpolizei, später jedoch gold-gelbe Achselstücke mit silberweißen Sternen, je nach Dienstgrad, und mit Tressen an Ärmelaufschlägen, auch jeweils dem Rang entsprechend. Zum Dienst konnte auch die Mütze von Grundtuchfarbe getragen werden, mit gleichfarbigem Mützenband, darauf die badische Landeskokarde; Helm bei besonderen Gelegenheiten. Die Hosen waren schwarz, bei der langen Hose mit rotem Vorstoß entlang der Naht. Das Lederzeug und das Schuhwerk waren schwarz. Die Bewaffnung bestand aus der Pistole, Kal. 7,65 mm, Seitengewehr lang am Überschnallkoppel, ohne Schulterriemen, dazu Gummiknüppel.

In Ermangelung wirklich umfangreicher, einschlägiger Vorschriften scheint es notwendig, die oben wiedergegebene Beschreibung hier aufzunehmen. Die vorhandene Primärliteratur, das muß jedoch gesagt werden, steht teilweise im Gegensatz zu diesen Ausführungen.

Die Dienstgradbezeichnungen wurden nach dem Kriege vorerst beibehalten, im Jahre 1921[2] und am 27. März 1928[3] jedoch abgeändert.

Dienstgrad	**ab 1921**
Korpskommandeur	bleibt
Distriktkommandeur	bleibt
-.-.	Gendarmerie-Oberinspektor (im Jahre 1928 neu geschaffen)
Oberwachtmeister	Gendarmerie-Inspektor
Bezirkswachtmeister	Gendarmerie-Kommissär
Wachtmeister	Oberwachtmeister
Gendarm	Wachtmeister (ab 1928 Hauptwachtmeister)

Der Korpskommandeur war ein Major, später ein Oberst. Die vier Distriktkommandeure waren Hauptleute oder Majore. Hinzu kam noch ein Oberzahlmeister bzw. Stabszahlmeister.

Bis 1921 scheint die Uniform in der alten Art getragen worden zu sein. Dabei ist es fraglich, ob es noch die alte, grüne Uniform gewesen ist, oder bereits die feldgraue nach den Vorschriften von 1917. Im Korpsbefehl Nr. 36[4] vom 26. Juli 1921 heißt es zur Uniform und zu den Dienstgradabzeichen: »Das Staatsministerium hat zu der vorgeschlagenen Änderung der Uniformblusen seine Zustimmung erteilt. Dagegen hat es die Einführung von Achselstücken abgelehnt und einer Forderung des Finanzministers dahin beigestimmt, daß bei Uniformstücken den Grundsätzen der Einfachheit und Sparsamkeit Rechnung getragen werden muß. Es gilt somit die feldgraue Bluse mit Brusttaschen, grünen, rot eingefaßten Achselklappen, die die Metallnummer und gelbe Gradsterne tragen, als eingeführt. Neue Blusen nach diesem Muster werden alsbald ausgegeben werden. Wegen der Gradabzeichen wird Näheres erst festgesetzt, wenn die Bestimmungen des Besoldungsgesetzes durchgeführt werden.«
Über welchen Zeitraum die vorgenannte kurze Bestimmung ihre Gültigkeit gehabt hat, ist bisher nicht nachvollziehbar. Vieles deutet darauf hin, daß um 1922/23 die nachfolgend beschriebene Dienstkleidung eingeführt wird. In einem Polizei-Fachbuch werden, ohne daß ein Einführungsdatum genannt wird, genaue Uniformierungsbestimmungen wiedergegeben[5]. Das Buch stammt aus dem Jahre 1926 (Abb. 7 u. 8).
Die Rockbluse ist aus dunkelgrünem Grundtuch mit sechs vergoldeten Knöpfen und zwei Taillenknöpfen hinten. Auf den Vorderschößen sind zwei schräg eingeschnittene Taschen, mit Taschenklappen, aber ohne Knöpfe, an-

gebracht. Die glatten Ärmelaufschläge sind aus Grundtuch, wie auch der Steh-umlegekragen. Die Rockbluse hat vorn herunter, am Kragen und an den Är-melaufschlägen ponceaurote Vorstöße. Die Beamten vom Kommissär ein-schließlich abwärts tragen Schulterklappen aus Grundtuch, ohne Vorstöße. Die Wachtmeister und Oberwachtmeister tragen vorne, an jeder Seite des Kra-gens, eine Kragenpatte aus Grundtuch, darauf eine gelbwollene Litze mit kali-blauem Spiegel (Abb. 13). Auf einem nicht datierten Bild (Abb. 12) ist zu er-kennen, daß die Wachtmeister (S.B.) statt der Litzen auf den Kragen rechtecki-ge Kragenpatten mit Knopf und Einfassung tragen, obwohl die Gradabzei-chen gleichzeitig noch auf den Unterarmen getragen werden. In bisher be-kannte Uniformierungsvorschriften läßt sich diese Kombination nicht einord-nen.

Die Dienstgradabzeichen (Abb. 8) werden auf den Unterärmeln der Rock-blusen und des Mantels, bei den Offizieren nur auf den Kragenpatten der Rockbluse getragen.

Gendarmeriewachtmeister (Bes.-Gr. IV) tragen eine 5 mm breite und 9 cm lange Goldborte auf jedem Unterärmel. Die Borten sind schräg, nach hinten ansteigend, aufgenäht. Die Wachtmeister der Bes.-Gr. V tragen zwei solche Borten, die **Gendarmerie-Oberwachtmeister** drei Goldborten dicht neben-einander.

Die **Gendarmerie-Kommissäre** tragen vorne auf jeder Seite des Klappkragens der Rockbluse eine Kragenpatte aus kornblumenblauem Tuch. Die Patten sind fünfeckig, vorne senkrecht und hinten in der Mitte spitz zulaufend. Vorn an der Patte ist ein goldgestickter Streifen senkrecht angebracht, dazu ein gold-gestickter, fünfstrahliger Stern. Die **Gendarmerie-Inspektoren** tragen Kra-genpatten der Kommissäre, jedoch mit je zwei Sternen, der **Stabszahlmeister** mit drei Sternen.

Der **Gendarmerie-Major** trägt auf den kornblumenblauen Kragenpatten eine breite Goldtresse, die vorne und unten an der Kragenpatte, also winkelförmig, angenäht ist. Auf der Tresse ist zusätzlich ein silbergestickter, fünfstrahliger Stern angebracht. Der **Gendarmerie-Oberstleutnant** trägt die vorbeschriebe-nen Kragenpatten, jedoch mit je zwei Sternen und der **Gendarmerie-Oberst** mit drei silbergestickten Sternen.

Zu einer Neuregelung der Dienstgradabzeichen[6] kommt es durch Erlaß vom 14. Juni 1930:

a) Die Gendarmerie-Hauptwachtmeister tragen goldfarbige, gründurchwirk-te Achselstücke auf dunkelgrüner Tuchunterlage mit einem silbernen Stern. Die Gendarmerie-Oberwachtmeister mit zwei silbernen Sternen.

b) Die Gendarmerie-Kommissare tragen silberfarbige, gründurchwirkte Ach-selstücke auf dunkelgrüner Tuchunterlage, ohne Sterne, die Gendarmerie-Inspektoren mit einem, der Gendarmerie-Oberinspektor mit zwei golde-nen Sternen.

Die Beamten zu a) und b) tragen am Kragen der Rockbluse die bisherigen Gendarmerielitzen (gelb auf dunkelgrünem Grundtuch).

c) Die Gendarmerie-Offiziere tragen geflochtene, silberne, gründurchwirkte Achselstücke auf dunkelgrünem Grundtuch, und zwar der Gendarmerie-Major ohne, der Gendarmerie-Oberstleutnant mit je einem und der Gendarmerie-Oberst mit je zwei goldenen Sternen.

Während der Übergangszeit können die bisherigen Abzeichen von allen Gendarmeriebeamten weitergetragen werden. Die genannte Vorschrift gibt keine Auskunft über die Form der Kragenpatten der Kommissare, Inspektoren und Offiziere.

Der Mantel ohne farbige Vorstöße ist aus dunkelgrünem Grundtuch mit gleichfarbigen Ärmelaufschlägen. Der Kragen ohne Abzeichen ist aus dunkelgrünem Tuch wie die Rockbluse. In der Rückentaille ist ein zweiteiliger Gurt angebracht, der mit einem Knopf geschlossen wird. Der Mantel wird mit einer Reihe von sechs Knöpfen aus gelbem Metall geschlossen. Die Wachtmeister, Oberwachtmeister und die Kommissäre tragen auf dem Mantel die Schulterklappen aus Grundtuch wie an der Rockbluse.

Der Umhang ist aus leichtem, imprägnierten Tuch in der Farbe des Manteltuches, mit dunkelgrünem Umlegekragen und mit einer verdeckten Knopfleiste.

Die Hosen sind aus schwarzem Tuch mit ponceauroten Vorstößen in den äußeren Längsnähten. Die Berittenen tragen Reithosen mit Lederbesatz, ohne farbige Vorstöße.

Die Mütze, in der üblichen steifen Form, hat einen schwarzen Augenschirm. Das Grundtuch ist dunkelgrün, der Besatzstreifen kornblumenblau. Um den Besatzstreifen und um den Deckelrand laufen ponceaurote Vorstöße. Vorne, auf der Mitte des Besatzstreifens, wird die runde Kokarde in den badischen Landesfarben befestigt.

Der Helm ist aus schwarzem Leder mit gelben Beschlägen. Die Offiziere und die Inspektoren tragen eine flache Schuppenkette an Offiziersrosetten. Alle anderen Dienstgrade tragen einen ledernen Kinnriemen mit zwei Schiebeschnallen am Knopf 91. Unter der Befestigung der Schuppenkette (des Kinnriemens) wird zu beiden Seiten die badische Kokarde getragen. Der runde Vorderschirm hat eine Metalleinfassung. Die kannelierte Helmspitze hat zwei waagerechte Reifen und wird mit einer Kleeblattbasis und mit Buckelschrauben (bei den Offizieren und den Inspektoren mit Sternschrauben) am Helm befestigt. Als Helmzier dient ein Greif mit Wappen, wie er vom badischen Kontingent der alten Armee her bekannt ist, jedoch in entnobilitierter Form. Ein Haarbusch wird nicht getragen.

Über den Helm gibt es in den ersten Jahren keine einheitliche Regelung. In einer Mitteilung des badischen Gendarmeriekorps vom 12. Juni 1922[7] heißt es: »Die Frage der Kopfbedeckung ist noch nicht geregelt. Der größte Teil der Beamten ist noch im Besitz von Helmen mit den früheren Hoheitsabzeichen, die sie nach Belieben bei besonderen Gelegenheiten tragen können. Das Helmtragen im Dienst ist nicht mehr vorgeschrieben. Die Frage wird in nächster Zeit mit der Entscheidung über die neue Uniform geregelt werden.« — In einer Verordnung vom 13. November 1923[8] wird von einem an die Gendarmeriebeamten ausgegebenen Helm gesprochen. Nähere Angaben hierzu werden aber nicht gemacht. Es dürfte sich hier um das weiter oben beschriebene Helmmodell handeln.

Der Tschako wird nur von den Berittenen getragen. Er ist aus schwarzem Leder in der allgemein bekannten Form. Als Tschakozier dient der bereits genannte Greif aus gelbem Metall, jedoch kleiner als am Helm. Die Schwingen sind hier stärker nach oben gezogen. Hinter die Tschakozier gesteckt wird das ovale Nationale aus Metall in den badischen Farben. Aus alten, nicht datierten Fotos geht hervor, daß auch Tschakos getragen werden, bei denen die Schwingen des Greifs waagerecht stehen (Abb. 15). Auch scheint der Tschako in späteren Jahren als reguläre Kopfbedeckung den Helm abgelöst zu haben.

Zu den **Seitenwaffen** wird am 23. März 1921[9] verordnet: »Es ist zu unterscheiden zwischen der Dienstseitenwaffe des Gendarmeriebeamten und dem Säbel, den die Beamten tragen dürfen, wenn sie fest angestellt sind«. — Als Dienstseitenwaffe sind »Seitengewehr, Yatagan, Degen und dergleichen« aufgezählt. Der Degen wird noch im Jahr 1933 zu den Seitenwaffen gezählt[10]. Dieser und das Yatagan stammen noch aus der Zeit vor 1918.

In der bereits zitierten Literatur[11] von 1926 werden ein Yatagan in Lederscheide oder ein Seitengewehr in Stahlscheide als dienstliche Seitenwaffe genannt. Die dienstliche Seitenwaffe muß getragen werden zum Karabiner, auf Streife, in geschlossenen Abteilungen, bei Gefangenentransporten und wenn es besonders befohlen wird. Sonst darf ein eigener Säbel (Füsiliersäbel oder ein ähnliches Modell) am eigenen Unterschnallkoppel getragen werden. Für die Berittenen wird nur ein Säbel ohne nähere Beschreibung genannt. Als Schußwaffen werden der Karabiner 88 oder 98 und die Pistole 08 aufgeführt.

Das Lederzeug ist naturfarben. Das Überschnallkoppel hat eine Messingschnalle, die Berittenen tragen ein naturfarbenes **Bandelier** mit Kette und Kartusche. Weitere Angaben fehlen. Der Säbel wird von den Berittenen an einem naturfarbenen Unterschnallkoppel geführt. Die Reitstiefel sind schwarz, mit Anschnallsporen. Sonst werden eigene Stiefel nach Wahl getragen.

Anmerkungen
[1] Zeitschrift für Heereskunde Nr. 312, S. 84 - 47 f.
[2] Verordnungsblatt für die badische Gendarmerie 1921, S. 69
[3] ebenda, 1928, S. 65 f.
[4] ebenda, 1921, S. 88

[5] F. Retzlaff, Der Polizeibeamte, Ausgabe Baden, Lübeck 1926
[6] Verordnungsblatt für die badische Gendarmerie 1930, S. 116 f.
[7] HStA Stuttgart E 151 c II Bü 568
[8] Verordnungsblatt für die badische Gendarmerie 1923, S. 219
[9] ebenda, 1921, S. 30
[10] ebenda, 1933, S. 65 f.
[11] wie Anm. 5

Die Ordnungspolizei 1923 bis 1932

Neben der Gendarmerie ist in Baden noch die Ordnungspolizei als staatliche Polizei eingerichtet. Hier fanden sich in den ersten Jahren der Republik die Angehörigen der alten staatlichen Polizeiverwaltung wieder. Daneben aber auch viele Angehörige von Freikorps und Mitglieder der Wehrregimenter.

Über die Anfänge der Polizei nach 1918 und über ihre Dienstkleidung geben die Archive bisher keine Auskunft. Die erste ausführliche Bekleidungsvorschrift für die badische Ordnungspolizei[1] stammt vom 7. Juni 1923. Eine weitere, ebenfalls sehr umfangreiche Beschreibung der Dienstkleidung findet sich in der polizeilichen Fachliteratur[2].

In den allgemeinen Bestimmungen von 1923 heißt es: zum Dienst in Uniform sind stets Helm, Säbel und Gummiknüppel zu tragen. Das Tragen von Handschuhen, weiß, schwarz, grau oder braun, wird den Beamten freigestellt. Den Reviervorstehern und Polizei-Inspektoren ist es gestattet, zum gewöhnlichen Dienst die Mütze zu tragen. Bei nassem Wetter und in der kalten Jahreszeit dürfen Stiefel getragen werden. Bei großer Kälte darf der Umhang über dem Mantel getragen und zusätzlich ein dunkler Pelzkragen angelegt werden.

Die Rockbluse ist aus dunkelblauem Grundtuch, mit einer Reihe von sechs goldgelben Knöpfen geschlossen. Zwei weitere Knöpfe sind hinten an der Taille angebracht. Auf den Vorderschößen sind zwei schräg eingeschnittene Taschen mit Taschenklappen, jedoch ohne Knöpfe, eingearbeitet (Abb. 7). Die sonst üblichen Brusttaschen fehlen. Die Ärmel haben etwa 18 cm hohe, glatte Aufschläge aus Grundtuch. Auf den Schultern sind, außer bei den Offizieren, Schulterklappen aus Grundtuch, ohne jedes weitere Abzeichen, angebracht. Nach der Bestimmung von 1923 sind sie an der Ärmelnaht 4,5 cm breit und verjüngen sich bis zur Spitze, wo sie mit einem gelben Knopf gehalten werden, auf 2,5 cm Breite. Die Offiziere tragen die Rockbluse ohne Schulterklappen. Der Stehumlegekragen aus Grundtuch hat Vorstöße aus kaliblauem Tuch.

Die Dienstgradabzeichen (Abb. 8) werden beiderseits am Kragen der Rockbluse, des Mantels und des Umhanges getragen. Die Dienstgrade vom Polizeileutnant und Polizei-Inspektor einschließlich aufwärts tragen die Dienstgradabzeichen nur auf den Kragen der Rockblusen. Die Mäntel haben dann einen halsfernen Kragen und lassen den Kragen der Rockbluse frei.

Die Polizeimänner tragen die Kragen ohne jedes Abzeichen.

Die Streifenmeister tragen an der vorderen Kante des Kragens je eine 5 mm breite, senkrechte, kaliblaue Borte.

Die Rottenmeister tragen zwei Borte wie beschrieben, mit einem Abstand von 3 mm.

Die Polizei-Wachtmeister tragen je einen 5 mm breiten Streifen aus Goldborte am Kragen.

Die Polizei-Wachtmeister der Bes.-Gruppe V und die Zugwachtmeister tragen je zwei Streifen aus 5 mm breiter Goldborte.

Die Polizei-Hauptwachtmeister (der Dienstgrad wird erst 1926 erwähnt) tragen je drei Streifen wie beschrieben.

Die Polizei-Oberwachtmeister tragen zu jeder Kragenseite eine breite Goldborte mit drei eingewebten, erhabenen, der Länge nach laufenden Goldstreifen.

Die Polizeileutnants und **die Polizei-Kommissäre** tragen vorne an jeder Kragenseite der Rockbluse eine fünfeckige Kragenpatte aus kaliblauem Tuch mit einem goldgestickten Streifen vorne herunter und mit einem goldgestickten fünfzackigen Stern.

Die Polizei-Oberleutnants und **die Polizei-Inspektoren** tragen die Kragenpatten der Leutnants, jedoch mit je zwei Sternen.

Die Polizei-Hauptleute und **die Polizei-Oberinspektoren** tragen die beschriebenen Kragenpatten mit je drei Sternen.

Der Polizei-Major und **der Polizeirat** tragen auf den fünfeckigen, kaliblauen Kragenpatten eine breite Goldtresse, die vorne und unten an der Patte, also winkelförmig, angenäht ist. Auf der Tresse zusätzlich einen silbergestickten, fünfstrahligen Stern.

Der Polizei-Oberst trägt die Kragenpatten des Majors, jedoch mit je drei Sternen wie beschrieben. Der Dienstgrad eines Oberstleutnants ist bei der Ordnungspolizei bis zu diesem Zeitpunkt (1926) noch nicht eingeführt. Zu einem späteren Zeitpunkt werden die Kragenpatten, zumindest der Stabsoffiziere, rechteckig. Das belegen alte, leider nicht datierte Fotos.

Die Hose ist aus dunkelblauem Tuch mit kaliblauem Vorstoß in den äußeren Längsnähten. Zur Stiefelhose der nicht berittenen Beamten, ebenfalls mit farbigen Vorstößen, werden blaue Wickelgamaschen getragen. Die Reithose der Berittenen, aus dunkelblauem Tuch und ohne farbige Vorstöße, hat einen Reitbesatz aus gleichfarbigem Tuch.

Der Mantel ist aus schwarzem Tuch, ohne Vorstöße. Er wird mit einer Reihe von sechs Goldknöpfen geschlossen. Auf den Vorderschößen ist je eine Tasche schräg eingeschnitten. Die Ärmel haben glatte Rollaufschläge. Im Rückenschoß ist ein langer Gehschlitz eingearbeitet und in der Taille sitzt ein zweiteiliger Riegel, der mit einem Knopf geschlossen wird. Der Mantel hat Schulterklappen wie an der Rockbluse, jedoch nicht bei den Offiziersmänteln. **Der Kragen** aus Grundtuch ist 12 cm breit. Bei den Dienstgraden vom Leutnant (Revierkommissär) aufwärts ist er so weit geschnitten, daß die Dienstgradabzeichen an den Kragen der Rockbluse noch sichtbar bleiben.

Der Umhang ist aus schwarzem Tuch, mit Kragen wie am Mantel. Er wird mit vier Knöpfen unter einer verdeckten Knopfleiste geschlossen. Der Umhang soll bis zur halben Wade reichen.

Die Mütze in der steifen Form der Offiziersmütze der alten Armee ist aus dunkelblauem Grundtuch mit gleichfarbigem Besatzstreifen. Um diesen und um den Tellerrand laufen Vorstöße in der Abzeichenfarbe. Vorne auf dem Besatzstreifen ist die badische Kokarde befestigt.

Für den **Helm** und den **Tschako** gilt das im Abschnitt Gendarmerie Gesagte sinngemäß. Der Tschako wird in der Vorschrift von 1923 noch nicht erwähnt.

Das Lederzeug ist schwarz. Der Leibriemen hat eine Dornschnalle. Bei den Berittenen der Schutzpolizei wird ein Bandelier mit Kette und Pfeife getragen. Über den Beschlag des Kartuschkastens ist bisher nichts bekanntgeworden. Die Seitenwaffe ist das Artillerie-Seitengewehr M 98 in schwarzer Lederscheide. Daneben wird noch ein kurzer, leicht gebogener Säbel mit rundem, gelben Bügel in einer schwarzen Lederscheide mit gelben Beschlägen und mit Tragehaken geführt. Als weitere Seitenwaffe kommt ein langer Säbel vor, der dem alten preußischen Füsilier-Offiziers-Schleppsäbel, mit schwarzer Lederscheide und gelben Beschlägen und mit gelbem, eckigen Bügel ähnlich sieht. Die Offiziere tragen die Waffe, die sie in der alten Armee getragen haben.

Übergangszeit ab 1933

Es ist augenfällig, daß in den staatlichen Publikationsorganen (Verordnungsblätter pp.) gerade in Baden kaum Bestimmungen über die Dienstkleidung der Polizei zu finden sind. Dieser Mangel ist auch in der in geringem Maße vorhandenen Literatur festzustellen. Mit Beginn des Jahres 1933 ändert sich diese Feststellung in auffälliger Weise.

Aus der ersten Zeit nach 1933 sollen an dieser Stelle noch einige wichtige Verordnungen wiedergegeben werden, die zum größten Teil bis zur Einrichtung der reichseinheitlichen Polizei im Jahre 1936 Gültigkeit haben.

Dienstgrad	ab 17. März 1933[3]	ab 15. Mai 1933[4]
Polizeimann	Auf grüner Unterlage ein Geflecht mit fünf Bögen aus grünem Mohairgarn	Achselstücke ohne Tuchunterlage aus vier nebeneinanderliegenden grünen Wollplattschnüren
Streifenmeister	wie vor, jedoch mit Aluminiumfäden durchzogen	wie vor, jedoch ist die äußere Plattschnur mit Aluminiumfäden durchzogen
Rottenmeister	wie Streifenmeister, auf der Mitte der Plattschnur eine dünne Aluminiumschnur aufgelegt	wie vor, jedoch am Achselstück, 1 cm von der Ärmelnaht entfernt, eine 8 mm breite Aluminiumtresse
Pol.-Wachtmeister	Auf hellgrüner Unterlage ein fünfbogenes Geflecht aus Silberplattschnur, mit hellgrüner Seide durchwirkt. Auf der Mitte der Plattschnur eine dünne, hellgrüne Seidenschnur aufgelegt.	Achselstücke mit grüner Tuchunterlage mit vier Plattschnüren. Die äußeren Silberplattschnüre sind mit grünen Seidenfäden durchzogen, die inneren Plattschnüre sind aus grüner Wolle.
Pol.-Hauptwachtmeister	wie vor, mit einem silbernen Stern	wie vor, mit einem silbernen Stern
Pol.-Oberwachtmeister	wie vor, mit zwei silbernen Sternen	wie vor, mit zwei silbernen Sternen
Leutnant (Kommissär)	Achselstücke auf hellgrüner Tuchunterlage aus vier Silberplattschnüren, die mit hellgrüner Seide durchwirkt sind	keine Änderung
Oberleutnant (Inspektor)	wie vor, mit einem goldenen Stern	keine Änderung
Hauptmann (Oberinspektor)	wie vor, mit zwei goldenen Sternen	keine Änderung

Major	Geflecht auf hellgrüner Tuchunterlage aus Silberplattschnur, die mit hellgrüner Seide durchwirkt ist.	keine Änderung
Oberstleutnant	wie vor, mit einem goldenen Stern	keine Änderung
Oberst	wie vor, mit zwei goldenen Sternen	keine Änderung

An den Kragen werden von den Offizieren seit dem 17. März 1933 silberne Doppellitzen auf hellgrünen Kragenpatten getragen. Die Obermusikmeister tragen die Achselstücke eines Oberstleutnants mit einer goldenen Harfe als Auflage.

Den Offizieren und Polizeibeamten in Führerstellung ist es gestattet, außer Dienst und im kleinen Dienst den Offizierssäbel mit vergoldetem Bügel, ab dem 11. April 1933 mit vergoldetem und zisiliertem Bügel und mit Greifknopf am Unterschnallkoppel zu tragen. Dieser Personenkreis, einschließlich der Polizei-Oberwachtmeister, trägt das alte badische Offiziersportepee an der Waffe. Den übrigen Polizeibeamten, die beim Heer das Recht zum Tragen des Portepees erworben haben, ist es gestattet, dieses zu tragen.

Ab dem 15. Mai 1933[5] treten noch folgende Änderungen an der Ausrüstung und den Uniformen in Kraft: Einheitlich für alle Polizeibeamten wird eine neue Mütze in Klappform eingeführt. Das Grundtuch ist dunkelblau, der Besatzstreifen und der Vorstoß am Deckelrand sind grün. Der schwarze Schirm ist aus Vulkanfiber. Vorn auf der Mitte des Besatzstreifens ist die badische, darüber, in der Mitte des Grundtuches, die deutsche Kokarde angebracht. Aus alten Abbildungen geht hervor, daß später auf dem Besatztuch das allgemeingültige Hoheitszeichen (stehender Adler mit gespreizten Schwingen, ein Hakenkreuz im Eichenlaubkranz in den Fängen) getragen wird. In Bayern wurde dieses Hoheitszeichen im April 1934 eingeführt. Der Zeitpunkt dürfte in Baden ähnlich liegen.

Der Kommandeur der Schutzpolizei trägt an der Mütze eine doppelte Goldkordel, die übrigen Offiziere eine Silberkordel, die mit grünen Seidenfäden durchwirkt ist. Alle anderen Polizeibeamten tragen einen 13 mm breiten schwarzen Sturmriemen mit zwei schwarzen Schiebern aus Metall.

Am Tschako und am Helm wird die Kokarde (Nationale) in den Reichsfarben eingeführt. Erstmals wird für alle Polizeibeamten in Baden auch ein schwarzer Schulterriemen eingeführt.

Anmerkungen
[1] HStA Stuttgart E 151 c II Bü 609
[2] F. Retzlaff, Der Polizeibeamte, Ausgabe Baden, Lübeck 1926
[3] Verordnungsblatt für die badische Gendarmerie 1933, S. 64 f.
[4] ebenda, S. 166 f.
[5] ebenda, S. 131 f.

Die Gemeindepolizei 1919 bis 1932

Wie schon zur Zeit des Großherzogtums existierte auch nach 1918 in den kleinen Gemeinden eine Ortspolizei, die vom Bürgermeister verwaltet wurde. Die Ernennung der Polizeibeamten erfolgte durch den Gemeinderat. Der Begriff »Polizeidiener« wurde übernommen und erst 1936 abgeschafft. In Gemeinden mit mehr als 4000 Einwohnern und in Stadtgemeinden, in denen ein Bezirksamt oder ein Amtsgericht ansässig war, durften nur Polizeibeamte eingestellt werden, die eine staatliche Polizeischule mit Erfolg besucht hatten. Die Dienstkleidung und die dienstliche Ausrüstung der Gemeindepolizei regelte sich nach den von jeder einzelnen Gemeinde getroffenen besonderen Bestimmungen. Es gab keine allgemeingültigen Bestimmungen für das ganze Land.

Als Richtschnur bestand für die Angehörigen der Gemeindepolizei lediglich die Anordnung, daß »auch der nicht hauptamtlich angestellte Angehörige der Gemeindepolizei als Zeichen seines Dienstes einen Dienstrock, eine Dienstmütze mit badischer Kokarde und einen Säbel tragen soll«[1].

Es darf die Vermutung angestellt werden, daß sich die Dienstkleidungsstücke nach den Bestimmungen der Gendarmerie oder der Schutzpolizei, natürlich mit deutlichen Abgrenzungen, gerichtet haben. Das Beispiel im Königreich Württemberg, wo die Verhältnisse ähnlich lagen, mag auch hier zutreffen.

Anmerkung
[1] Dienstanweisung für die Gemeindepolizei in Baden. Anlage zum Verordnungsblatt für die badische Gendarmerie 1926.

Königreich Bayern

Im Jahre 1180 wurde das Haus Wittelsbach mit dem Herzogtum Bayern belehnt. Kurze Zeit später kam noch die Pfalz hinzu. Bayern durchlebte eine wechselvolle Geschichte, bis Kurfürst Maximilian IV. Joseph im Jahre 1799 den gesamten wittelsbachischen Landbesitz in seinen Machtbereich nahm. Er wurde, nachdem er sich dem Rheinbund angeschlossen hatte, als Maximilian I. Joseph, König von Bayern. Seit 1818 war das Land eine konstitutionelle Monarchie.

Das Königreich gliederte sich in acht Kreise. Das Staatsgebiet teilte sich in Bayern rechts des Rheines und in die Pfalz. Die Landeshauptstadt war München.

Die verfassungsmäßige Vertretung des Volkes war der Landtag. Er gliederte sich in die Kammer der Reichsräte und in die Kammer der Abgeordneten. Die Kammer der Reichsräte bestand aus den Prinzen des königlichen Hauses, den Kronbeamten des Reiches, Vertretern der Kirche, den Häuptern der standesherrlichen Familien und den vom König ernannten erblichen und lebenslänglichen Reichsräten. Die Mitglieder der Kammer der Abgeordneten wurden in allgemeinen Wahlen gewählt. Mitgliedschaften in beiden Kammern waren möglich.

Das Königreich Bayern hatte zuletzt eine Größe von etwa 75 900 qkm und im Jahre 1910 etwa 6,9 Millionen Einwohner. Die übrigen süddeutschen Staaten einschließlich der Reichslande hatten zum gleichen Zeitpunkt zusammen etwa 7,6 Millionen Einwohner.

Die Polizei gliederte sich in die Polizei der Gemeinden mit städtischer Verfassung und Gemeinden mit Landgemeindeverfassung. Weiter wird auch noch ein Unterschied gemacht zwischen den »Landesteilen diesseits des Rheines« — das sind die rechtsrheinischen Gebiete — und der Pfalz. Diese Unterteilung brachte aber keine Auswirkungen auf die Organisation der Polizei.

Die Reglements zur Dienstkleidung der Polizei in Bayern sind auch aus der Frühzeit der Uniformierungsgeschichte erhalten geblieben. Durchgängig ist jedoch festzustellen, daß die Vorschriften zumeist recht oberflächlich sind, was die Detailgenauigkeit der Kleidungsstücke betrifft. Das hat insbesondere für die Zeit vor 1888 Gültigkeit. Dieser Mangel wird sich naturgemäß auch in der folgenden Beschreibung der Dienstbekleidungs- und Ausrüstungsstücke bemerkbar machen.

Veränderungen in der gültigen Uniformierung erfolgten in verhältnismäßig großen Abständen. Es erscheint daher in diesem Falle zweckmäßig zu sein, die Uniformreglements unter ihren Erscheinungsdaten jeweils als abschließendes Ganzes aufzuzeigen und die späteren Veränderungen nicht einzubauen.

Eine allgemeine Verpflichtung, die jeweilige Uniform zu tragen, bestand in den ersten Jahrzehnten nicht. So wurden im Reglement vom 21. Mai 1833 erstmals dem Personal der Polizeidirektion München befohlen, im Dienste nie anders als in Amtstracht zu erscheinen. Wann in den anderen Städten und Gemeinden die Amtstracht obligatorisch wurde, geht im Einzelfall aus der Aktenüberlieferung nicht hervor.

Neben der städtischen Polizei bestand in München die Stadtkompanie der königlichen Gendarmerie. Die Einrichtungen waren in ihrer Organisation eigenständig, beide verrichteten jedoch polizeilichen Dienst.

Ab dem 1. Oktober 1898 wurde die Schutzmannschaft München eingerichtet. Gleichzeitig löste man die Stadtkompanie der Gendarmerie auf. Angehörige der Gendarmerie konnten in die Schutzmannschaft München übernommen werden. Sie war eine staatliche Polizei, deren Aufgabe es war, die Zivilbehörden bei der Erhaltung der öffentlichen Ruhe, Ordnung und Sicherheit zu unterstützen. Sie war der Polizeidirektion München unterstellt. Ihre Organisation war militärisch, obwohl es sich um eine zivile Einrichtung handelte. Die Angehörigen der Schutzmannschaft waren Hilfsbeamte der Staatsanwaltschaft.

Der Dienst der Schutzmannschaft erfolgte in der Regel nur innerhalb des Stadtbezirkes von München. Anders als in den übrigen deutschen Staaten wurde im Königreich Bayern die Schutzmannschaft ausschließlich in München eingerichtet. In späteren Jahren bildete sich allerdings die Gewohnheit heraus, daß sich die Polizeien der übrigen Städte als Schutzmannschaft bezeichneten.

Die Gendarmerie war, wie allgemein üblich, militärisch organisiert. Den Oberbefehl hatte das Gendarmeriekorps-Kommando in München. Kommandeur war ein General oder ein Oberst. In jedem der acht Regierungsbezirke (Kreise) war eine Gendarmerieabteilung mit einem Stabsoffizier oder Hauptmann als Chef eingerichtet. Die Abteilungen wurden in Stationen unterteilt. Die Gendarmen waren Hilfsbeamte der Staatsanwaltschaft.

Die Gendarmerie 1873 bis 1917

Eine umfassende Neuregelung der Uniformierung und Ausrüstung der bayerischen Gendarmerie wird am 6. September 1873 befohlen[1].
Der Waffenrock ist aus dunkelgrünem Tuch, einreihig mit acht Knöpfen; diese sind goldgelb, ohne Prägung. Im Rückenschoß sind zwei geschweifte Schoßtaschenleisten mit je drei Knöpfen angebracht. Die Ärmel haben polnische Aufschläge aus hochrotem Tuch mit einem Knopf in der Spitze. Darunter ist eine gelbwollene Litze in der Form, wie sie für das Infanterie-Leib-Regiment vorgeschrieben ist, mit rotem Spiegel, aufgesetzt. Um den oberen Rand des Aufschlages läuft eine goldene Unteroffizierstresse. Der Stehkragen ist aus hochrotem Tuch, ab dem 5. September 1886 mit einem Vorstoß aus Grundtuch am oberen und vorderen Rand[2]. Um den Kragenrand läuft eine goldene Unteroffizierstresse. Vorne an jeder Kragenseite ist je eine Litze wie an den Ärmelaufschlägen angebracht. Die eingenähten Schulterklappen sind aus Grundtuch mit hochroten Vorstößen. Bei der Gendarmerie-Kompanie der Hauptstadt München werden hochrote Schulterklappen getragen. Durch Entschließung vom 24. Juni 1893 haben die Schulterknöpfe bei den Gendarmen und Wachtmeistern (S.B.) der Stadtkompanie München Nummern und Ziffern[3]. Die Nummern der Bezirksstationen werden in arabischen Zahlen, die der Nebenstationen in römischen Ziffern unter den Brigadestationsnummern angebracht.
Die Gendarmen tragen den oben beschriebenen Waffenrock ohne jedes weitere Abzeichen. Sind sie als Stationskommandanten eingesetzt, tragen sie zu jeder Seite des Kragens einen kleinen Auszeichnungsknopf von 2,3 cm Durchmesser, mit dem heraldischen Löwen darauf (Gefreitenknopf). Die Gendarmen haben den Rang eines Unteroffiziers der Armee (Abb. 18).
Die Stationskommandanten tragen den kleinen Auszeichnungsknopf, wie beschrieben. Durch Verordnung vom 7. Dezember 1906[4] erhalten sie den Rang eines Sergeanten.
Die Sergeanten tragen zur Uniform der Gendarmen an jeder Kragenseite den großen Auszeichnungsknopf von 3,0 cm Durchmesser. Nach der Verordnung vom 7. Dezember 1906[5] können sie den Titel und Rang des Vizewachtmeisters mit Offizierskokarde und -Portepee erhalten (Abb. 64 u. 65).
Die Vizewachtmeister erhalten nach der Vorschrift vom 9. Januar 1909[6] den Dienstgrad eines Wachtmeisters. Nach der Regelung von 1873 tragen sie den Waffenrock mit großem Auszeichnungsknopf am Kragen. Ab dem 3. Januar 1912[7] erhalten sie über den Ärmelaufschlägen eine zweite, 16 mm breite, goldene Tresse. Es ist dies die bisherige Auszeichnung der Oberwachtmeister.

Die Wachtmeister, nach der Vorschrift vom 9. Januar 1909 jetzt Oberwachtmeister, tragen nach der Vorschrift von 1873 die Unteroffizierstresse und den großen Auszeichnungsknopf wie die Sergeanten, ab 1889 über den Ärmelaufschlägen eine zweite, 16 mm breite Goldtresse. Ab 1909, als die für sie neue Dienstgradbezeichnung Oberwachtmeister eingeführt wird, tragen sie Kragen und Ärmelaufschläge ohne Unteroffizierstressen, und der Auszeichnungsknopf entfällt ebenfalls. Dafür sind die Litzen am Kragen und an den Aufschlägen jetzt aus gewebter Goldlitze. Die gestickten Litzen werden ausdrücklich verboten. Die Schulterklappen waren bisher ohne Abzeichen. Ab dem 3. Januar 1912 haben sie an den Seiten und oben herum eine goldene Unteroffizierstresse.

Die Oberwachtmeister, nach der Vorschrift vom 9. Januar 1909 jetzt Stabsoberwachtmeister, haben den militärischen Rang der Hartschiere. Nach der Vorschrift von 1873 tragen sie zum Waffenrock den Kragen mit goldgestickter Litze wie die Offiziere, und an den Schulterklappen, an den Seiten und oben herum eine silberne, mit zwei blauen Seidenfäden durchzogene Tresse in der Form wie die Epaulettentresse der Offiziere. Hier wird mit der Änderung der Dienstgradbezeichnung keine Änderung der Gradabzeichen eingeführt.

Übersicht der Dienstgradänderung

6. September 1873	9. Januar 1909
Gendarm	Gendarm
Stationskommandant	entfällt
Sergeant	Sergeant
Vizewachtmeister	Wachtmeister
Wachtmeister	Oberwachtmeister
Oberwachtmeister	Stabsoberwachtmeister

Die Bluse wird, außer für die Stadtkompanie München, am 16. Juli 1893 eingeführt[8]. Sie ist aus dunkelgrünem Tuch, mit verdeckter Knopfleiste. Die Bluse hat einen Stehkragen, links eine angedeutete, rechts eine offene, äußere Brusttasche, einen Taillengurt und Taillenknöpfe und zwei hintere Schoßtaschen[9]. Ab dem 3. Januar 1912[10] hat die Bluse einen Stehumfallkragen und zwei offene, äußere Brusttaschen ohne Knöpfe. Der Taillengurt und die Taillenknöpfe entfallen. Die Bluse hat keine Schulterklappen.

Dienstgradabzeichen zur Bluse

Dienstgrad	16. Juli 1893	9. Januar 1909
Gendarm	ohne	Auf beiden Seiten des Kragens um den seitlichen und unteren Rand (hier 10 cm lang) des Überschlags eine 16 mm breite, goldene Unteroffizierstresse.
Stationskommandant	An jeder Kragenseite einen kleinen Auszeichnungsknopf	entfällt
Sergeant	An jeder Kragenseite einen großen Auszeichnungsknopf	Wie Gendarm, dazu die großen Auszeichnungsknöpfe
Wachtmeister	wie Sergeant	Wie Sergeant, jedoch am Kragen über der Unteroffizierstresse eine zweite, 7 mm breite Goldtresse
Oberwachtmeister	Wie Wachtmeister, jedoch am linken Unterärmel dreifache Sparren aus goldener Tresse	Ohne Tressen und Auszeichnungsknöpfe, jedoch mit Schulterklappen wie am Waffenrock
Stabsoberwachtmeister	entfällt	zur Litewka der Offiziere die Schulterklappen wie am Waffenrock

Die Hose ist aus dunkelgrauem Tuch mit hochroten Vorstößen in den Seitennähten. Die Berittenen tragen Reithosen mit Wildlederbesatz, ohne Vorstöße. Sämtliche Dienstgrade vom Wachtmeister abwärts, ausgenommen die Angehörigen der Stadtkompanie München, erhalten zusätzlich Drillichhosen. Ab dem 3. Januar 1912 ist die Grundfarbe der Tuchhose schwarz[11].

Der Mantel ist aus graumeliertem Tuch. Ab dem 6. Mai 1901 aus grauem Tuch, wie für die Armee eingeführt[12]. Er ist einreihig, mit sechs goldgelben Knöpfen. An den geschweiften Taschenleisten sind je drei Knöpfe befestigt. Auf den Vorderschößen ist je eine Tasche schräg eingeschnitten. Die Ärmel haben glatte Aufschläge. Der Umlegekragen ist aus Grundtuch. Am Mantel sind keine farbigen Vorstöße. Auf den Schultern werden die Schulterklappen wie am Waffenrock getragen. An den Mantelkragen werden folgende Abzeichen getragen:

Dienstgrad	6. September 1873	3. Januar 1912
Gendarm	In den Kragenecken je eine hochrote Patte mit einer weißblauen Borte und unter dem Kragen je ein glatter, gelber Knopf	wie 1873
Stationskommandant	Wie Gendarm, unter dem Kragen aber je ein kleiner Auszeichnungsknopf	entfällt
Sergeant	Wie Gendarm, unter dem Kragen aber je ein großer Auszeichnungsknopf	wie 1873
Vizewachtmeister ab 9. Januar 1909 Wachtmeister	wie Sergeant	wie Sergeant von 1873, jedoch auf den Patten jetzt zwei weißblaue Borten
Wachtmeister ab 9. Januar 1909 Oberwachtmeister	wie Sergeant	wie Wachtmeister
Oberwachtmeister ab 9. Januar 1909 Stabsoberwachtmeister	wie Sergeant, jedoch auf den Kragenpatten eine zweite weißblaue Borte	Offiziersmantel mit Schulterklappen wie am Waffenrock, der Kragen außen grau und innen grün, ohne Patten und Auszeichnungsknöpfe
Stabsoberwachtmeister	wie Oberwachtmeister	Offiziersmantel mit Schulterklappen wie am Waffenrock, der Kragen wie bei den Offizieren, innen grün, außen hochrot.

Der Wettermantel wird am 21. Januar 1905 für alle Dienstgrade vom Wachtmeister einschließlich abwärts genehmigt[13]. Die Beschaffung ist freigestellt. Ab dem 3. Januar 1912 tragen ihn auch die Oberwachtmeister. Er ist aus grauem Lodenstoff mit Kapuze, er wird mit einer Reihe Hornknöpfe geschlossen. **Der Helm** der Gendarmerie ist aus schwarzem Leder mit gelben Beschlägen. Die glatte Spitze, ohne Wulst oder Perlring, hat eine flache Kleeblattbasis mit Buckelschrauben. Die gewölbte Schuppenkette wird mit Ringen an Löwenköpfen befestigt. Der Helm hat eine Hinterhelmschiene und eine Einfassung des runden Vorderschirmes (Abb. 21).

Das Modell 1873 hat als Helmzier einen achtstrahligen Stern mit dem königlichen Namenszug unter der Krone darauf (Abb. 62). Die bayerische Kokarde wird links über dem Löwenkopf auf dem Helmkörper getragen. Die Wachtmeister (S.B.) tragen am Helm die Offizierskokarde mit dem königlichen Namenszug darauf. Der Stabsoberwachtmeister trägt den Offiziershelm. Die nicht berittenen Mannschaften tragen am Helm keinen Haarbusch zur Parade.

Das Modell 1886 erhält eine neue Helmzier[14]. Diese besteht aus dem bayerischen Wappen unter der Krone, gehalten von zwei heraldischen Löwen. Unter der Helmzier sitzt jetzt ein Band mit der Devise »In Treue fest«. Die Offizierskokarde zeigt jetzt die bayerische Krone.

Durch Verordnung vom 13. Mai 1897[15] wird auf der rechten Helmseite, über dem Löwenkopf, die Reichskokarde in den Farben schwarz-weiß-rot angebracht. Nach dem Beamtengesetz vom 16. August 1908[16] sind die Mannschaften der Gendarmerie Beamte im Sinne dieses Gesetzes. Da sie jetzt nicht mehr zur Armee gehören, tragen sie nun auch nicht mehr die Reichskokarde am Helm. Dieser Umstand wird in einem Schreiben des Gendarmeriekorps-Kommandos vom 13. Juni 1914 noch einmal bestätigt[17]. Die Beamteneigenschaft gilt nicht für die Offiziere des Gendarmeriekorps.

Die berittenen Mannschaften tragen die Helme mit gewölbter Schuppenkette und mit eckigem Augenschirm. Zur Parade tragen sie einen schwarzen Roßhaarbusch.

Die Mütze in der Form der steifen Offiziersmütze der Armee hat einen kurzen schwarzen Augenschirm. Das Grundtuch ist dunkelgrün. Der Besatzstreifen ist ebenfalls dunkelgrün, bei den Oberwachtmeistern (ab 1909 nur bei den Stabsoberwachtmeistern) jedoch hochrot, wie an der Offiziersmütze. Um den Deckelrand und bei dem grünen Besatzstreifen auch um diesen, laufen hochrote Vorstöße. Vorn auf dem Besatzstreifen ist die bayerische Kokarde angebracht, bei den Dienstgraden vom Wachtmeister (Vizewachtmeister) einschließlich aufwärts, die Offizierskokarde. Mit der Reichskokarde wird wie beim Helm beschrieben verfahren (Abb. 19).

Die Seitenwaffe ist ein kurzer Säbel in einer schwarzen Lederscheide mit gelben Beschlägen und mit Tragehaken. Das gelbe Gefäß hat einen eckigen Bügel und zwei gebogene seitliche Spangen. Beim Gendarmeriesäbel Modell 99 entfallen die Spangen.

Die Oberwachtmeister tragen den Offizierssäbel in vernickelter Stahlscheide mit zwei Ringen. Das gelbe Gefäß hat einen runden Bügel und zwei gebogene seitliche Spangen. Beim Modell 03 entfallen die Spangen. Im Jahre 1912 wird die Scheide geschwärzt und der untere Tragering entfällt gleichzeitig.

Die Stabsoberwachtmeister tragen den Offizierssäbel, ab 1912 den Säbel der Oberwachtmeister.

Die Waffen werden am übergeschnallten Leibriemen getragen, die der Stabsoberwachtmeister am Offiziers-Überschnallkoppel. Ab 1912 tragen die Oberwachtmeister die Waffe an einem schwarzen Unterschnallkoppel, die Stabsoberwachtmeister am Unterschnallkoppel für Offiziere.

Die Gendarmen und Sergeanten tragen an der Seitenwaffe die Säbelquaste für Kapitulanten der Infanterie. Vom Wachtmeister (Vizewachtmeister) aufwärts wird das silberne Offizierssportepee getragen. Die Berittenen tragen die Säbelquasten der Kavallerie.

Der Leibriemen ist aus schwarzem Leder mit einem gelben Kastenschloß, darauf befindet sich seit 1864 die bayerische Krone (Abb. 19).

Das Bandelier der Berittenen ist aus schwarzem Leder. Auf dem Deckel des Kartuschkastens ist der königliche Namenszug angebracht. Ab dem 5. September 1886 wird anstelle des Namenszuges die Königskrone angebracht. Das gilt auch für die Patronentasche der nicht berittenen Gendarmen.

Die Offiziere tragen Uniformen, die in ihren Grundzügen denen der Mannschaften entsprechen[18].

Am Waffenrock sind die Litzen in goldener Stickerei, die Unteroffizierstressen fallen naturgemäß fort.

Die Gradunterschiede werden durch Feldachselstücke oder bei feierlichen Anlässen oder zur Parade durch Epauletten angezeigt. Die Feldachselstücke in der Form wie beim Militär haben hochrotes Unterfutter. Die Silberplattschnüre sind mit blauer Seide durchwirkt. Die Gradunterschiede werden durch goldene Sterne angezeigt. Sonst haben die Achselstücke keine Auflagen.

Die Epauletten haben ein hochrotes Unterfutter. Feld und Schieber sind dunkelgrün, bei den Offizieren der Stadtkompanie jedoch hochrot. Um den Schieber läuft eine silberne Epaulettentresse mit zwei blauen Durchzügen. Der glatte Halbmond ist vergoldet. Die Stabsoffiziere vom Major aufwärts tragen an den Epauletten lose Kantillen aus Silberschnur. Der General hat starre Kantillen an den Epauletten. Die Gradunterschiede werden wie an den Feldachselstücken angezeigt.

Die Hose der Offiziere entspricht der Mannschaftshose mit hochroten Vorstößen in den Außennähten.

Der Überrock in der Form wie bei den Offizieren in der Armee ist aus dunkelgrünem Grundtuch. Der Stehkragen aus hochrotem Tuch ist ohne Abzeichen. Die Ärmelaufschläge sind aus Grundtuch. Die Schoßtaschenleisten sind gerade, mit je zwei Knöpfen. Der Überrock ist doppelreihig geknöpft. Alle Knöpfe sind vergoldet, ohne Prägung. Am linken Vorderstück, den Ärmelaufschlägen und an den Schoßtaschen sind Vorstöße aus hochrotem Tuch. Auf den Schultern werden die Achselstücke wie am Waffenrock getragen.

Der Offiziersmantel entspricht in Form und Farbe dem Mantel, wie er bei der Armee getragen wird.

Der Helm entspricht in Form und Beschlägen dem Modell, wie es bei den Mannschaften getragen wird. Die Beschläge sind jedoch vergoldet, die Bügel der Helmspitze werden mit Sternschrauben gehalten.

Die auf der linken Seite über dem Löwenkopf angebrachte Kokarde hat den Namenszug des Monarchen, ab dem 5. September 1886 jedoch die Krone im Zentrum[19]. Mit Verfügung vom 13. Mai 1898 wird auf der rechten Helmseite die Reichskokarde eingeführt[20]. Zur Parade tragen die Offiziere Haarbüsche aus schwarzem Büffelhaar am Helm.

Die Mütze in der Form der Offiziersmütze der Armee ist dunkelgrün, mit einem hochroten Besatzstreifen und einem gleichfarbigen Vorstoß am Deckelrand. Auf dem Besatzstreifen ist die bayerische Kokarde angebracht. Mit der Reichskokarde wird wie beim Helm beschrieben verfahren.

Das Bandelier aus Goldtresse mit dunkelgrüner Unterfütterung hat auf der Brust einen Schild und darüber einen Löwenkopf mit Erbsenketten. Diese Verzierung entfällt ab dem 5. September 1886[21]. Der Kartuschkasten ist aus rotem Leder. Der silberfarbene Deckel hat eine vergoldete Wappenauflage. Das Wappenschild ist eckig, ab 1896 jedoch oval.

Die Schärpe aus Silbertresse mit blauen Durchzügen ist das eigentliche Dienstzeichen der Offiziere. Sie hat zwei Quasten, die an der linken Körperseite getragen werden.

Die Seitenwaffe wird von den Offizieren immer untergeschnallt getragen. Die Trageriemen haben Tressenbesatz. Das vergoldete Gefäß hat einen Hauptbügel und zwei geschwungene Seitenbügel. Die leicht gebogene Klinge trägt den königlichen Namenszug, ab 1886 die Devise »In Treue fest«. Die vernickelte Metallscheide hat zwei Trageringe. An der Waffe wird das Offiziersportepee wie bei der Armee getragen.

Die Gendarmerie 1917 bis 1918

Im Verlaufe des Krieges gehen viele deutsche Länder dazu über, ihre Gendarmerie, die ja militärisch organisiert ist, mit feldgrauen Uniformen, wie bei der Armee üblich, zu versehen. In Bayern wird die neue Uniform mit Entschließung vom 14. März 1917 eingeführt[22]:

Änderungen an der Uniform des königlichen Gendarmerie-Korps

1. Das Grundtuch für alle Bekleidungsstücke ist künftig feldgrau, nach den für die Armee festgesetzten Proben.
2. **Mütze:** Dunkelgrüner Besatzstreifen mit ponceauroten Vorstößen um den Rand des Deckels und die Ränder des Besatzstreifens, feldgrauer, lackierter Schirm. Wegen der deutschen Kokarde seitens der Offiziere siehe Ziffer 9.
3. **Waffenrock:** Dunkelgrüner Stehkragen und ebensolche Ärmelaufschläge, spitz, mit je einem Knopf; dunkelgrüne Schulterklappen mit ponceauroten Vorstößen, gelbe, glatte Knöpfe. Die Stickerei, Tressen und Litzen sind wie bisher, die Litzen jedoch mit dunkelgrünem Spiegel. Die Abzeichen der Stabsoberwachtmeister und Oberwachtmeister bleiben wie bisher. Die Achselstücke sind 5,5 cm breit, mit dunkelgrüner Tuchunterlage und ponceauroten Vorstößen.
4. **Bluse:** Der Schnitt ist wie für die Armee vorgeschrieben, mit matten Kronenknöpfen aus Tombak. Der Kragen ist aus dunkelgrünem Tuch mit ponceauroten Vorstößen.
   Am Kragen tragen die Offiziere und die Stabsoberwachtmeister auf dunkelgrünen Patten eine mattgoldene, verkleinerte Nachbildung der Stickerei wie am Kragen des Waffenrockes, die Oberwachtmeister eine 10 cm lange, in Mattgold gewebte Doppellitze, die übrigen Mannschaften eine einfache graue Litze mit dunkelgrünem Spiegel und gelben Streifen.
   Die Schulterklappen werden wie am Waffenrock getragen. Die Achselstücke sind 4,5 cm breit, aus mattem Metallgespinst, sonst wie am Waffenrock.
   Als Sommerkleidung und als Hausröcke dürfen Blusen aus etwas leichterem Stoff getragen werden.
5. **Kleiner Rock:** Nur für die Offiziere; mit ponceauroten Vorstößen, feldgrauem Kragen und mit Kragenpatten ohne Vorstöße aus dunkelgrünem Tuch. Der Überrock wird allgemein abgeschafft.

6. **Mantel:** Die Form entspricht dem Armeemantel, jedoch mit dunkelgrünem Klappkragen mit ponceauroten Vorstößen. Die matten Kronenknöpfe sind aus Tombak. Die Schulterklappen werden wie am Waffenrock getragen.
Der Umhang der Offiziere erhält einen dunkelgrünen Kragen mit ponceauroten Vorstößen und hinten einen Schlitz.

7. **Die Gradabzeichen** für die Mannschaften vom Wachtmeister abwärts sind auf allen Bekleidungsstücken die gleichen, wie für die entsprechenden Dienstgrade in der Armee.

8. **Stiefelhosen** haben keine Vorstöße. Die Vorstöße an den Seitennähten der Tuchhosen sind ponceaurot.

9. **Helm:** Wappen und Beschläge sind wie im Heer eingeführt, aus gelbem Metall. Die Spitze ist abnehmbar. Am Helm wird jetzt ein schwarzer Kinnriemen getragen. Auf der linken Seite des Helmes ist die bayerische Kokarde angebracht.
Offiziere und Stabsoberwachtmeister tragen den Offiziershelm der Armee mit vergoldeten Beschlägen.
Die Offiziere tragen an Helm und Mütze außer der bayerischen Kokarde auch noch die deutsche Kokarde, wie die Offiziere des Heeres.

10. **Gamaschen** aus feldgrauem Tuch oder aus schwarzem Leder.

11. **Ordensschnallen,** Kokarden, Auszeichnungsknöpfe und Knöpfe werden wie für die Armee vorgeschrieben getragen.

12. **Halsbinde:** grau.

13. An den Kragen sämtlicher Bekleidungsstücke neuer Art wird das für die bayerische Armee vorgeschriebene besondere Kennzeichen getragen.

14. **Säbel:** Seitengewehr ohne Korb (Gendarmeriesäbel 99 und Gendarmerie-Oberwachtmeistersäbel 03, beide ohne Messingkorb).

15. Dunkelbraunes, ledernes Feldkoppel anstelle der Feldbinde für die Offiziere. Für Mannschaften vom Wachtmeister abwärts ein Koppel mit Koppelschloß, wie für die Armee.

16. Die jetzt vorhandenen Bekleidungs- und Ausrüstungsstücke sind unverändert aufzutragen.

17. Schützenabzeichen, Schießauszeichnungen, Abzeichen für Richtkanoniere, Fechter, Militärreitschule, Schießschulen usw. werden zur Bluse nicht getragen.

18. Zur Ausrüstung der Mannschaften vom Wachtmeister abwärts treten Brotbeutel, Feldflasche und Trinkbecher; nach der Probe für die Fußtruppen der Armee.

Anmerkungen

[1] Verordnungsblatt des königl. Bayerischen Kriegsministeriums 1873, S. 285 f.
[2] ebenda 1886, S. 393 f.
[3] Hauptstaatsarchiv München -Kriegsarchiv- Mkr 11572
[4] Verordnungsblatt des königl. Bayerischen Kriegsministeriums 1907, S. 50
[5] ebenda
[6] ebenda 1909, S. 27 f.
[7] Hauptstaatsarchiv München -Kriegsarchiv- Mkr 11572
[8] Verordnungsblatt des königl. Bayerischen Kriegsministeriums 1896, S. 225
[9] Hauptstaatsarchiv München -Kriegsarchiv- Mkr 11572
[10] ebenda
[11] ebenda
[12] ebenda
[13] ebenda
[14] Verordnungsblatt des königl. Bayerischen Kriegsministeriums 1886, S. 393 f.
[15] Hauptstaatsarchiv München -Kriegsarchiv- Mkr 11572
[16] Gesetz- und Verordnungsblatt 1908
[17] Hauptstaatsarchiv München -Kriegsarchiv- Mkr 11572
[18] Verordnungsblatt des königl. Bayerischen Kriegsministeriums 1873, S. 285 f.
[19] ebenda 1886, S. 393 f.
[20] Hauptstaatsarchiv München -Kriegsarchiv- Mkr 11572
[21] Verordnungsblatt des königl. Bayerischen Kriegsministeriums 1886, S. 393 f.
[22] ebenda 1917, S. 327 f.

Schutzmannschaft München[1] 1898 bis 1918

Der **Waffenrock des Schutzmannes** ist aus dunkelblauem Tuch. Der vorn abgerundete Stehkragen, die Achselklappen und die schwedischen Ärmelaufschläge sind aus Grundtuch und haben karmesinrote Vorstöße. Kragen und Aufschläge sind mit einer 17 mm breiten, von zwei blauen Streifen durchzogenen Silbertresse umnäht. Auf jeder Achselklappe ist mit Ziffern aus weißem Metall die Ordnungsnummer angebracht, unter welcher der Beamte in den Listen geführt wird. Der Waffenrock hat weißmetallene Knöpfe mit aufgeprägter Krone. Auf der Brust zwei Reihen mit je sechs Knöpfen, zwei auf jedem Aufschlag und auf jeder Schoßtaschenleiste und je ein Knopf auf jeder Schulter. Der Waffenrock reicht bis kurz über die Knie.

Der Waffenrock des Stationskommandanten ist der Waffenrock der Schutzmänner, zusätzlich hat er aber auf jeder Seite des Kragens, etwa in Höhe des Schulterknopfes, einen kleinen Auszeichnungsknopf aus versilbertem Neusilber. Dieser zeigt in erhabener Prägung das Rautenwappen mit der Krone darüber (Abb. 27). Ab dem 4. Mai 1907 entfällt bei den Stationskommandanten die Ordnungsnummer auf den Achselklappen[2].

Der Dienstgrad des Stationskommandanten entfällt ab dem 1. Januar 1909 vollständig.

Der Waffenrock des Wachtmeisters gleicht dem der Stationskommandanten, nur ist der Auszeichnungsknopf etwas größer. Ab dem 2. August 1904 legen die Wachtmeister die Ordnungsnummer auf den Achselklappen ab[3]. Gleichzeitig erhalten die Achselklappen eine Einfassung aus einer 17 mm breiten Silbertresse, die von zwei blauen Streifen durchzogen ist.

Ab dem 1. Januar 1909 trägt der Wachtmeister die bisherige Uniform des Stationskommandanten mit dem kleinen Auszeichnungsknopf. Die Tressen um die Achselklappen entfallen[4].

Ab dem 9. August 1911 kommt es für den Wachtmeister wieder zu der alten Regelung, wie sie vor 1909 Gültigkeit hatte[5].

Der Waffenrock des Oberwachtmeisters hat die gleiche Machart wie bei den Schutzmännern. Der Stehkragen, die Ärmelaufschläge und die Schulterklappen sind jedoch aus dunkelblauem Samt mit karmesinroten Vorstößen. Am Kragen und an den Aufschlägen der Ärmel befindet sich eine Stickerei (Abb. 23c) in Silber. Die Schulterklappen sind mit Ausnahme der Ärmelnahtseite mit einer 17 mm breiten Silbertresse besetzt, die von zwei blauen Streifen durchzogen ist.

Ab dem 9. August 1911 tragen der Rendant und der Oberwachtmeister vom Dienst als Abzeichen eine kleine vergoldete Krone auf den Achselklappen[6].

Die berittenen Beamten tragen den Waffenrock ihres Dienstgrades, jedoch mit kürzeren Schößen, die unten herum karmesinrot vorgestoßen sind (Abb. 22).

Die Bluse wird am 4. Mai 1907 eingeführt[7]. Sie hat Stehumfallkragen und Ärmelaufschläge aus dunkelblauem Grundtuch und eine verdeckte Knopfleiste. An der Bluse, die immer dann getragen werden darf, wenn der Waffenrock nicht ausdrücklich befohlen wird, werden die Achselklappen und Auszeichnungsknöpfe wie am Waffenrock getragen.

Der Überrock der Oberwachtmeister ist aus dunkelblauem Tuch mit Kragen, Schulterklappen und Knöpfen wie am Waffenrock, jedoch ohne die Stickerei. Der Überrock wird mit zwei Reihen von je sieben Knöpfen geschlossen. Die Knöpfe stehen leicht keilförmig zueinander. Der Überrock wird nur im kleinen Dienst getragen.

Die Hose ist aus schwarzem Tuch mit karmesinroten Vorstößen in den äußeren Längsnähten. Die Berittenen tragen schwarze Reithosen ohne Vorstöße, jedoch mit einem Wildlederbesatz; im kleinen Dienst jedoch ebenfalls die lange Hose.

Der Mantel aus schwarzem Tuch ist doppelreihig, mit glatten Knöpfen aus weißem Metall. Ab dem 2. August 1904[8] erhalten die Wachtmeister, ab dem 4. Mai 1907[9] auch die Stationskommandanten am Kragen Vorstöße aus karmesinrotem Tuch. Die Kragen am Paletot der Oberwachtmeister haben die Vorstöße immer. Die Schulterklappen werden wie am Waffenrock getragen. Der Mantel ist zweireihig, mit je sechs Knöpfen, zwei Knöpfe auf den Schultern und je drei Knöpfe auf den Taschenleisten. Die Mäntel der Berittenen haben einen Reitschlitz.

Der Umhang wird am 4. Mai 1907[10] eingeführt. Er ist aus dunklem Lodenstoff und wird mit Druckknöpfen geschlossen. Der Umhang darf anstelle des Mantels getragen werden, oder bei strenger Kälte auch über dem Mantel. Bei den Schutzmännern hat der Umhang eine weißmetallene Schließe, auf der sich die Ordnungsnummer des Beamten befindet. Bei den anderen Dienstgraden ist der Umhang ohne Schließe.

Ab dem 9. August 1911 darf zu Mantel und Umhang noch zusätzlich ein schwarzer, 15 cm breiter Pelzkragen getragen werden[11]. Dieser darf aber die Ordnungsnummer des Beamten nicht verdecken.

Der Helm des Schutzmannes ist aus schwarzem Leder mit Vorder- und Hinterschirm. Die Einfassung des Vorderschirmes, die Hinterhelmschiene, die Spitze, der Zierat und die Schuppenkette sind aus Neusilber. Die glatte Spitze ohne Perlring wird mit einer flachen Kleeblattbasis und Buckelschrauben am Helmkörper befestigt. Die Helmzier besteht aus dem bayerischen Wappen, das von zwei Löwen gehalten wird, darüber die Königskrone. Unter dem Wappen befindet sich das Devisenband »In Treue fest«. Die flache Schuppenkette wird mit Ringen an einer Löwenkopfhalterung getragen. Die weißblaue Kokarde ist über dem linken Löwenkopf befestigt. In den originalen Quellen wird die Reichskokarde niemals befohlen.

Die berittenen Schutzmänner tragen zur Parade am Helm einen schwarzen Haarbusch aus Roßhaar (Abb. 22).

Der Helm der Wachtmeister entspricht dem der Schutzmänner, nur wird der weiße Ring der Kokarde als aufgelegter, versilberter Ring getragen.

Die Mütze mit kurzem Augenschirm in der Form der Offiziersmütze des Militärs ist aus dunkelblauem Tuch mit gleichfarbigem Besatzstreifen, bei den Oberwachtmeistern aus dunkelblauem Samt. Am Besatzstreifen und am Deckelrand befinden sich karmesinrote Vorstöße. Die lackierte Kokarde auf der Mitte des Besatzstreifens ist aus Blech, bei den Wachtmeistern und Oberwachtmeistern aus einem weißmetallenen Ring, mit blauem Samt unterlegt.

Das Seitengewehr des Schutzmannes und des Stationskommandanten ist ein kurzer Säbel mit Griff und Bügel aus Messing. Die gerade Klinge hat eine schwarze Lederscheide mit Messingbeschlägen. Der Säbel wird an einem schwarzledernen Säbelkoppel mit weißem Schloß über dem Waffenrock und Mantel getragen.

Ab dem 4. Mai 1907 erhalten der Schutzmann und der Stationskommandant einen kurzen Säbel mit einem weißmetallenen Bügel und Griff[12]. Die Waffe wird jetzt an einem schwarzledernen Unterkoppel mit Gehänge getragen.

Die Säbelquaste der Schutzmänner und Stationskommandanten ist aus Silber- und hellblauen Wollfäden an einem weißwollenen Band, das mit vier hellblauen Seidenfäden durchwirkt ist.

Das Seitengewehr des Wachtmeisters gleicht dem des Schutzmannes. Ab dem 2. August 1904[13] erhält er aber einen langen Säbel mit weißmetallenem Bügel in einer schwarzen Lederscheide, am Unterschnallkoppel mit zwei Trageriemen zu tragen. Ab dem 4. Mai 1907[14] erhält der Säbel des Wachtmeisters eine Stahlscheide.

Das Portepee des Wachtmeisters mit geschlossener Quaste ist aus Silber und blauer Seide an einem Band aus weißer und blauer Seide.

Das Seitengewehr des Oberwachtmeisters ist ein langer Säbel mit vergoldetem einfachen Bügel, ab dem 9. August 1911 mit weißmetallenem Bügel[15]. Die blanke Stahlscheide hat zwei Trageringe. Der Säbel wird untergeschnallt getragen. Trage- und Schwungriemen sind aus rotem Saffianleder, das mit einer silbernen, von einem blauen Seidenstreifen durchzogenen Borte besetzt ist. An der Waffe wird ein Portepee wie bei den Wachtmeistern getragen.

Der berittene Schutzmann und Wachtmeister trägt einen langen Säbel mit Messingkorb in einer blanken Stahlscheide. Die Säbelquaste des Schutzmannes hat einen rotjuchtenen Schlagriemen. Beim Wachtmeister ist das Band des Portepees mit rotem Juchtenleder besetzt.

Außer Dienst darf von den Berittenen ein Säbel mit einfachem Messingbügel in einer weißmetallenen Stahlscheide getragen werden. Dann ist die Trageweise wie bei den unberittenen Beamten.

Das Seitengewehr des berittenen Oberwachtmeisters gleicht dem der Schutzmänner. Ab dem 4. Mai 1907[16] tragen die Oberwachtmeister den Säbel zur Parade an einem Überschnallkoppel aus rotem Saffianleder, das mit einer silbernen, von zwei blauen Streifen durchzogenen Borte besetzt ist. Die Schließe ist versilbert. Die Borte des Schlagriemens ist wie bei den Wachtmeistern.

Das Bandelier der Berittenen ist aus schwarzem Leder, wie auch die Kartusche. Die Beschläge sind aus Neusilber. Das Bandelier hat auf der Brust einen Beschlag mit Schild und Kettchen (Abb. 22).

Der Waffenrock der Offiziere gleicht dem der Oberwachtmeister, jedoch mit einer eigenen Stickerei an Kragen und Aufschlägen. Der Major trägt eine

Silberstickerei nach Muster der Vorschrift für Regierungsräte (ab 1911 Regierungsassessoren), beim Polizei-Oberleutnant und -Leutnant nach Muster der Vorschrift für Polizeiassessoren (ab 1911 Bezirksassessoren).
Die Epauletten der Offiziere werden zum Waffenrock immer getragen. Feld und Schieber sind aus Silberdrahtstoff. Die Schieber sind mit einer Silbertresse mit blauen Seidendurchzügen besetzt. Die Epaulettenhalter haben Epaulettentressen mit dunkelblauer Unterlage. Das Unterfutter ist ebenfalls dunkelblau. Die Felder haben silberne Halbmonde. Beim Major sind die Halbmonde aus gedrehter Silberkantillenschnur. Er trägt zusätzlich noch lose Kantillen.
Auf den Feldern der Epauletten befinden sich vergoldete Kronen. Die Gradunterschiede werden durch vergoldete Rosetten angezeigt. Der Major trägt keine Rosetten. Der Hauptmann hat auf jedem Epaulett zwei, der Leutnant je eine vergoldete Rosette. Bei Einführung des Dienstgrades Oberleutnant im Jahre 1911 tragen diese je eine vergoldete Rosette auf den Epauletten, während der Leutnant keine Rosetten mehr trägt[17].
Der Überrock der Offiziere gleicht dem der Oberwachtmeister. Auf dem Überrock werden keine Epauletten, sondern sogenannte Feldachselstücke getragen.
Die Achselstücke der Offiziere haben eine steife Unterlage aus dunkelblauem Samt. Darauf befindet sich ein Geflecht aus einer silbernen und einer karmesinroten Schnur, beim Major zwei silberne und eine karmesinrote Schnur. Auf den Achselstücken eine vergoldete Krone wie bei den Epauletten. Die Gradunterschiede werden wie bei den Epauletten angezeigt.
Die Litewka nach militärischem Schnitt aus dunkelblauem Tuch wird für die Offiziere am 4. Mai 1907[18] eingeführt. Zur Litewka werden die Achselstücke wie am Überrock getragen.
Der Paletot gleicht dem der Oberwachtmeister, jedoch mit den Achselstücken wie am Überrock und der Litewka.
Die Hose und die Reithose unterscheiden sich nicht von den Hosen der Mannschaftsdienstgrade.
Der Offiziershelm gleicht dem der Oberwachtmeister. Jedoch wird die Helmspitze mit vergoldeten Sternschrauben am Helm befestigt.
Die Mütze unterscheidet sich bei den Offizieren nicht von denen der Oberwachtmeister.
Das Offiziersseitengewehr mit Korbgefäß und gerader Klinge in einer vernickelten Stahlscheide mit zwei Trageriemen wird untergeschnallt an einem Koppel aus rotem Saffianleder, das mit einer silbernen, von einem blauen Seidenstreifen durchzogenen Borte besetzt ist, getragen. Bis zum Jahre 1911 wird die Seitenwaffe bei Paraden jedoch übergeschnallt getragen[19]. An der Waffe wird das silberne Offiziersportepee an einem rotjuchtenen Schlagriemen, der mit Silbertresse mit blauem Durchzug besetzt ist, getragen.

Die Feldbinde oder Dienstbinde zum gewöhnlichen Dienst hat ein Band aus Silbertresse, das in der Mitte einen 6 mm breiten Durchzug aus blauer Seide hat. Das Schloß ist versilbert, mit aufgeprägter vergoldeter Krone. Ab dem 9. August 1911 wird zur Parade eine Schärpe mit zwei Quasten getragen[20]. Das Schärpenband ist wie bei der Feldbinde.

Das Bandelier der Offiziere hat auf einer karmesinroten Unterlage einen silbernen Tressenbesatz, der von drei blauen Seidenstreifen durchzogen ist. Der Brustbeschlag des Bandeliers besteht aus Schild, Löwenkopf und Kettchen. Diese Teile sind aus Silber oder versilbert. Die Kartusche ist aus rotem Saffianleder mit versilbertem Deckel, der in erhabener Prägung das bayerische Wappen mit Krone und Löwen zeigt.

Die im Kriminaldienst der Schutzmannschaft eingesetzten Beamten tragen auf der inneren Brustseite der Zivilkleidung einen weißmetallenen Schild mit der Aufschrift »Schutzmannschaft München« und der Ordnungsnummer in erhabener Prägung.

Die Unterlagedecke zur Parade für die Offiziere, die immer beritten sind, ist aus dunkelblauem Tuch mit einem karmesinroten Vorstoß und mit einer 3 cm breiten Silberborte und einer versilberten Krone auf jeder Seite. Bei den berittenen Mannschaften sind die Borten und die Krone aus weißer Wolle.

Anmerkungen

[1] Gesetz- und Verordnungsblatt 1898, S. 355 f.
[2] ebenda 1907, Nr. 27
[3] ebenda 1904, S. 267 f.
[4] ebenda 1908, S. 1204 f.
[5] ebenda 1911, S. 1019 f.
[6] ebenda
[7] wie Anm. 2
[8] wie Anm. 4
[9] wie Anm. 2
[10] ebenda
[11] wie Anm. 5
[12] wie Anm. 2
[13] wie Anm. 3
[14] wie Anm. 2
[15] wie Anm. 5
[16] wie Anm. 2
[17] wie Anm. 5
[18] wie Anm. 2
[19] wie Anm. 5
[20] ebenda

Die kommunale Polizei

Uniform-Reglement für das königlich-bayerische Polizeipersonal vom 12. Mai 1807[1]

Die Polizeidirektoren von München, Augsburg und Nürnberg tragen einen dunkelblauen Rock mit gleichfarbigem Futter; der Rock hat scharlachrote Vorstöße. Er reicht bis in die Kniekehlen und ist an beiden Enden aufgeschlagen. Der Stehkragen, die Ärmelaufschläge und die kurzen, unten spitzauslaufenden Brustklappen sind aus dunkelblauem Rocktuch. Die weißmetallenen Knöpfe haben als Prägung den gekrönten bayerischen Löwen. Auf jeder Seite der Brustklappen sitzen je fünf große, an den Ärmelaufschlägen je zwei kleinere Knöpfe. An den längs der Falten herablaufenden Taschenleisten und an den Rockfalten beider Seiten sind jeweils drei große Knöpfe angebracht. Der Stehkragen ist mit einer 3,8 cm breiten mattsilbernen Stickerei versehen. Die Ärmelaufschläge und Taschenklappen haben keine Stickerei. Auf dem Rock werden zwei Epauletten mit silbernen Bouillons getragen. Auf den Epauletten befindet sich ein goldgekröntes Medaillon aus himmelblauem Samt mit dem Namenszug des Königs in Silber gestickt.

Der Degen hat einen Griff aus Ebenholz. Der Knopf und der Bügel sind aus Stahl, die Scheide ist schwarz. Das Degengehänge ist aus Silber, mit Bouillons ohne farbige Durchzüge. Auf dem quadrierten Schaft des Degengehänges sind die weißen und blauen Rauten des bayerischen Wappens angebracht.

Unter dem Rock wird eine Weste aus dunkelblauem Tuch mit weißmetallenen, geprägten Knöpfen getragen. Zur langen blauen Tuchhose gehören schwarze Stiefel mit Sporen.

Zur Gala werden zum beschriebenen Rock kurze Hosen (Kniehosen) und Westen aus weißem Tuch getragen. An der weißen Weste wiederum geprägte Knöpfe aus weißem Metall.

Der schwarze Hut hat eine silberne Schlinge mit Bouillons mit dem kleinen Uniformknopf, dazu silberne Schnüre und Quasten mit Bouillons und die bayerische Kokarde aus Seide.

Der Frack als kleine Uniform ist aus dunkelblauem Tuch mit gleichfarbigem Futter. Der Kragen und die Ärmelaufschläge aus Grundtuch haben scharlachrote Vorstöße. Der liegende Kragen hat die Stickerei wie am Uniformrock. Auch die Frackknöpfe sind wie am Uniformrock. Zum Frack werden keine Epauletten getragen.

Die Polizeidirektoren der übrigen Städte tragen die vorgeschriebene Uniform mit dem Unterschied, daß die Epauletten aus Silberfäden, ohne Bouillons sind, und daß die mattsilberne Stickerei 3,5 cm breit ist.

Die Polizeikommissare tragen die oben beschriebene Uniform mit folgenden Abweichungen:

Auf der linken Schulter ein Epaulett mit Fransen aus Silberfäden, ohne Bouillons und auf der rechten Schulter ein Kontre-Epaulett, auf dem das Medaillon mit dem königlichen Namenszug wie bei den Epauletten der Polizeidirektoren angebracht ist.

Das Degengehänge und die Quasten und die Schleife am Hut sind ohne Bouillons. An den Stiefeln werden keine Sporen getragen.

Auf dem Kragen tragen die Polizeikommissare eine 2,7 cm breite Stickerei aus matten Silberfäden.

Die Polizeisekretäre und die Aktuare tragen die Uniform der Kommissäre, jedoch mit zwei Kontre-Epauletten mit Medaillons, ohne Fransen. Die Stickerei ist 2,1 cm breit, aus matten Silberfäden.

Die übrigen Polizeioffizianten und Kanzlisten tragen die Uniform der Sekretäre, jedoch haben die Kragen anstelle der Stickerei eine 1,8 cm breite Borte in mattsilberner Stickerei. Die beiden Kontre-Epauletten sind aus blauem Tuch, mit der Borte wie am Kragen des Uniformrockes besetzt und mit dem silbergestickten königlichen Namenszug.

Das Degengehänge und die Hutschnur sind aus blauer Seide, die Quasten an beiden aus Silberfäden ohne farbige Durchzüge.

Die Rottmeister tragen die Uniform der Kanzlisten. Die Borte am Kragen ist jedoch aus weißem Kamelgarn. Auf den Schultern werden Schleifen aus dunkelblauem Tuch mit roten Vorstößen getragen. An der linken Schulter hängt ein Achselband aus weißem Kamelgarn. Der Säbel mit stählernem Griff wird an einem weißen Bandelier von der Schulter herab getragen. Das Portepee ist hellblau, mit einer weißen Quaste aus Kamelgarn, wie auch die Hutschnur und die Schleife. Am Hut wird ein roter Federbusch getragen.

Die Polizei-Korporale tragen die Uniform der Rottmeister, jedoch haben sie die weiße Borte nur an den Stehkragen, nicht auf den Brustklappen.

Die gemeinen Polizeidiener wiederum unterscheiden sich in ihrer Uniformierung von den Korporalen dadurch, daß sie keine Borte am Kragen tragen, keine Quasten auf dem Hut, kein Achselband und kein Portepee.

Den jeweiligen Polizeidirektionen ist es freigestellt, wieviele der angestellten Polizeidiener uniformiert werden sollen.

Uniform-Reglement für das königlich-bayerische Polizeipersonal vom 21. Mai 1833[2]

In dieser Vorschrift werden bestimmte Beamte und Funktionsträger der inneren Verwaltung und der Polizei erstmals verpflichtet, ihren Dienst in vorschriftsmäßiger Uniform zu versehen. Gleichzeitig wird auch eine neue Bestimmung hinsichtlich der Uniformierung erlassen.

Der Frack ist zwischenzeitlich (das genaue Datum ist nicht überliefert) abgeschafft worden. Es muß also eine neue, einfache Uniform geschaffen werden, um die kostspieligen gestickten Röcke zu schonen. Dabei bleibt es bei den bisherigen Farben, dunkelblau mit Silber. Der kleine Rock hat scharlachrote Vorstöße am Kragen, an den Ärmelaufschlägen und Taschenklappen und längs des Vorderteils.

Die neue kleine Uniform besteht aus einem blauen Uniformrock ohne Patten, mit stehendem, vorne geschlossenen Kragen, blauen Ärmelaufschlägen und Rockumschlägen und in den Falten des Rockes befindlichen Rocktaschen. Es kann jedoch auch ein blauer Überrock mit Stehkragen und einfachen Ärmelaufschlägen getragen werden.

Zur kleinen Uniform und zum Überrock darf auch außer den Uniformhüten eine blaue Mütze mit blauem Bundstreifen und schwarzem Augenschirm getragen werden. Vorne an den Mützen befindet sich ein silberner, gekrönter Löwe. Die mattsilbernen Knöpfe der neuen kleinen Uniform und am Überrock haben als Prägung einen schreitenden Löwen mit Zepter und Schwert. Da keine Epauletten getragen werden, erhalten die Dienstgrade am Kragen der kleinen Uniform und des Überrocks neue, einfache Silberstickereien zur Unterscheidung der verschiedenen Rangstufen. Der Polizeidirektor von München trägt die Stickerei auf Abb. 24a, die Knöpfe und die Mützenstickerei wie bisher. Die Polizeidirektoren der übrigen Städte tragen ebenfalls die Stickerei gemäß Abb. 24a, und dazu die Knöpfe und die Mützenstickerei wie der Polizeidirektor von München. Die Polizeikommissäre erhalten die Stickerei auf Abb. 24c, die Knöpfe und die Stickerei an der Mütze sind wie bisher. Die Polizeisekretäre und Aktuare haben zur kleinen Uniform und zum Überrock die silberne Kragenstickerei nach Abb. 24d. Dazu die Knöpfe und die Mützenstickerei wie bisher. Die übrigen Polizeiangehörigen tragen die silberne bzw. weißwollene Stickerei nach Abb. 24e, entsprechend der Stickerei auf den Galaröcken. Die Knöpfe und die Mützenstickerei sind wie bisher.

Uniform-Reglement für das königlich-bayerische Polizeipersonal vom 8. Januar 1852[3]

Die grundlegende Änderung des Reglements von 1852 besteht darin, daß der gestickte Rock von 1807 als Galarock abgelegt wird und dafür ein Uniformfrack als neue Galauniform eingeführt wird. Die kleine Uniform von 1833 bleibt weiterhin bestehen. Bei dem Frack von 1852 bleibt es bei dem hergebrachten Farbschema, scharlachrote Vorstöße, weiße Knöpfe und dunkelblaues Tuch. Die Stickereien sind wiederum in Silber.

An dem Frack der Direktoren wird die vorschriftsmäßige Stickerei von 1807 nicht nur an den Kragen, sondern zusätzlich auch noch an den Ärmelaufschlägen und den Taschenklappen getragen. Zum neuen Galafrack werden die Epauletten wie in der Vorschrift von 1807 getragen. Auch bei den anderen Bekleidungs- und Ausrüstungsstücken bleibt es bei den Bestimmungen von 1807. Für die Polizeidirektion München wird der neue Dienstgrad eines Polizei-Oberkommissärs geschaffen. Er erhält zur vorschriftsmäßigen Uniform der Kommissäre die Stickerei gemäß Abb. 23a auf dem Kragen, den Ärmelaufschlägen und den Taschenklappen. Der Oberkommissär trägt zum Galafrack die Epauletten der Direktoren aus Silberfäden, jedoch ohne Bouillons. Zur kleinen Uniform von 1833 trägt er die Stickerei gemäß Abb. 24b.

Die Polizeikommissäre tragen ihre bisherige Stickerei am neuen Galafrack jetzt am Kragen und an den Ärmelaufschlägen. Die Epauletten ändern sich nicht. Die Polizeisekretäre und Aktuare erhalten ihre bisherige Stickerei von 1807 ebenfalls auf dem Kragen und den Ärmelaufschlägen. Die Aktuare der Polizeidirektion München haben jedoch schon mit Verfügung vom 16. Januar 1851 die Epauletten der Kommissäre, also ein Epaulett auf der linken Schulter aus Silberfäden, ohne Bouillons und das Kontre-Epaulett mit Medaillon und Namenszug auf der rechten Schulter. Diese Uniform tragen gemäß Verfügung vom 16. Dezember 1848 die damals geschaffenen Bezirkspolizei-Kommissäre in München. Die Polizeioffizianten und Kanzlisten behalten ihre bisherige Stickerei auf dem Kragen und den Ärmelaufschlägen des neuen Galafracks. An den Epauletten ändert sich ebenfalls nichts. Die kleine Uniform nach Vorschrift von 1833 und ihre Stickerei wird von der Neuregelung von 1852 nicht betroffen.

Polizei in den Gemeinden mit städtischer Verfassung
von 1888 bis 1918[4,5]

Der Waffenrock ist aus dunkelblauem Grundtuch. Ab dem 26. April 1911 wird er nur noch zu besonderen Anlässen getragen. Der vorn abgerundete Stehkragen, die Schulterklappen und die schwedischen Ärmelaufschläge sind ebenfalls aus Grundtuch, mit scharlachroten Vorstößen. Gleiche Vorstöße befinden sich am linken Vorderstück und an den Schoßtaschenleisten. Diese haben je zwei Spitzen. Am Waffenrock werden 24 weißmetallene, glatte Knöpfe getragen. Auf der Vorderseite zwei Reihen von je sieben Knöpfen. Die Knopfreihen sind leicht schräg gestellt. Je zwei Knöpfe befinden sich auf jedem Ärmelaufschlag und jeder Schoßtaschenleiste. Auf den Schultern ist je ein etwas kleinerer Knopf zum Befestigen der Schulterklappen angebracht. Auf den Schulterklappen wird bei Bedarf eine Ordnungsnummer aus weißem Metall getragen.

Um den Kragen und um die Ärmelaufschläge wird eine 17 mm breite Silbertresse ohne blaue Durchzüge getragen.

Der Sommerrock aus leichterem Stoff, nach Schnitt und Ausstattung wie der Waffenrock, jedoch ohne die scharlachroten Vorstöße und ohne Schulterklappen, wird in der warmen Jahreszeit, und sonst unter dem Mantel getragen.

Die Bluse wird am 26. April 1911 eingeführt, sie löst den Sommerrock ab. Die Bluse ist aus dunkelblauem Tuch mit verdeckter Knopfleiste und umgelegtem Stehkragen aus Grundtuch. Die Schulterklappen sind wie am Waffenrock. Die Bluse hat zwei Brusttaschen und eine Seitentasche rechts. Auf der linken Seite befindet sich ein Schlitz für den Säbelgriff (Abb. 26).

Die Gradabzeichen bis 1911 sind für Polizeimannschaften im allgemeinen die bereits beschriebene Silbertresse um Kragen und Aufschläge des Waffenrockes. Am Kragen des Sommerrockes wird eine 0,5 cm breite Borte aus weißer und blauer Wolle getragen. Diese Borte befindet sich auch am Kragen des Mantels.

In Gemeinden mit mindestens drei Polizeisoldaten trägt der Vorgesetzte auf beiden Seiten des Waffenrockes und des Sommerrockes einen kleinen Auszeichnungsknopf (23 mm Durchmesser) aus versilbertem Neusilber mit dem bayerischen Rautenschild unter der Krone (Abb. 27) in erhabener Prägung. In unmittelbaren Städten trägt der Vorgesetzte, wenn ihm nicht infolge einer höheren Dienststellung eine anderweitige Dienstkleidung zusteht, auf beiden Seiten des Waffen- und Sommerrockes einen großen (30 mm Durchmesser) Auszeichnungsknopf (Abb. 27).

Die Gradabzeichen ab 1911: die Polizeidiener tragen die beschriebene Uniform ohne weitere Abzeichen.

Die Vorgesetzten innerhalb der gemeindlichen Schutzmannschaft (der Begriff wird für die Gemeindepolizei in der Uniformierungsvorschrift von 1911 erstmals verwendet) tragen folgende Rangabzeichen: der Wachtmeister trägt Schulterklappen aus Grundtuch, die seitwärts und oben mit einer 17 mm breiten Silbertresse umnäht sind. Der Oberwachtmeister (in Städten mit mehr als 40 000 Einwohnern) trägt die Schulterklappen der Wachtmeister und den Kragen und die Ärmelaufschläge aus dunkelblauem Samt. Im kleinen Dienst können die Oberwachtmeister einen Überrock mit dunkelblauem Samtkragen und glatten weißen Knöpfen tragen.

Die Hose ist aus dunkelblauem, ab dem 26. April 1911 aus schwarzem Tuch mit scharlachroten Vorstößen in den äußeren Längsnähten. In den Sommermonaten dürfen auch leichte graue oder braune Hosen getragen werden, die jedoch keine Vorstöße haben dürfen.

Der Mantel ist aus dunkelgrauem, ab 1911 aus schwarzem Tuch mit einem Umlegekragen aus Grundtuch. Er ist doppelreihig, mit glatten weißen Knöpfen. Auf den Schultern werden die Schulterklappen wie am Waffenrock getragen. Die sonstigen Gradabzeichen wie beschrieben. Ab dem 26. April 1911 tragen die Wachtmeister und die Oberwachtmeister um den Mantelkragen einen scharlachroten Vorstoß.

Der Umhang wird im Jahre 1911 eingeführt. Er ist aus dunkelblauem Lodenstoff mit gleichfarbigem Kragen. Der Umhang wird mit Druckknöpfen geschlossen und — wenn erforderlich — mit numerierter, weißmetallener Schließe getragen. Zum Mantel oder zum Umhang kann bei strenger Kälte ein 15 cm breiter, schwarzer Pelzkragen getragen werden. Dabei muß die Schließe mit der Dienstnummer immer sichtbar bleiben.

Der Helm hat die Form, wie er für die unberittene Gendarmerie vorgeschrieben ist. Der Korpus ist aus schwarzem Leder. Der runde Vorderschirm hat eine Metalleinfassung. Über den Hinterhelm läuft eine Metallschiene von der Spitzenbasis zum Hinterschirm. Die glatte Spitze ist ohne Wulst oder Perlring am Spitzenhals gearbeitet; sie wird mit einer flachen Kleeblattbasis und Buckelschrauben am Helmkörper befestigt. Die flachen Schuppenketten werden mit Ringen an Löwenköpfen befestigt. An der linken Helmseite, über dem Löwenkopf, befindet sich die bayerische Kokarde in den Farben weiß und blau. Als Helmzier wird das jeweilige Gemeindewappen getragen. Ab dem 26. April 1911 darf wahlweise, jedoch innerhalb der Gemeinden einheitlich, entweder das Gemeindewappen oder der bayerische Rautenschild mit der Mauerkrone darüber getragen werden. Der Helm hat weiße Metallbeschläge; es werden keine Haarbüsche getragen.

Die Mütze hat die Form der Offiziersmütze des Militärs mit steifem Deckel und kurzem, schwarzen Augenschirm. Das Grundtuch und der Besatzstreifen sind einheitlich dunkelblau. Um den Besatzstreifen und am Deckelrand laufen scharlachrote Vorstöße. Auf der Vorderseite befindet sich statt der Kokarde der bayerische Löwe ohne Zepter und Schwert in weißwollener Stickerei, ab dem 26. April 1911 aus versilbertem Blech.

Die Seitenwaffe ist ein kurzer Säbel mit weißmetallenem Bügel in einer schwarzen Lederscheide. Er wird an einem schwarzen Unterschnallkoppel getragen. Die Wachtmeister tragen den Säbel der berittenen Schutzmänner mit vernickeltem Bügel. Bei den Oberwachtmeistern ist der Bügel versilbert.

Das Portepee der Polizeisoldaten ist das Kapitulantenportepee der Armee. Die Vorgesetzten in Gemeinden mit mehr als drei Polizeisoldaten tragen das Portepee der Unteroffiziere der Armee an einem Band aus weißer und blauer Seide. Die Wachtmeister und Oberwachtmeister tragen das Portepee der Gendarmeriewachtmeister, jedoch an einem Band aus weißer und blauer Seide.

Die Handschuhe zur Dienstkleidung sind dunkelbraun, bei besonderen Anlässen weiß. Das Schuhzeug ist schwarz, es werden Halbstiefel getragen. Nach Einführung des Dienstrades dürfen auch 10 cm hohe schwarze Ledergamaschen getragen werden.

Die berittenen Beamten werden erstmals in der Vorschrift von 1911 erwähnt. Sie tragen die gewöhnliche Uniform mit nachfolgenden Abweichungen:

1. Am Helm werden zu feierlichen Anlässen schwarze Haarbüsche getragen.
2. Der Waffenrock ist deutlich kürzer.
3. Der Paletot hat einen Reitschlitz.
4. Die schwarze Reithose hat einen Wildlederbesatz. Im kleinen Dienst wird eine schwarze Tuchhose mit scharlachroten Vorstößen und mit Stegen getragen.
5. Zur Reithose Reitstiefel mit Anschnallsporen, zur langen Hose Halbstiefel mit Stecksporen.
6. Ein langer Säbel in weißer Metallscheide, der Säbelkorb ist vernickelt. Die Säbelquaste hat einen rotjuchtenen Schlagriemen.
7. Die Kartusche mit Bandelier ist aus schwarzem Leder mit weißen Beschlägen.
8. Reitzeug: das Vorderzeug ist aus schwarzem Leder, die Unterlegdecke aus schwarzem Filz. Bei feierlichen Anlässen wird eine Überlagedecke aus dunkelblauem Tuch mit einem 3 cm breiten Tuchstreifen und mit dem Gemeindewappen oder der Mauerkrone aus weißem Metall in den hinteren Ecken aufgelegt.

Polizei in Gemeinden mit Landgemeindeverfassung 1888 bis 1918

Laut Vorschrift vom 12. Mai 1888[6] tragen die Polizeidiener der Gemeinden mit Landgemeindeverfassung nur die für die Polizeimannschaften in den Gemeinden mit städtischer Verfassung vorgeschriebene Dienstmütze. Daneben ist es den Gemeinden und Bürgermeistereien aber freigestellt, ihre Polizeidiener mit der vollständigen Bekleidung und Ausrüstung der Polizeimannschaften der Gemeinden mit städtischer Verfassung zu versehen. Das ist in der Regel eine Sache der Finanzierung und wird daher nicht sehr oft praktiziert worden sein. Dabei entfallen jedoch die Silbertressen am Kragen und an den Ärmelaufschlägen, jedoch darf in Gemeinden und Bürgermeistereien mit mindestens drei Polizeidienern der Vorgesetzte die kleinen Auszeichnungsknöpfe am Kragen tragen.

In der Vorschrift von 1911[7] wird die Bestimmung für die Polizeidiener von 1888 bestätigt. Erweiternd wird festgestellt, daß die Polizeibediensteten der Gemeinden und Bürgermeistereien mit Landgemeindeverfassung die vorwiegend (bei Personalunion) als »Schutzmänner« Dienste leisten, die allgemeine Uniform, wie sie am 26. April 1911 bestimmt wurde, anlegen müssen[8]. Die Vorgesetzten (Oberschutzmänner) tragen die identische Uniform, jedoch zu beiden Kragenseiten am Waffenrock, an der Bluse und am Mantel einen großen (30 mm Durchmesser) Auszeichnungsknopf, wie beschrieben.

Anmerkungen
[1] Regierungsblatt 1807, S. 814 f.
[2] ebenda 1833, S. 705 f.
[3] ebenda 1852, S. 75 f.
[4] Gesetz- und Verordnungsblatt 1888, S. 453 f.
[5] ebenda 1911, S. 279 f.
[6] wie Anm. 4
[7] wie Anm. 5
[8] ebenda

Farbschema Bayern vor 1918

	Gendarmerie	Schutzmannschaft	Ortspolizei
Waffenrock	dunkelgrün	dunkelblau	dunkelblau
Kragen	hochrot	dunkelblau	dunkelblau
Aufschläge	hochrot	dunkelblau	dunkelblau
Vorstöße	hochrot	karmesinrot	scharlachrot

(Fortsetzung Seite 81)

1 **Großherzogtum Baden**
Das Gendarmeriekorps im Jahre 1899, hier in den unterschiedlichen Dienstgraden und Anzugarten.

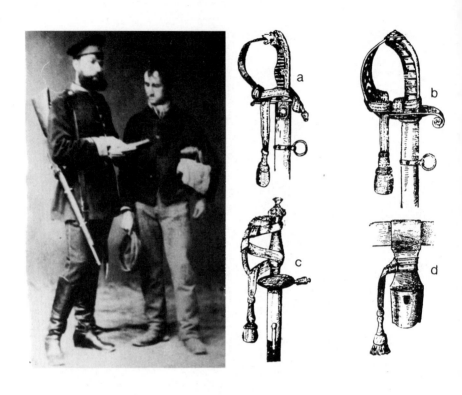

2　**Großherzogtum Baden**
Gendarm im Streifenanzug mit Gewehr, um 1880.

3　**Großherzogtum Baden**
Blankwaffen der Gendarmerie im Jahr 1910, hier mit der Befestigungsweise der Portepees
a) am Löwenkopfsäbel: die berittenen Wachtmeister außer Dienst
b) am früheren badischen Kavallerie-Offizierssäbel: die berittenen Mannschaften (der Faustriemen wird in gleicher Weise befestigt)
c) am badischen Offiziersdegen alter Art: die Oberwachtmeister in und außer Dienst; die charakterisierten Oberwachtmeister, die Wachtmeister, Vizewachtmeister und die charakterisierten Vizewachtmeister zu Fuß zu jedem Dienst, bei dem sie den Karabiner nicht mitführen und außer Dienst.
Befestigungsweise des Säbeltroddels
d) am Leibriemenköcher des Yatagans: für alle Gendarmen, die zum Tragen des Portepees nicht berechtigt sind; die Dienstgrade zu Ziff. c) tragen das Portepee in gleicher Weise, wenn sie im Dienst mit Karabiner und Yatagan erscheinen.

4   Großherzogtum Baden
Helm der nicht berittenen Gendarmerie
um 1900, alle Beschläge gelb; die Berittenen tragen den Helm mit eckigem Augenschirm, gewölbter Schuppenkette
und Kreuzblattbasis zur Helmspitze.

5   Großherzogtum Baden
Schutzmann der staatlichen Polizei
in den größeren Städten, um 1895.
Der Helm vorschriftsmäßig mit
Kinnriemen und ohne Einfassung des
Vorderschirmes, die Tressen am
Überrock als Gradabzeichen 12 mm
breit.

6   Großherzogtum Baden
Helmzier aus gelbem Metall für die
staatliche Polizei in den größeren
Städten: ein gedoppeltes »F«, für
Großherzog Friedrich, unter der
Krone.

7 **Republik Baden**
Uniformteile der badischen Polizei und Gendarmerie im Jahre 1926:
1) Helm für Offiziere und Inspektoren, 2) Helm der Beamten, 3) Tschako der
berittenen Beamten, 4) Rockbluse für Offiziere, Kommissare und Inspektoren, 5) Rockbluse der Beamten, 6) Einheitsmütze der Polizeibeamten,
7) Rockbluse der Gendarmerie, 8) Mütze der Gendarmeriebeamten.

8 **Republik Baden**
Dienstgradabzeichen der Offiziere und Beamten der badischen Polizei und
Gendarmerie im Jahre 1926:
1) Leutnant und Kommissär, 2) Oberleutnant und Inspektor, 3) Hauptmann und Oberinspektor, 4) Major und Polizeirat, 5) Oberst, 6) Polizei-
mann, 7) Streifenmeister, 8) Rottenmeister, 9) Wachtmeister in Besoldungsgruppe 4, 10) Wachtmeister in Besoldungsgruppe 5 (Zugwachtmeister),
11) Oberwachtmeister (Hauptwachtmeister), hier sind auch breite Goldborten möglich, 12) Gendarmeriewachtmeister, 13) Gendarmeriewachtmeister
in Besoldungsgruppe 5, 14) Gendarmerieoberwachtmeister.

9 **Republik Baden**
Streifenmeister der Polizei in
Rockbluse und Helm um
1925. Der Helm zeigt deutlich
die kannelierte Spitze.

10 **Republik Baden**
Oberst Blankenhorn, Chef der badischen Polizei.

70

11 **Republik Baden**
Badische
Schutzpolizei
um 1923/24.

12 **Republik Baden**
Badische Gendarmerie, angeblich um
1922/23. Die Form der Kragenspiegel ist
in den Vorschriften bisher nicht nachgewiesen.

13 Republik Baden
Gendarmerie Dienstausweis.

15 Republik Baden
Schutzpolizei um 1933.

14 Republik Baden
Berittene Schutzpolizei um 1930.

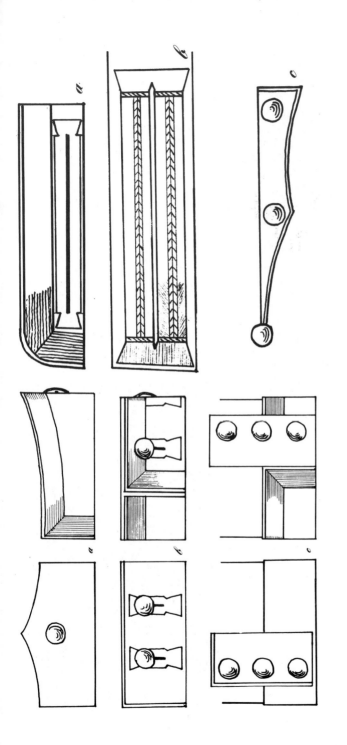

16 Die häufigsten Formen der Ärmelaufschläge an den Waffenröcken der Polizei und Gendarmerie der Staaten vor 1918,
Frontalansicht und Seitenansicht mit Tressenbesatz
a) polnischer Aufschlag
b) schwedischer Aufschlag
c) brandenburgischer Aufschlag.

17 Uniformdetails der Gendarmerieuniformen vor 1918
a) Kragen mit Tressen und gewebter Litze für Gendarmen und
Wachtmeister
b) Kragen mit gestickter Doppellitze für Offiziere
c) Geschweifte Taschenleiste der Waffenröcke.

73

18 **Königreich Bayern**
Gendarm um 1910.

19 **Königreich Bayern**
Gendarm mit umgehängtem Mantel und
in Mütze um 1910. Deutlich sichtbar die
besondere Form des Koppelschlosses
und die Litze am Mantelkragen.

20 **Königreich Bayern**
Gendarmerie (ein Wachtmeisterdienstgrad) um
1895. Das Gefäß der Blankwaffe noch mit Seitenbügel.

21 **Königreich Bayern**
Gendarmeriehelme
a) Trageweise vor 1873 mit dem Namenszug
für König Ludwig
b) Trageweise ab 1886 mit dem Wappen, von
zwei Löwen gehalten; hier mit dem seit 1896
getragenen kleinen Wappenschild.

22 **Königreich Bayern**
Schutzmannschaft
München im Jahre
1898, berittene Abtei-
lung in Paradeuni-
form.

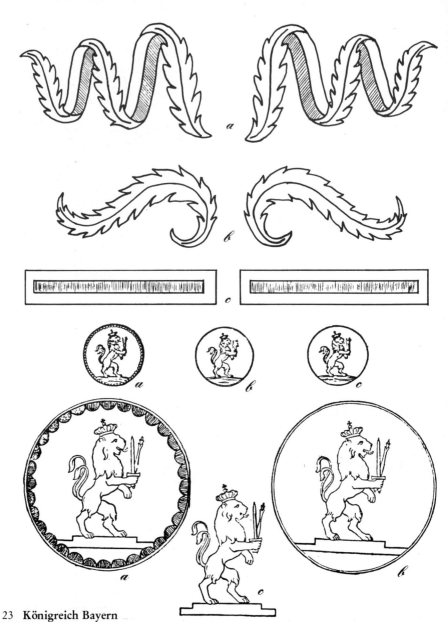

23 Königreich Bayern
Uniformstickerei, Knöpfe und Verzierung der Mützen für das Polizeipersonal München nach der Vorschrift vom 12. Mai 1807:
a) für den Vorstand und die Kommissäre, auch für die zur Polizeiuniform berechtigten Stadtkommissäre
b) für Polizei-Aktuare, auch für Polizeikommissäre im Rheinkreis
c) für Polizeioffizianten.

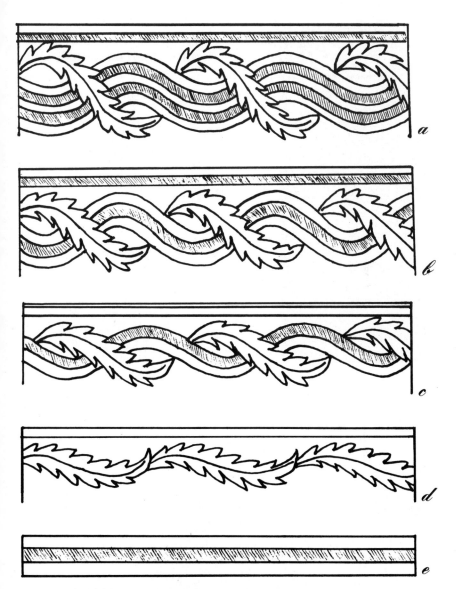

24 **Königreich Bayern**
Uniformstickerei der städtischen Polizei nach der Vorschrift vom 21. Mai 1833:
Stickerei auf dem Frackkragen, den Ärmelaufschlägen und den Taschenklappen
a) für den Direktor, b) für den Oberkommissär,
Stickerei auf dem Frackkragen und den Ärmelaufschlägen
c) für Kommissäre, d) für Sekretäre und Aktuare, e) für Polizeioffizianten und Kanzlisten.

A.
Kleiner Auszeichnungsknopf.

B.
Großer Auszeichnungsknopf.

25 **Königreich Bayern**
Städtische Polizei nach 1911, auf dem Helm das Stadtwappen.

26 **Königreich Bayern**
Gemeindepolizei Ansbach im Jahre 1911, die Beamten tragen die Rockbluse.

27 **Königreich Bayern**
Auszeichnungsknöpfe der Gemeindepolizei.

28 Freistaat Bayern
   Offizier der Landespolizei.

29 Freistaat Bayern
   Wachtmeister der Landespolizei
   mit Schießschnur. Deutlich der
   vorschriftsmäßige Leibriemen
   und Schulterriemen.

30 **Freistaat Bayern**
Wachtmeister der Landespolizei.
Deutlich die Trageweise des De-
gens (außer Dienst).

31 **Freistaat Bayern**
Stempelvorschrift der Landespolizei vom 30. Januar 1924:
a) Bayerische Landespolizei
b) Abnahmejahr
c) Bezeichnung des Kommandos
d) Bezeichnung des Verbandes

a.u.b.) **B.L.P. 1924.**

c.) **MÜNCHEN-IV.**

AUGSBURG.

d.) $\boxed{x \; x.}$ = Eintrag nach Festsetzung des P.-Kdos.

Knöpfe	goldgelb	silberfarben	silberfarben
Mütze	dunkelgrün	dunkelblau	dunkelblau
Besatzstreifen	dunkelgrün Offz.: hochrot	dunkelblau	dunkelblau
Vorstöße	hochrot	karmesinrot	scharlachrot
Helm	Leder	Leder	Leder
Beschläge	goldgelb	silberfarben	silberfarben
Helmzier	Stern mit Na- menszug ab 1886: Wap- penschild mit Löwen und Kro- ne	Wappenschild mit Löwen und Krone	Rautenschild mit Mauerkrone oder Gemeinde- wappen
Hose	dunkelgrau ab 1911 schwarz	dunkelblau	schwarz
Vorstöße	hochrot	karmesinrot	scharlachrot

Farbschema Bayern nach 1918

	LaPo	Gendarmerie	Schutzmann- schaft	Gemeinde- polizei
Waffenrock	stahlgrün	dunkelgrün	dunkelblau	dunkelblau
Kragen	schwarz	dunkelgrün	dunkelblau	dunkelblau
Aufschläge	schwarz	dunkelgrün	dunkelblau	dunkelblau
Vorstöße	ohne	hochrot	karmesinrot	scharlachrot
Knöpfe	silbern	golden	silbern	silbern
Bluse	entfällt	dunkelgrün	dunkelblau	dunkelblau
Kragen	—	dunkelgrün	dunkelblau	dunkelblau
Vorstöße	—	ohne	ohne	ohne
Mütze	stahlgrün	dunkelgrün	dunkelblau	dunkelblau
Besatzstreifen	schwarz	dunkelgrün	dunkelblau	dunkelblau
Vorstöße	schwarz	hochrot	karmesinrot	scharlachrot
Hose	schwarz	schwarz	schwarz	schwarz
Vorstöße	stahlgrün	ohne	ohne	ohne

Freistaat Bayern

Nach der Revolution im November 1918 endete auch in Bayern die Monarchie. Die Grenzen blieben größtenteils bestehen. In den »vorläufigen Staatsgrundsätzen der Republik Bayern« vom 4. Januar 1919 wurde dem Volk die Demokratie und allgemeine Menschenrechte zugestanden. Die revolutionäre Regierung von Bayern übte die gesetzgebende und vollziehende Gewalt bis zur Schaffung einer neuen Verfassung aus. Bayern wurde bis zu diesem Zeitpunkt als Mitglied der »Vereinigten Staaten von Deutschland« bezeichnet. Mit der neuen Verfassung vom 14. August 1919 gab sich Bayern das Attribut »Freistaat«.

In der Organisation der Polizei erfolgten vorerst keine großen Änderungen. Es gab noch immer die gemeindliche Ortspolizei und die staatliche Polizei. Zur letzteren zählten die weiterhin bestehende Schutzmannschaft München und die Gendarmerie.

Die auch in Bayern durch die Kriegszeit personell geschwächte »alte Polizei« war den an sie gestellten Anforderungen in der jungen Republik nicht gewachsen. Bereits im Mai 1919 kam es daher zur Bildung des Wehrregiments München zum Schutz der Landeshauptstadt. Im Oktober des gleichen Jahres erfolgte die Umgestaltung in eine Polizeiwehr. Aus ihren Reihen wurden bis 1922 in allen größeren Städten des Staates Ordnungspolizeien geschaffen.

Das Landespolizeibeamtengesetz vom 26. August 1922 brachte erstmals eine umfassende Neuorganisation der Polizei in Bayern. Die Schutzmannschaft, die Gendarmerie und die Gemeindepolizei bleiben erhalten. Aus der Polizeiwehr entstand die bayerische Landespolizei, die diesen Namen schon seit Ende 1920 trug. Sie teilte sich in eine kasernierte Bereitschaftspolizei und in einen Einzeldienst. Der Nachersatz bei der Gendarmerie und größtenteils auch bei der Gemeindepolizei wurde aus den Reihen der gut ausgebildeten Landespolizei gestellt.

Mit dem Polizeibeamtengesetz vom 12. April 1928 wurde die bayerische Polizei wiederum reorganisiert. Man unterschied jetzt eine staatliche Polizei und eine Gemeindepolizei. Die uniformierte Staatspolizei bestand aus der Schutzpolizei (bisherige Schutzmannschaft München und Landespolizei) und der Gendarmerie. Die Gendarmerie übte den polizeilichen Einzeldienst auf dem Lande aus. Die Schutzpolizei gliederte sich in den Einzeldienst und in die Bereitschaftspolizei. Dem Einzeldienst (Einzelpolizei) oblag der normale polizeiliche Dienst in den Städten. Die Bereitschaftspolizei war überwiegend für geschlossene Einsätze, aber auch zur Verstärkung des Einzeldienstes vorgesehen. Mit dem Gesetz von 1928 war der Begriff Landespolizei abgeschafft, er hielt sich jedoch innerhalb der Polizei und auch bei der Bevölkerung. Mit der Schaffung der neuen Landespolizei zu Beginn des Dritten Reiches kam dieser Name wieder zur Geltung.

Die Gemeindepolizei blieb in ihrer Organisation fast unverändert. In Gemeinden über 3000 Einwohner und wo mehr als zwei uniformierte Polizeibeamte angestellt waren, mußte die Einstellung neuer Beamter aus den Reihen der Gendarmerie oder der Landespolizei bzw. der Schutzpolizei erfolgen.

Die Polizeiwehr 1919 bis 1922

Die vorläufigen Bestimmungen über die Bekleidung und Ausrüstung der Polizeiwehr vom 3. Dezember 1919 sollen hier in Ermangelung weiterer originaler Quellen wiedergegeben werden. Ursprünglich war die Uniformierung nach dem Vorbild der preußischen Sicherheitspolizei vorgesehen. Der Mangel an Rohmaterialien und an Geldmitteln verzögerte jedoch die Einführung der neuen Uniformen, wie es hieß, »bis auf weitere Zeit«. Zur Kenntlichmachung der Polizeiwehr waren daher für eine Übergangszeit einige Befehle notwendig, die im wesentlichen aus Abänderungen der Abzeichen an den bisherigen, aus den Beständen der alten Armee stammenden, feldgrauen Uniformen bestand.

Vorläufige Bestimmungen vom 3. Dezember 1919[1]

Polizeiwehr Unteroffiziere

Die Dienstmütze ist steif gearbeitet, aus grauem oder — soweit erhältlich — aus graugrünem Grundtuch mit schwarzem Schirm, grünem Vorstoß und Besatzstreifen. Auf dem Besatzstreifen wird die frühere bayerische Offizierskokarde getragen. Die weiche **Feldmütze** ohne Schirm hat keinen Vorstoß oder Besatzstreifen. An der Mütze befindet sich die bayerische Kokarde aus Stoff. **Der Stahlhelm** erhält kein besonderes Abzeichen.

Auf den bisherigen **Blusen** werden grüne Kragenpatten und grüne Polizei-wehr-Achselstücke nach besonderem Muster angebracht. Auf der linken Kragenpatte befindet sich die Nummer der Hundertschaft. Die Angehörigen der Gruppen- und Abteilungsstäbe tragen die Nummern ihrer niedrigsten Hundertschaft. Die Angehörigen der technischen Huntertschaften, der Streifstaffel, der Nachrichten- und Fliegerstaffeln und der Parks tragen Abzeichen nach besonderem Muster. Die Angehörigen der Inspektion tragen an der Kragenpatte keine Nummern oder Abzeichen.

Der bisherige **Mantel** wird mit den Achselstücken wie auf der Bluse getragen. Der Mantel erhält jedoch mattweiße, glatte Knöpfe aus Metall. **Der Umhang** wird nicht abgeändert.

Die Hosen, Reit-, Stiefel- und Tuchhosen werden nicht abgeändert. Zur Tuchhose werden Schnürschuhe getragen, zur Stiefelhose zusätzlich graue Wickelgamaschen. Die Berittenen haben Kavalleriestiefel mit Anschnallsporen.

Der Leibriemen oder das Säbelkoppel mit Rollenverschluß ist naturfarben. An der Blankwaffe tragen die Hilfswachtmeister, die Wachtmeister und Oberwachtmeister grüne **Troddel**. Alle anderen Dienstgrade tragen ein silbernes Portepee. Die Unberittenen und Radfahrer tragen ein kurzes Seitengewehr, die Berittenen den Artilleriesäbel.

Die Reichswehr- und Wehrregimentsabzeichen, die deutsche Kokarde, alle nicht grünen Vorstöße und die bayerische Rautenborte dürfen nicht mehr getragen werden. Die Dienstmützen, Kragenpatten, Metallziffern und -abzeichen, Achselstücke, Troddel und Portepees besorgt die Inspektion. Die Muster werden baldigst übersandt.

Außer Dienst ist es gestattet, eigene, nach den vorangestellten Bestimmungen geänderte Stücke zu tragen; zusätzlich noch Wäschekragen zur Bluse, braune statt graue Handschuhe, Anschlagsporen für Berittenen und eigene Offiziersseitengewehre am Unterschnallkoppel mit schwarzem Trageriemen für Portepeeträger.

Polizeiwehr Offiziere

Die Offiziere und Hilfsoffiziere tragen die Bekleidungs- und Ausrüstungsstücke der Unteroffiziere mit folgenden Abweichungen: die **Waffenröcke** und die **kleinen Röcke** können mit Polizeiwehr-Achselstücken, grünen Kragenpatten und grünen Vorstößen, sonst unverändert, bis auf weiteres getragen werden. Auf der linken Kragenpatte werden keine Ziffern oder Abzeichen getragen. Die Tuchhose erhält grüne Vorstöße. Ledergamaschen für unberittene Offiziere, Reitstiefel für berittene Offiziere, ab Hauptmann allgemein mit Anschnallsporen. Das bisherige Offiziersseitengewehr wird am alten Koppel weiterhin getragen.

Der Tag, an dem diese Bestimmungen durchgeführt sein müssen, wird noch bekanntgegeben. Eigene Polizeiwehr-Uniformen können bereits vor diesem Zeitpunkt getragen werden, wenn die Uniformen komplett sind und den gültigen Vorschriften entsprechen. Es ist verboten, einzelne Stücke der Polizeiwehr-Uniform zur Uniform der alten Armee zu tragen.

Die Verwaltung der Bekleidungs- und Ausrüstungsstücke wird den Gruppen übertragen. Zugeteilt werden:

der I. Gruppe: die Inspektion, Park 1 und 2 und die Fliegerstaffel 1,
der II. Gruppe: die Fliegerstaffel 2.

Daß die einheitliche Uniformierung der Polizeiwehr nur schleppend eingeführt werden konnte, macht ein Rundschreiben des Bekleidungs- und Zeugamtes vom 14. September 1921[2] deutlich. Dort heißt es unter anderem »Die neue graugrüne Uniform wurde vorerst nur als Ausgehanzug ausgegeben.« — Und weiter heißt es dann »Laut einer Verfügung des Staatsministers des Inneren vom 26. März 1921 ist die Beschaffung von Uniformen bis zum Entscheid über die Einheitsuniform verboten. Dadurch und durch die Tatsache, daß der Entscheid über die Einheitsuniform voraussichtlich noch lange auf sich warten läßt, wird die ordnungsgemäße Versorgung der Beamten mit Bekleidung außerordentlich erschwert.«

Bezüglich der besonderen Muster der Achselstücke und der Auflagen an den Kragenpatten der Polizeiwehr sind in den Quellen keine Angaben zu finden. In der Literatur[3] heißt es dazu, daß »die frühen Achselstücke dem Muster entsprechen, wie sie zu der späteren stahlgrünen Uniform getragen werden«.

Die Landespolizei 1922 bis 1928

Für die Landespolizei wird mit Erlaß vom 1. August 1922[4] eine neue Dienstkleidung genehmigt. Die Polizeioffiziere und die Polizeisekretäre (als Selbsteinkleider) erhalten die Erlaubnis, die neue Uniform außer Dienst ab dem 1. Oktober 1922 anzulegen. Zum Zeitpunkt der allgemeinen Einführung der neuen Uniform heißt es in besagtem Erlaß, daß »wegen der großen Schwierigkeiten der Tuchbeschaffung die Einführung vor dem 1. April 1923 nicht zu erwarten sein wird«.

In der vorläufigen Anzugordnung für die Landespolizei Bayerns vom 1. August 1922[5] und vom 26. Mai 1923[6] wird eine klare, aussagestarke Beschreibung der neuen Uniform und der vorläufigen Anzugordnung gegeben. Eine Beschreibung von Bekleidungsstücken der Landespolizei vom 5. Januar 1927[7] wiederholt die früheren Bestimmungen (Abb. 32, 33, 35).

Der Uniformrock ist aus (so die offizielle Bezeichnung) stahlgrünem Tuch[8], einreihig zum Durchknöpfen, mit acht blanken Nickelknöpfen. Auf jeder

Brustseite befinden sich zwei aufgenähte und an den Vorderschößen zwei schräg eingeschnittene Taschen. Alle Taschen haben dreispitzige Taschenklappen, die mit einem Knopf geschlossen werden. Die etwa 8 cm breiten, altbayerischen Ärmelaufschläge aus schwarzem Abzeichentuch sind in der hinteren Ärmelnaht geschlitzt und werden mit zwei untereinander stehenden Knöpfen geschlossen. Der schwarze Stehumfallkragen ist 5 bis 6 cm hoch. Als Kragenabzeichen tragen die Offiziere silbergestickte Doppellitzen auf einer schwarzen Tuchunterlage. Die übrigen Dienstgrade tragen in den vorderen Kragenecken ein versilbertes doppeltes Eichenlaub mit einer Eichel in der Mitte. Im Rückenschoß hat der Uniformrock zwei geschweifte Schoßtaschenleisten mit je drei Knöpfen. Der Rock hat keine Vorstöße (Abb. 68).

Als Dienstgradabzeichen werden Achselstücke getragen. Die Hilfswachtmeister tragen zwei, je 8 mm breite, stahlgrüne Baumwollplattschnüre, die nebeneinander gelegt sind und bogenförmig um das Knopfloch laufen. In der Beschreibung von 1923 wird keine Unterlage erwähnt, die Beschreibung von 1927 nennt eine stahlgrüne steife Tuchunterlage. Die Unterwachtmeister tragen die Achselstücke mit je einer, die Rottmeister mit je zwei Rosetten aus weißem Metall. Die Polizeiwachtmeister tragen Achselstücke in der Form der Hilfswachtmeister, mit stahlgrüner steifer Tuchunterlage. Die innere Plattschnur ist aus stahlgrüner Wolle, die äußere Silberplattschnur ist in etwa 1 cm Abstand mit blauen Seidenfäden durchwirkt. Wachtmeister tragen die Achselstücke ohne, die Oberwachtmeister mit je einem und die Hauptwachtmeister mit je zwei vierspitzigen Sternen aus weißem Metall.

Die Polizeisekretäre tragen Achselstücke auf stahlgrüner Tuchunterlage in der Form wie bei den Wachtmeistern. Die mittlere Silberplattschnur ist in etwa 1 cm Abstand mit blauer Seide durchwirkt. Die äußere, stahlgrüne Wollplattschnur ist mit mehreren nebeneinanderliegenden Silberfäden so durchwirkt, daß nach je 5 mm Wollplattschnur ein etwa 3 mm breiter Silberstreifen folgt. Die Sekretäre tragen die Achselstücke ohne und die Obersekretäre mit je einem vierspitzigen Stern aus weißem Metall.

Die Polizeileutnants tragen Achselstücke aus zwei Silberplattschnüren mit Durchzügen aus blauer Seide, die bogenförmig um das Knopfloch geführt werden. Die steife Unterlage ist stahlgrün. Leutnants tragen die Achselstücke ohne, Oberleutnants mit je einem, Hauptleute mit je zwei vierspitzigen Sternen aus weißem Metall.

Die Stabsoffiziere (Abb. 69) tragen Achselstücke mit einer steifen, stahlgrünen Tuchunterlage. Darauf befindet sich eine Silberplattschnur mit Durchzügen in blauer Seide. Die 0,5 mm breite Silberplattschnur ist doppelt gelegt und dann geflochten. Am oberen Ende befindet sich ein Bogen für den Knopf. Die Polizei-Majore tragen keine, die Polizei-Oberstleutnants je einen und die Polizei-Oberste je zwei vierspitzige Sterne aus weißem Metall. Der Dienstgrad eines Polizei-Generals ist noch nicht eingeführt. Die Polizei-Ärzte tragen auf den Achselstücken einen Äskulapstab, die Polizei-Veterinäre eine Schlange, immer in der Farbe der Sterne.

Die Hose ist für alle Dienstgrade gleich. Die lange Hose aus schwarzem Hosentuch hat in den äußeren Seitennähten stahlgrüne Vorstöße. Die Kniehose ist aus stahlgrünem Tuch, ohne Vorstöße.

Der Mantel ist in den frühen Jahren noch der feldgraue Mantel der alten Armee. Erst in der Vorschrift von 1927 wird der neue Mantel beschrieben. Er ist zweireihig, aus schiefergrauem Manteltuch, mit blanken Nickelknöpfen. Der Klappkragen ist aus stahlgrünem Besatztuch. Die Ärmel haben glatte Aufschläge aus Manteltuch. Auf den Vorderschößen befindet sich je eine schräg eingeschnittene Tasche mit Klappe. Im Rücken sind zwei geschweifte Taschenklappen mit je drei Knöpfen und ein einteiliger Riegel, der von den oberen Knöpfen der Taschenklappe gehalten wird. Der Mantel hat einen langen Rückenschlitz. Auf den Schultern werden die Achselklappen wie am Uniformrock getragen. Der Mantel hat keine Vorstöße.

Der Tschako aus Leder ist für alle Dienstgrade in gleicher Ausführung. Die Kopfhülse ist mit stahlgrünem Tuch bespannt. Der Deckel und die Schirme sind aus schwarzem Leder. Um den Tschako, in Höhe der Schirmnähte, läuft ein 2 cm breites schwarzes Lacklederband. Der Kinnriemen aus schwarzem Lackleder wird von allen Dienstgraden getragen. Er hat zwei ovale Schiebeschnallen und zwei Ösen aus weißem Metall. Befestigt wird der Kinnriemen an zwei Rosetten mit vorspringender Nase (Knopf 91). Der Tschako hat an jeder Seite der Kopfhülse ein kleines rundes Lüftungsloch, das mit einem feinen Metallgitter geschlossen ist. Von der Lederkappe am linken Knopf 91 läuft ein 6 cm langes schwarzes Gummiband zu einem kleinen Metallhaken, der dicht hinter dem linken Lüftungssieb an der Kopfhülse angebracht ist. Hier wird das Ende des Paradebusches befestigt. Etwa 4 cm vor dem linken Knopf 91, unter dem Kinnriemen, sitzt ein zweiter Metallhaken, an dem das Gummiband befestigt wird, wenn der Haarbusch nicht getragen wird.

Der schwarze Büffelhaarbusch ist 30 cm lang. Er wird mit einem Drahtstecker hinter die Landeskokarde gesteckt und von dort bogenförmig zur linken Tschakoseite geführt, wo er mit dem beschriebenen Gummiband, flach an den Tschako gelegt, gehalten wird.

Das ovale Nationale aus weißem Metall hat sechs dachartig übereinanderliegende, gepreßte Schnüre. Das ovale Mittelstück ist blau lackiert. Die Befestigung erfolgt mit einem gebogenen Drahtstecker hinter dem Tschakozierat. Die Offiziere tragen kein besonderes Nationale.

In den ersten Jahren (bis zu welchem Zeitpunkt geht aus den Quellen nicht hervor) wird an der rechten Rosette des Tschakos, unter der Öse des Kinnriemens noch eine runde Kokarde aus Metall in den jeweiligen Stadtfarben des Standortes des Beamten getragen.

Als Zierat dient ein mit Eichenlaub bekränztes Wappenschild (Rautenschild) aus versilbertem Neusilber. Es sitzt unten auf dem Bundstreifen auf und wird mit zwei durch die Knopfhülse des Tschakos gesteckte Schrauben gehalten. Ob und ab welchem Zeitpunkt der leichtere Fibertschako in Bayern eingeführt worden ist, kann aus den Quellen nicht ermittelt werden.

Die Mütze hat die steife Form der Offiziersmütze der alten Armee, mit schwarzem Augenschirm. Das Grundtuch ist stahlgrün, mit schwarzem Besatzstreifen und einem schwarzen Vorstoß am oberen Deckelrand. Die Mütze der Offiziere erhält am 7. Juli 1932 eine doppelte Silberschnur mit zwei Schiebern. Die Dienstmütze entspricht in ihrer Form und Farbe der Ausgehmütze, sie ist jedoch weich gearbeitet und hat einen weichen Augenschirm aus Grundtuch. Vorn auf dem Besatzstreifen befindet sich die bayerische Kokarde, an der Dienstmütze jedoch aus Tuch.

Die Seitenwaffe ist das Seitengewehr 98/05 oder 84/98. Die Berittenen tragen Säbel. Die Dienstgrade vom Wachtmeister einschließlich aufwärts dürfen außer Dienst den Offizierssäbel untergeschnallt tragen. Die Offiziere tragen den Löwenkopfsäbel oder den Einheitssäbel nach dem Muster des früheren Artilleriesäbels. Den Offizieren ist es gestattet, ihre alten Säbel oder Degen aus der Zeit der alten Armee zu tragen.

Das Portepee/Säbeltroddel der Dienstgrade bis zum Rottmeister ist eine grüne Quaste an einem grünen Band. Außer Dienst darf eine geschlossene Quaste getragen werden. Die Offiziere und die Dienstgrade vom Wachtmeister einschließlich aufwärts tragen ein silbernes Portepee mit hellblauer Füllung.

Der Leibriemen aus dunkelbraunem Leder hat eine weißmetallene Rollschnalle mit einem Dorn. Der Köcher für das Seitengewehr ist aus dem gleichen Material.

In der Zeit um 1926/27 werden Trageversuche mit einem Futteral für den Gummiknüppel gemacht. Das Futteral wird mit einem Haken und zwei Lederschlaufen an der Seitengewehrtasche und an der Metallscheide des Seitengewehrs befestigt. Man bezeichnete diese Kombination als »Wehrgehänge«. Die endgültige Einführung erfolgte jedoch nur für kurze Zeit.

Die Schießauszeichnung ist ein grünes, geflochtenes Band mit Eicheln. Es wird unter dem rechten Achselstück in Höhe der Ärmelnaht und am zweiten Knopf des Uniformrocks befestigt.

Die Beschlagmeister und deren Gehilfen tragen gemäß der Vorschrift von 1927 auf dem linken Unterarm, etwa 1 cm über dem Aufschlag, ein Hufeisen aus einer 8 mm breiten Silbertresse. Das Hufeisen ist 5 cm hoch und breit. Die nach unten gerichtete Öffnung ist 2 cm breit.

Die **Stempelvorschrift** für die Landespolizei in Bayern wird am 30. Januar 1924[9] erlassen. Neben der Stempelung nach dieser Vorschrift (Abb. 31) sind jedoch auch spätere Uniformierungs- und Ausrüstungsstücke bekannt, die lediglich die Buchstaben »LP« als Stempelung tragen.

Anmerkungen
[1] HStA München -Kriegsarchiv- LaPo M 284
[2] ebenda
[3] Zeitschrift für Heerkunde Nr. 299, S. 82-1 ff.
[4] HStA München -Kriegsarchiv- LaPo M 284
[5] ebenda
[6] ebenda
[7] HStA München -Kriegsarchiv- LaPo A 4
[8] In der Literatur wird irrtümlich immer von moosgrüner Farbe gesprochen.
[9] HStA München -Kriegsarchiv- LaPo A4

Die Schutzpolizei 1928 bis 1932

Durch das Polizeibeamtengesetz vom 12. April 1928 erfolgte eine Umbenennung der Landespolizei in Schutzpolizei, mit der Unterteilung in die Bereitschaftspolizei und den Einzeldienst. Die organisatorischen Änderungen hatten vorerst jedoch keine großen Auswirkungen auf die Uniformierung. Es erscheint daher angebracht, die im üblichen Rahmen auftretenden Veränderungen zu der im vorherigen Kapitel beschriebenen Uniform chronologisch aufzuzeigen.

Der kleine Rock für Offiziere (Abb. 32) wird mit der Verfügung vom 10. April 1931[1] eingeführt. Schwierigkeiten, die bei der Beschaffung des Tuches auftreten, verzögern die Herstellung des kleinen Rockes jedoch um einige Monate[2].

Der kleine Rock ist aus stahlgrünem Kammgarn-Serge oder Satin. Der Rücken ist im Rockschnitt gearbeitet, mit einem Schlitz, jedoch ohne Querriegel. Auf den Vorderschößen befinden sich zwei schräg eingeschnittene Taschen, auf der linken Brustseite eine kleine, waagerecht eingeschnittene Tasche, alle mit eckigen Klappen, ohne Knöpfe. Der kleine Rock hat eine verdeckte Knopfleiste und einen Stehumschlagkragen aus Grundtuch, ohne Patten. Die Ärmel sind ohne Aufschläge. Auf den Schultern werden die Achselstücke wie am Uniformrock getragen.

Der kleine Rock kann zum sogenannten »kleinen Dienst« getragen werden[3]; das sind Übungen im Gelände und in der Kaserne, beim Exerzieren, Schießen, Sport, Reiten, Radfahren, Unterricht, Bürodienst sowie bei allen Gelegenheiten, bei der die Truppe in Sommeruniform ausrückt, und bei Kasino-Veranstaltungen im engeren Offizierskreise.

Die Abzeichen für Polizeibeamte im Ruhestand werden um die Jahreswende 1932/33 diskutiert. Die Berechtigung für bestimmte Beamtengruppen, nach der Pensionierung weiterhin die letzte Uniform tragen zu dürfen, leitet sich aus dem Beamtengesetz vom 10. Dezember 1908 ab. Jetzt erkennt man die Notwendigkeit, zur Unterscheidung der Dienstkleidung des Ruhestandsbeamten von der des aktiven Beamten (im Polizeidienst) ein besonderes Abzeichen einzuführen. In einem undatierten Referatsentwurf[4] wird von einem nicht näher beschriebenen Abzeichen gesprochen. An einer vorhandenen Uniform (Abb. 69) ist das Abzeichen für Ruhestandsbeamte jedoch zu erkennen. Es handelt sich um eine schmale Silbertresse mit hellblauen Durchzügen und grünem Unterfutter, die quer unter der Mitte der Achselstücke angebracht ist und die an beiden Seiten etwa 5 mm vorsteht.

In der noch folgenden Beschreibung der Dienstgradabzeichen vom Sommer 1933 wird das Abzeichen für Ruhestandsbeamte ausdrücklich erwähnt. Es muß also angenommen werden, daß die Einführung Ende 1932 oder Anfang 1933 erfolgt ist.

Anmerkungen
[1] HStA München -Kriegsarchiv- LaPo A4
[2] ebenda
[3] Anzugsordnung für die Bereitschaftspolizei, München 1931
[4] HStA München -Kriegsarchiv - LaPo A4

Die Übergangszeit 1933 bis 1935

Die in allen Ländern vorhandenen Bereitschaftspolizeien wurden schon sehr bald nach der Machtübernahme durch die Nationalsozialisten in Deutschland aus dem eigentlichen Polizeidienst herausgezogen. Die Ausbildung der Bereitschaftspolizei, die in Teilbereichen bisher auch einen militärischen Charakter hatte, wurde jetzt nach rein militärischen Grundsätzen umgestellt. Die Zielsetzung war deutlich erkennbar. Es wurde eine Vergrößerung des Heeres angestrebt. Die Reichswehr war auf eine Stärke von 100 000 Mann mit zwölfjähriger Dienstzeit festgesetzt, es war ein gut ausgebildetes Berufsheer, zu klein aber für die Pläne der neuen Machthaber.

In den Bereitschaftspolizeien der Länder verfügte man einerseits über erfahrene Offiziere und Unteroffiziere, die dort seit Jahren als Ausbilder tätig gewesen waren. Hinzu kamen die jungen Polizeibeamten, die vor ihrer Einstellung einem strengen Auswahlverfahren bezüglich ihrer geistigen und körperlichen Fähigkeiten unterzogen worden waren. Hier waren militärisch vorgebildete Männer, die man — wie die Zeit es gezeigt hat — langsam einer völlig soldatischen Verwendung zuführte. Im Jahre 1935 wurden überall in Deutschland die Bereitschaftspolizeien, die inzwischen die Bezeichnung Landespolizei führten, in die Reichswehr bzw. Wehrmacht übernommen.
Hier ist nicht der Ort, diese organisatorische Entwicklung für die bayerische Bereitschaftspolizei/Landespolizei aufzuzeigen. Durch eine gute Aktenüberlieferung bietet sich aber die seltene Gelegenheit, anhand der Uniformierung der kasernierten Polizei in Bayern nachzuvollziehen, wie sich die allmähliche Eingliederung der Polizei in die Wehrmacht im äußeren Erscheinungsbild des Beamten dargestellt hat.
In der Folge sollen nun chronologisch die Veränderungen an den Uniformen der Landespolizei für den Zeitraum von 1933 bis 1935 aufgezeigt werden, soweit sie in den Archiven überliefert sind. Sie dokumentieren die Entwicklung in Bayern. Einige der Bestimmungen sind reichseinheitlich gewesen. Es wäre jedoch falsch, alle für die Polizei in Bayern erlassenen Vorschriften auf andere Länderpolizeien anzuwenden.

Dienstgradabzeichen bei der Bereitschaftspolizei

Mit Erlaß des Staatsministers des Inneren vom 13. März 1933[1] werden bei der Bereitschaftspolizei teilweise neue Dienstgradabzeichen eingeführt: Um bei der »Truppe« den dienstleitenden Hauptwachtmeister, die Führer des Zuges und der Gruppe hervorzuheben und kenntlich zu machen, werden vom 1. April 1933 ab folgende Dienstgradabzeichen für Polizeiwachtmeister (S.B.) der Bereitschaftspolizei eingeführt:

1. Zuständigkeit
a) Drei Silbertressen am linken Unterarm neben dem zweiten Stern für die dienstleitenden Hauptwachtmeister.
b) Zwei Silbertressen am linken Unterarm für die Zugführer.
c) Eine Silbertresse am linken Unterarm für die Gruppenführer.

2. Erlaubnis zum Tragen
Die Erlaubnis zum Tragen der Dienstgradabzeichen erteilt in stets widerruflicher Weise bei a) der Kommandochef auf Vorschlag der Zwischenvorgesetz-

ten; bei b) der Abschnittschef in München und Nürnberg, sonst der Kommandochef auf Vorschlag des Einheitsführers; bei c) der Einheitsführer.

Die Polizeiwachtmeister tragen diese Dienstgradabzeichen nur während der Dauer ihrer Verwendung in den einschlägigen Dienststellungen. Mit der Ablösung von einer Einteilung sind die Abzeichen auf Befehl des zuständigen Vorgesetzten wieder abzulegen.

3. Tragen der Abzeichen

Die Abzeichen werden an der Uniform und am Mantel getragen. Am Sommerrock (Drillich) tritt anstelle der Silbertresse eine weißblaue Borte.

Wird zu Beginn des Jahres 1933 noch von der Bereitschaftspolizei gesprochen, so ändert sich das schon kurze Zeit später. Eine vertrauliche Mitteilung des Staatsministers des Inneren vom 19. Mai 1933[2] bestimmt neben einigen organisatorischen Änderungen folgendes: Die Bezeichnung »Bereitschaftspolizei« wird durch die Bezeichnung »Landespolizei« ersetzt. Die Bezeichnung »Schutzpolizei« entfällt. Die Landespolizeien führen die Bezeichnung ihres Standortes. Der Einzeldienst der bisherigen Schutzpolizeien erhält die Bezeichnung »Schutzmannschaft«.

Übersicht der Dienstgrad- und sonstigen Abzeichen der bayerischen Landespolizei
(Stand Sommer 1933)

Dienstgrad	am Kragen	Achselstücke	Bemerkungen
A. Offiziere:			
Pol.-General	Arabeskenstickerei aus Silber	3 Plattschnüre, außen 2 goldene und in der Mitte 1 silberne, geflochten mit hochroter Tuchunterlage	An den Hosen in den Außennähten hochrote Vorstöße, links und rechts davon je ein 3,5 cm breiter Tuchstreifen in gleicher Farbe. — Am Mantel die Brustklappen mit hochrotem Tuch gefüttert.

Pol.-Oberst	schwarze Kragenpatten mit Doppellitze aus Silber	2 silberne mit blauer Seide durchwirkte geflochtene Plattschnüre; Unterlage stahlgrün; 2 gelbe Metallsterne	Die gelben Gradsterne sind zu Beginn des Jahres 1933 eingeführt worden, davor wurden auch von den Offizieren die silbernen Sterne getragen.
Pol.-Oberstleutnant		wie vor, mit 1 Stern	
Pol.-Major		wie vor ohne Stern	
Pol.-Hauptmann		2 silberne, mit blauer Seide durchwirkte nebeneinanderliegende Plattschnüre, Unterlage stahlgrün, 2 gelbe Metallsterne	
Pol.-Oberleutnant		wie vor mit 1 Stern	
Pol.-Leutnant		wie vor ohne Stern	
Pol.-Sanitäts-Offiziere			
Pol.-Generaloberstarzt	Kragenpatte und Doppellitze wie die Pol.-Offiziere; außerdem um die Patte ein kornblumenblauer Vorstoß	wie Oberstleutnant; außerdem 1 Äskulapstab aus gelbem Metall. Tuchunterlage kornblumenblau	
Pol.-Oberstabsarzt		wie Major; Äskulapstab usw. wie vor.	
Pol.-Stabsarzt		wie Hauptmann; Äskulapstab usw. wie vor	

Pol.-Oberarzt		wie Oberleutnant; Äskulapstab usw. wie vor	
Pol.-Assistenz-arzt		wie Leutnant; Äskulapstab usw. wie vor	
Pol.-Veterinär-Offiziere			
Pol.-Oberstabsveterinär	Kragenpatten und Doppellitze wie Pol.-Offiziere; außerdem um die Patte ein karmesinroter Vorstoß	wie Major, außerdem 1 Schlange aus gelbem Metall, Unterlage karmesinrot	
Pol.-Stabsveterinär		wie Hauptmann; Schlange usw. wie vor	
Pol.-Oberveterinär		wie Oberleutnant; Schlange usw. wie vor	
Pol.-Veterinär		wie Leutnant; Schlange usw. wie vor	
B. Kommissäre			
Pol.-Oberkommissär	wie die Pol.-Offiziere	2 Plattschnüre nebeneinander, die innere aus Silber mit blauer Seide durchwirkt, die äußere aus stahlgrüner Baumwolle mit 5 mm breiten Silberstreifen durchwirkt, Unterlage stahlgrün, 1 weißer Metallstern	Die Hilfsärzte tragen Kragenpatten u. Achselstücke wie die Kommissäre und auf den Achselstücken 1 Äskulapstab aus gelbem Metall; die Hilfsveterinäre wie vor, statt des Äskulapstabes eine Schlange

Pol.-Kommissär		wie vor ohne Stern	
Pol.-Obermusikmeister (Oberkommissär)		2 Plattschnüre nebeneinander, die innere aus Silber mit blauer Seide durchwirkt und geflochten; die äußere wie vor, um das Geflecht gelegt; Unterlage stahlgrün. 1 Lyra aus gelbem Metall, 1 Stern aus weißem Metall	Zu den Kommissären (S.B.) zählen die Obermusikmeister (Oberkommissäre) u. die Musikmeister (Kommissäre)
Musikmeister (Kommissäre)		wie vor, ohne Stern	

C. Wachtmeister

Pol.-Hauptwachtmeister	in den vorderen Kragenecken ein Eichenlaub aus Silber	2 Plattschnüre nebeneinander, die innere aus stahlgrüner Baumwolle, die äußere aus Silber mit blauer Seide durchwirkt; Unterlage stahlgrün, 1 weißer Metallstern	Der dienstleitende Hauptwachtmeister trägt 2 Sterne; früher Pol.-Oberwachtmeister
Pol.-Oberwachtmeister		wie vor ohne Stern	früher Pol.-Wachtmeister
Pol.-Wachtmeister		2 Plattschnüre nebeneinander aus stahlgrüner Baumwolle; Unterlage stahl-	früher Pol.-Rottenmeister

Pol.-Unter-wachtmeister		grün, 2 weiße Rosetten	
Pol.-Hilfswacht-meister		wie vor, mit einer Rosette	
		wie vor, ohne Rosette	

D. Verwaltungsbeamte

Ministerialrat — Kragenpatten aus stahlgrünem Tuch mit hochrotem Vorstoß und einer Kolbenstickerei aus Silber, deren Kapellen mit einer 2 mm breiten Stickerei verbunden sind — 2 silberne mit blauer Seide durchwirkte geflochtene Plattschnüre; zwischen diesen eine 1 mm starke stahlgrüne Schnur. Unterlage doppelt, die untere stahlgrün, die obere hochrot. Auf den Achselstücken ein »J« aus gelbem Metall und 2 gelbe Metallsterne — 1) Die Vorstöße an den Kragenpatten u. die obere Unterlage d. Achselstücke für d. einzelnen Beamtengruppen sind verschieden: Intendanturbeamte = hochrot; Zahlmeister = weiß; Unterkunfts- u. Verpflegungsbeamte = hellbraun; Gerätebeamte, Waffenmeister, Werkmeister = zitronengelb; Kanzleibeamte = karmesinrot.

2) Die Abzeichen auf den Achselstücken sind aus gelbem Metall, es tragen: Unterkunftsbeamte = V; Gerätebeamte = F; Waffenmeister = zwei gekreuzte Ge-

wehre; Werk-
meister = W;
Kanzleibeamte
= keine Abzei-
chen

Oberregie- rungsrat	wie vor	wie vor, mit 1 Stern
Intendanturrat		wie vor, ohne Stern
Regierungs- Chemierat I. Klasse	wie vor, Patten- vorstoß hellgrün	wie vor, ohne »J« u. Stern, obere Tuchun- terlage hellgrün
Ministerial- Amtmann/In- tendantur- Amtmann	wie vor, ohne Verbindung der Kapellen. Pat- tenvorstoß hochrot	wie vor, mit »J« ohne Stern, obe- re Tuchunterla- ge hochrot
Verwaltungs- Amtmann	wie vor, Patten- vorstoß weiß	wie vor, statt »J« ein »Z«, obe- re Tuchunterla- ge weiß
Intendantur- Oberinspektor	wie vor, Patten- vorstoß hochrot	2 silberne, mit blauer Seide durchwirkte ne- beneinanderlie- gende Platt- schnüre; zwi- schen diesen ei- ne 1 mm starke stahlgrüne Schnur; doppel- te Tuchunterla- ge, unten stahl- grün, oben hochrot; auf den Achselstücken ein »J« aus gel- bem Metall und 2 gelbe Metall- sterne

Stabszahl-meister	Pattenvorstoß weiß	wie vor, statt »J« ein »Z«; obere Tuchunterlage weiß
Verwaltungs-Oberinspektor	Pattenvorstoß hellbraun	wie vor, statt »J« ein »V«; obere Tuchunterlage hellbraun
Intendantur-Inspektor, Obersekretär	Pattenvorstoß hochrot	wie Int.-Oberinspektor; jedoch nur 1 Stern
Oberzahl-meister Zahlmeister }	Pattenvorstoß weiß	wie Stabszahl-meister, jedoch nur 1 Stern
Verwaltungs-Inspektor	Pattenvorstoß hellbraun	wie Verw.-Oberinsp., jedoch nur 1 Stern
Unterzahlmeister nach 20 Dienstjahren	Pattenvorstoß weiß	wie vor, ohne Stern, obere Tuchunterlage weiß, Abzeichen »Z«.
Verw.-Obersekretär nach 25 Dienstj., Waffenmeister nach 25 Dienstj., Insp.-Obersekretär nach 25 Dienstj.	Pattenvorstoß siehe Bemerkungen	wie vor, obere Tuchunterlage siehe Bemerkung 1) Abzeichen siehe Bemerkung 2)
Unterzahlmeister nach 15 Dienstj.	Pattenvorstoß weiß	wie Oberkommissär, dazu zwischen den beiden Plattschnüren eine 1 mm starke stahlgrüne Schnur, obere Tuchunterlage weiß, Abzeichen »Z«

Verw.-Obersekretär, Waffenmeister, Oberwerkmeister, Insp.-Obersekretär	Pattenvorstoß siehe Bemerkung	wie vor, obere Tuchunterlage siehe Bemerkung 1), Abzeichen siehe Bemerkung 2)
Unterzahlmeister	Pattenvorstoß weiß	wie vor, ohne Stern, obere Tuchunterlage weiß, Abzeichen »Z«
Verw.-Sekretär, Unterwaffenmeister nach 15 Dienstj., Werkmeister, Kanzleiobersekretär	Pattenvorstoß siehe Bemerkung	wie vor, obere Tuchunterlage siehe Bemerkung 1), Abzeichen siehe Bemerkung 2)
Verw.-Assistent, Unterwaffenmeister, Kanzleisekretär, Kanzleiassistent nach 12 Dienstj.	Eichenlaub wie Wachtmeister	2 Plattschnüre nebeneinander, die innere aus stahlgrüner Baumwolle, die äußere aus Silber mit blauer Seide durchwirkt; 1 weißer Metallstern; obere Tuchunterlage siehe Bemerkung 1), Abzeichen siehe Bemerkung 2)
Kanzleiassistent		wie vor, ohne Stern; obere Tuchunterlage siehe Bemerkung 1), Abzeichen siehe Bemerkung 2).

Anmerkungen

a) Die Offiziere und die Beamten im Offiziersrang tragen an der Mütze eine Silberkordel und zum großen Gesellschaftsanzug ein Achselband. Adjutanten und Offiziere in besonderer Verwendung tragen ein Adjutanten-Abzeichen.

b) Den Musikmeistern und Obermusikmeistern kann nach Vollendung des 25. Polizei-Dienstjahres die Berechtigung zum Tragen der Silberkordel und des Achselbandes der Offiziere erteilt werden.

c) Landespolizei-Angehörige im Ruhestand tragen — soweit ihnen Uniform zusteht — zu ihrer bisherigen Uniform als besonderes Abzeichen quer in der Mitte unter den Achselstücken eine 1 cm breite silberne, mit blauen Streifen durchwirkte Tresse auf stahlgrüner Tuchunterlage.

Die Bezeichnung Schutzmannschaft, die bisher nur in der Landeshauptstadt München Gültigkeit hatte, wird nun also auf das ganze Land ausgedehnt.

In der hier in Auszügen wiedergegebenen Mitteilung wird erstmals der Dienstgrad »Polizeigeneral im Staatsministerium des Inneren« erwähnt. Es muß davon ausgegangen werden, daß dieser Dienstgrad mit dem Beginn der Umorganisation der Polizei in Bayern eingeführt worden ist.

Am 13. September und 19. Oktober 1933 erfolgen zwei Bestimmungen des Staatsministers des Inneren, die sich neben den Laufbahnbestimmungen auch mit den Abzeichen und den Beförderungen in der Landespolizei befassen. Am 13. September 1933[3] heißt es unter anderem: »Mit Genehmigung des Herrn Staatsministers des Inneren werden mit der Einführung der neuen Abzeichen an der Uniform — Zeitpunkt wird befohlen — für die Polizeiwachtmeister (S.B.) der Landespolizei folgende Dienstgradbezeichnungen eingeführt: Hilfswachtmeister, Unterwachtmeister, Wachtmeister, Oberwachtmeister, Zugwachtmeister, Hauptwachtmeister.«

Es folgt eine Beschreibung und eine Zeichnung der neuen Dienstgradabzeichen. Der Erlaß vom 19. Oktober 1933[4] bezieht sich auf die Bestimmungen vom 13. September, gilt als Einführungstermin der neuen Dienstgradabzeichen, die sich aber zwischenzeitlich geändert haben. Es erübrigt sich daher, die Abzeichen vom September 1933 hier zu beschreiben. Gleichzeitig mit der Einführung der neuen Dienstgradabzeichen am 19. Oktober 1933 werden auch neue Bestimmungen erlassen, die sich mit den Auflagen auf den Achselstücken und der Farbe der Säbeltroddel/Faustriemen befassen. Näheres hierzu ist aus der Tabelle auf Seite 101 zu entnehmen. In dem Erlaß heißt es: »Die Beschreibung der neuen Dienstgradabzeichen sowie die Übersicht über die Abzeichen auf den Schulterklappen und die Farben der Säbeltroddel und Faustriemen für die Wachtmeister (S.B.) der kasernierten Landespolizei werden in der Anlage ausgegeben. Diese Abzeichen sind in erster Linie auf dem Rock anzubringen, der am 9. November 1933[5] bei der Parade getragen wird. Vor diesem Tage dürfen die neuen Abzeichen einschließlich der Säbeltroddel und Faustriemen in der Öffentlichkeit nicht erscheinen.«

Abzeichen auf den Schulterklappen und Farben der Säbeltroddel und Faustriemen der Wachtmeister, Unter- und Hilfswachtmeister
nach der Vorschrift vom 19. Oktober 1933

Einheit	Abzeichen a.d. Schulterklappen	Säbeltroddel (Band u. Quaste weiß)		Faustriemen		Bemerkung
		Farbe des Stengels	Farbe des Kranzes u. Schiebers	Farbe des Stengels	Farbe des Kranzes	
Inspektion L.P. München	ohne	weiß	weiß			Der Hauptwachtmeister beim Funkleiter d. Inspektion trägt auf den Schulterklappen ein »N«
Kommando	1	weiß	weiß			
Abschnitt I	1	weiß	weiß			
1. Hundertschaft	1	weiß	weiß			
2. Hundertschaft	1	weiß	hochrot			
3. Hundertschaft	1	weiß	hellgelb			
4. Hundertschaft	1	weiß	hellblau			
Abschnitt II	1	hochrot	weiß			
5. Hundertschaft	1	hochrot	weiß			
6. Hundertschaft	1	hochrot	hochrot			
7. Hundertschaft	1	hochrot	hellgelb			
8. Hundertschaft	1	hochrot	hellblau			
Abschnitt III	1	hellgelb	weiß			
9. Hundertschaft	1	hellgelb	weiß			
10. Hundertschaft	1	hellgelb	weiß			
11. Hundertschaft	1	hellgelb	hellgelb			
12. Hundertschaft	1	hellgelb	hellblau			
13. Hundertschaft	1	hellblau	weiß			

Kraftfahrabteilung	K 1	braun	weiß		
Sonderwagen-Staffel	K 1	braun	weiß		
Fahrstaffel	K 1	braun	hochrot		
Nachr. T. Abtlg.	N 1	braun	weiß		
Betriebsstaffel	N 1	braun	weiß		
Baustaffel	N 1	braun	hochrot		
Lichtbild Staffel	N 1	braun	hellgelb		
Berittene Abtlg.	—	—	—	weiß	weiß
Musik	1	weiß	weiß		
L.P. Augsburg					
Kommando	3	weiß	weiß		
1. Hundertschaft	3	weiß	weiß		
2. Hundertschaft	3	weiß	hochrot		
3. Hundertschaft	3	weiß	hellgelb		
4. Hundertschaft	3	weiß	hellblau		
13. Hundertschaft	3	hellblau	weiß		
Kraftfahrabteilung	K 3	braun	weiß		
Nachrichten Zug	N 3	braun	weiß		
Berittene Abtlg.	—	—	—	hellgelb	hellgelb
Musik	3	weiß	weiß		
L.P. Lindau					
Hundertschaft	3	hellblau	hochrot		
Funkstelle	N 3	braun	weiß		
L.P. Regensburg					
Kommando	3	hochrot	weiß		
1. Hundertschaft	3	hochrot	weiß		
2. Hundertschaft	3	hochrot	hochrot		
3. Hundertschaft	3	hochrot	hellgelb		
4. Hundertschaft	3	hochrot	hellblau		
Kraftfahrabtlg.	K 3	braun	hochrot		
Nachrichten Zug	N 3	braun	hochrot		
Musik	3	hochrot	weiß		
Kommando	3	hellgelb	weiß		
1. Hundertschaft	3	hellgelb	weiß		
4. Hundertschaft	3	hellgelb	hellblau		
Kraftfahrabteilung	K 3	braun	hellgelb		
Nachrichtenzug u. Funkst. Zwei-brücken	N 3	braun	hellgelb		
Musik	3	hellgelb	weiß		
L.P. Nürnberg - Fürth					
Kommando	2	weiß	weiß		

Abschnitt I	2	weiß	weiß		
1. Hundertschaft	2	weiß	weiß		
2. Hundertschaft	2	weiß	hochrot		
3. Hundertschaft	2	weiß	hellgelb		
4. Hundertschaft	2	weiß	hellblau		
Abschnitt II	2	hochrot	weiß		
5. Hundertschaft	2	hochrot	weiß		
6. Hundertschaft	2	hochrot	hochrot		
7. Hundertschaft	2	hochrot	hellgelb		
8. Hundertschaft	2	hochrot	hellblau		
13. Hundertschaft	2	hellblau	weiß		
Kraftfahrabteilung	K 2	braun	weiß		
Sonderwagenstaffel	K 2	braun	weiß		
Fahrstaffel	K 2	braun	hochrot		
Nachr. T. Abtlg.	N 2	braun	weiß		
Betriebsstaffel	N 2	braun	weiß		
Baustaffel	N 2	braun	hochrot		
Berittene Abteilung	—	—	—	hochrot	hochrot
Musik	2	weiß	weiß		
L.P. Würzburg					
Kommando	2	hellgelb	weiß		
1. Hundertschaft	2	hellgelb	weiß		
2. Hundertschaft	2	hellgelb	hochrot		
3. Hundertschaft	2	hellgelb	hellgelb		
4. Hundertschaft	2	hellgelb	hellblau		
Kraftfahrabteilung	K 2	braun	hellgelb		
Nachrichtenzug	N 2	braun	hellgelb		
Musik	2	hellgelb	weiß		
L.P. Zweibrücken	3	hellgelb	hellgelb		
L.P. Speyer	3	hellgelb	hochrot		
L.P. Kaiserslautern	3	hellblau	hellgelb		
Kommandeur der Polizeischulen	3	weiß	weiß		
Offiz.-Schule					
Stamm	—	weiß	weiß		
Schüler	—			Schulterabzeichen u. Säbeltroddel ihres Stammverb.	
Pol.-Hauptschule					
Kommando	—	weiß	weiß		
1. Lehrabtlg.)					
Stamm-	—	weiß	weiß		
2. Lehrabtl.)perso-	—	weiß	hochrot		

3. Lehrabtlg.) nal	—	weiß	hellgelb		
Schüler	—				Schulterab-zeichen u. Säbeltroddel ihres Stamm-verb.
Pol.-Vorschule					
Kommando	—	weiß	weiß		
1. Lehrabtlg.	—	weiß	weiß		
2. Lehrabtlg.	—	weiß	hochrot		
3. Lehrabtlg.	—	weiß	hellgelb		
Musik	—	weiß	weiß		
Pol.-Reitschule	—			hellblau	hellblau
Flug-Überwachung					
Bayern - Süd	geflügelte Propeller	braun	weiß		
Bayern - Nord	geflügelte Propeller	braun	hochrot		
Pfalz	geflügelte Propeller	braun	hochrot		
Pol.-Kraftwagen W.					
Bayern - Süd	K	braun	weiß		
Bayern - Nord	K	braun	hochrot		
Pol.-Wirtschafts					
Abtlg. Bayern - Süd	W	braun	weiß		
Nachr.-T. Prüfstelle	N	braun	weiß		
Pol.-Wirtschafts					
Abtlg.					
Bayern -Nord	W	braun	hochrot		

Beschreibung der Dienstgrad- und sonstigen Abzeichen für Wachtmeister (S.B.) vom 19. Oktober 1933
(s. auch Tabelle auf Seite 101)

I. Tuchrock
a) Allgemein
1.) **Schulterklappen** aus stahlgrünem Grundtuch mit Leinwandeinlage ver-stärkt und mit stahlgrünem Grundtuch unterfüttert; oben in einem Win-kel von etwa 45° spitz zulaufend. Länge 10-13 cm, Breite 4 cm. Von der

oberen Kante 2 cm entfernt ein mit schwarzer Seide umnähtes Knopfloch von 2 cm Länge. Die Kanten 3 mm breit abgesteppt. Nummern oder sonstige Unterscheidungszeichen in Kurbelstickerei aus mercerisierter Baumwolle. Höhe der Nummern und Abzeichen 2,5 cm, das Fliegerabzeichen 3 cm. Die Höhe der kleinen Nummern beträgt 1 cm.

2.) **Kragenpatten** (anstelle des Eichenlaubs) aus schwarzem Besatztuch mit aufgesteppten Doppellitzen, diese aus weißer Kunstseide mit stahlgrünen Spiegeln, das Besatztuch mit Leinwand verstärkt. Die Kragenpatte ist 4 cm breit und 7 cm lang, vom vorderen Rand 2 mm entfernt auf den Kragen aufgenäht. Am Kragen mit Tressen wird die Litze unmittelbar dahinter aufgenäht.

b) Im Besonderen

1.) Für **Unterwachtmeister** auf dem linken Oberärmel ein Winkel aus 1 cm breiter silberner Tresse auf Grundtuch. Die Länge des Tressenschenkels beträgt 10,5 cm, die obere lichte Weite des Tressenwinkels beträgt 8,3 cm.

2.) Für **Wachtmeister** auf jeder Kragenseite ein Abzeichenknopf mit dem erhaben gepreßten, heraldischen Löwen aus Neusilber, versilbert, gekörnt mit hochglänzendem Rand und angelötetem Doppeldorn. Dieser greift durch den Oberkragen. Der Durchmesser des Knopfes beträgt 2,5 cm.

3.) Für **Ober-, Zug- und Hauptwachtmeister**

a) am Rock des Parade- und Ausgehanzuges

Für **Oberwachtmeister** am Kragen rings um den oberen und vorderen Rand, 3 mm unterhalb des Kragenbuges und 2 mm vom vorderen Rand, mit der unteren Kante abschneidend sowie an den Ärmelaufschlägen rings um den oberen Rand und entlang des Schlitzes, 2 mm von der Kante entfernt, je eine 1,2 cm breite silberne Tresse. Die Kapellen nach abwärts.

Für **Zugwachtmeister** wie für Oberwachtmeister, außerdem auf jeder Kragenseite ein Abzeichenknopf wie für Wachtmeister beschrieben, jedoch mit 3 cm Durchmesser.

Für **Hauptwachtmeister** wie für Zugwachtmeister, außerdem rings um die Ärmel, 1 cm oberhalb der Aufschläge, eine 1 cm breite silberne Tresse auf dem Grundtuch.

b) am Rock des Dienst- und Übungsanzuges

Für **Oberwachtmeister** am Kragen rings um den unteren und vorderen Rand, 2 mm von den Kanten und mit dem Kragenbug abschneidend sowie an den Ärmelaufschlägen, Tressen wie für Oberwachtmeister am Paraderock.

Für **Zugwachtmeister** wie für Oberwachtmeister, außerdem auf jeder Kragenseite ein Abzeichenknopf wie beim Rock zur Parade.

Für **Hauptwachtmeister** wie für Zugwachtmeister, außerdem rings um die Ärmel eine Tresse wie am Rock zur Parade.

II. Mantel
a) Allgemein
1. **Schulterklappen** wie auf dem Tuchrock.
2. **Kragenpatten** vorn beiderseits auf dem Kragen, 1 cm von der unteren und vorderen Kante entfernt je eine Kragenpatte aus schwarzem Besatztuch mit Leinwand versteift. Die Länge beträgt 7 cm, die Breite der Patte 4,5 cm.

b) im Besonderen
1. Für **Unterwachtmeister** ein Tressenwinkel wie am Tuchrock.
2. Für **Ober- und Zugwachtmeister** 3 mm von der hinteren Kante der Kragenpatte entfernt eine 1 cm breite, mit hellblauen Streifen durchwirkte Silbertresse.
3. Für **Hauptwachtmeister** zwei gleiche Tressen, 3 mm voneinander entfernt, die hintere davon an gleicher Stelle wie beim Ober- und Zugwachtmeister.

III. Drillichrock
1. Für **Unterwachtmeister** auf dem linken Oberärmel ein Winkel in den Ausmaßen wie am Tuchrock aus 9 mm breiter, weißer, mit blauen Streifen durchwirkter Wollborte.
2. Für **Wachtmeister** auf jeder Kragenseite ein Abzeichenknopf wie am Tuchrock.
3. Für **Oberwachtmeister** am Kragen, rings um den unteren und vorderen Rand, 2 mm von der Kante und mit dem Kragenbug oben abschneidend sowie an den Ärmelaufschlägen rings um den oberen Rand, 2 cm von der Kante entfernt, eine Wollborte wie beschrieben.
4. Für **Zugwachtmeister** wie für Oberwachtmeister, außerdem auf jeder Kragenseite ein Abzeichenknopf wie am Tuchrock.
5. Für **Hauptwachtmeister** wie für Zugwachtmeister, außerdem rings um die Ärmelaufschläge 0,5 cm von der Borte entfernt, eine zweite Borte.

IV. Besondere Abzeichen
Am Tuchrock, Mantel und am Drillichrock zu tragen.
1. Für **Sanitätswachtmeister** (S.B.) auf dem linken Unterärmel, 1 cm oberhalb des Aufschlages, je ein auf Rock- oder Manteltuch, mit weißer, mercerisierter Baumwolle aufgestickter Äskulapstab, 4,8 cm hoch.
2. Für **Beschlagmeister** auf dem linken Unterärmel ein Hufeisen, 3,3 cm hoch und weit, an gleicher Stelle und aus dem gleichen Material wie der Äskulapstab.

Am 11. Oktober 1933 ergeht folgender Tagesbefehl[6] an die Landespolizei: »Am 16. Oktober 1933 vollendet der Reichsstatthalter von Bayern, General Ritter v. Epp, sein 65. Lebensjahr. Dem tapferen Gründer und Führer des nach ihm benannten Freikorps zu Ehren und den ruhmreichen Taten der Befreiung Bayerns von der Räteherrschaft zum bleibenden Gedenken bestimme ich, daß von diesem Tage an, alle Offiziere, Wachtmeister und uniformierten

Beamten der uniformierten Staatspolizei, die seinerzeit dem Freikorps v. Epp oder einem aus ihm hervorgegangenen Verband angehört und das Abzeichen des Freikorps getragen haben, dieses Abzeichen am Rock ihrer Uniform anzulegen haben.

Das Abzeichen ist auf der Außenseite des linken Ärmels in Höhe des Oberarmes (auf dem vorliegenden Tagesbefehl handschriftlich in »Unterarm« abgeändert/Anm. d. Verf.) anzubringen. Die Berechtigung zum Tragen des Abzeichens ist von den Kommandeuren nachzuprüfen.«

Das Freikorps v. Epp-Abzeichen ist eine runde, grausilberne Platte mit einem Panterkopf. Das Abzeichen ist auf einem rautenförmigen schwarzen Tuch befestigt, es wurde in allen Polizeisparten von den dazu berechtigten Beamten getragen.

Am 10. April 1934 schreibt der Reichsminister des Inneren[7] an die Innenminister der Länder (außer Preußen): »Ich halte es für zweckmäßig, daß die uniformierte Polizei (staatliche und kommunale) und die Gendarmerie an der Kopfbedeckung anstelle der Landeskokarde das gleiche Hoheitsabzeichen (am Stahlhelm auch das schwarz-weiß-rote Wappenschild) tragen, wie die Reichswehr. Anstelle des bisherigen Tschakonationals ist ein National in den Reichsfarben einzuführen.

Um eine Einheitlichkeit zu erreichen, ersuche ich, von der Einführung anderer Muster als der für die Abzeichen des Reichsheeres abzusehen.«

Das bayerische Ministerium des Inneren reagiert bereits am 1. Mai 1934 mit einem Rundschreiben an alle Landespolizeien[8]:

Mit sofortiger Wirkung wird angeordnet:

1. Die Landeskokarde an der Mütze der Angehörigen der kasernierten Polizei (Landespolizei) wird abgelegt. An ihre Stelle tritt die schwarz-weiß-rote Kokarde, umrahmt von einem silbernen Eichenlaubkranz. Über der Reichskokarde wird das Hoheitszeichen (nicht das Pol.-Hoheitszeichen/Anm. d. Verf.) in silberner Ausführung getragen.

2. Die Ausgehmütze für Polizeiwachtmeister (S.B.) erhält die Form einer Klappmütze und einen schwarzen Lacklederriemen.

3. Am Stahlhelm wird auf der rechten Seite das Schild in den Reichsfarben schwarz-weiß-rot und auf der linken Seite das Hoheitsabzeichen in weißer Ausführung angebracht.

4. Das bisherige Nationale am Tschako der Landespolizei wird abgelegt und dafür ein Nationale nach besonderem Muster getragen. Am Tschako der Offiziere tritt anstelle des Lacklederriemens eine Schuppenkette (für alle Dienstgrade gewölbt, aus poliertem und versilberten Neusilber, mit Rosettenbefestigung/Anm. d. Verf.).

5. Für die Dauer ihrer Verwendung tragen:
   a) Kolbenstickerei auf schwarzem Spiegel und grüne Doppelstreifen an den

Hosen, der Chef des Stabes und die Offiziere der A-Referate der Inspektion der uniformierten Staatspolizei im Staatsministerium des Inneren und die Taktiklehrer mit abgeschlossener Führergehilfenausbildung. Den Personenkreis bestimmt der Inspekteur.

b) Grüne Doppelstreifen an den Hosen, sämtliche planmäßigen Offiziere der Inspektion der uniformierten Staatspolizei im Staatsministerium des Inneren, der Intendant, der leitende Arzt und der leitende Veterinär; die persönlichen Adjutanten des Reichsstatthalters und des Staatsministers des Inneren; die zu Reichsministerien als Sachbearbeiter abgeordneten Offiziere.

In den Ausführungsbestimmungen zu diesem Erlaß heißt es unter anderem: Der Eichenlaubkranz ist an der Ausgehmütze für Polizeiwachtmeister (S.B.) aus versilbertem Neusilber, an der Offiziersmütze aus Silberstickerei. Die Musikmeister und die Obermusikmeister mit mehr als 25 Jahren Gesamtdienstzeit tragen den Eichenlaubkranz aus Silberstickerei.

Die bisherigen Ausgehmützen in steifer Form sind durch Heraustrennen der Leinwandeinlagen an den beiden Seitenstücken sowie der Stahlfederstütze an der hinteren Naht der Seitenstücke in Klappform umzuändern. Der Stahlreifen in der Deckelnaht bleibt. Bei der Dienstmütze tritt anstelle der bayerischen Kokarde die Kokarde in den deutschen Reichsfarben. Weitere Änderungen ergeben sich an dieser Mütze nicht.

Das neue Nationale hat die deutschen Reichsfarben. Die Musikmeister und Obermusikmeister mit mehr als 25 Jahren Gesamtdienstzeit tragen das Nationale und die Schuppenkette für Polizeioffiziere.

Die grünen Doppelstreifen an den Hosen sind je 3,5 cm breit. An der langen Hose sind sie stets zu tragen, an der Reithose ist dies freigestellt.

Am 25. August 1934[9] wird für die Offiziere und uniformierten Beamten im Offiziersrang der Landespolizei, der staatlichen und gemeindlichen uniformierten Einzelpolizei und der Gendarmerie ein weißer Rock mit glatten silbernen bzw. vergoldeten Knöpfen und Achselstücken eingeführt. Die Beschaffung des Rockes ist den Offizieren freigestellt.

Der weiße Rock aus Kottondrell hat im Rücken Blusenschnitt mit einfachem Schlitz, er ist einreihig und wird mit sechs glatten versilberten bzw. vergoldeten Knöpfen geschlossen. Auf der Brust befinden sich zwei aufgesetzte Taschen. Auf den Vorderschößen sitzen zwei größere, aufgesetzte Taschen. Alle Taschen haben Klappen und werden mit einem Knopf geschlossen. Die Ärmel sind glatt, ohne Aufschläge. Der vorn abgerundete Stehkragen ohne jegliches Abzeichen ist zur Versteifung mit fünf Steppnähten versehen. Am weißen Rock werden die Achselstücke wie am Tuchrock getragen.

Die Landespolizeiinspektion Bayern teilt am 14. August 1934[10] sämtlichen Dienststellen folgendes mit: »Der Reichsminister des Inneren hat die bereits

seit einiger Zeit in Preußen versuchsweise eingeführte grünmelierte Polizeiuniform — außer in der entmilitarisierten Zone — zum Tragen freigegeben
und verfügt, daß für künftige Beschaffungen mithin nur noch das grünmelierte Tuch in Frage kommt. Genaue Beschreibung der einzelnen Tuchbeklei-
dungsstücke einschließlich der Abzeichen sowie Anzugsbestimmungen sind
zur Zeit im Reichsministerium des Inneren in Bearbeitung.

Demzufolge werden für die bayerische Landespolizei mit Ausnahme der
Pfalz, Tuche in den bisherigen Farben für Tuchröcke, Hosen, Mäntel und
Mützen nicht mehr beschafft. Die bisherigen Bekleidungsstücke werden auf-
getragen.

Die Offiziere, Kommissäre und Beamten des Verwaltungsdienstes der Landespolizei sind darauf aufmerksam zu machen, bei Beschaffung neuer Uniformen
darauf Rücksicht zu nehmen. Den Zeitpunkt der Einführung der Tuchbeklei-
dungsstücke neuer Farbe bestimmt die Landespolizeiinspektion.

Der Reichsminister des Inneren hat ferner ersucht, am Stahlhelm auf der linken Seite ein schwarz-weiß-rotes Wappenschild, auf der rechten Seite ein weißes, schwarz eingefaßtes Hakenkreuz zu tragen. Die hierfür benötigte Anzahl
Abziehblätter beschafft die Landespolizeiinspektion und wird sie demnächst
ausgeben.«

Der Oberbefehlshaber des Heeres — Kommando der Landespolizei — ordnet
mit Schreiben vom 20. Juni 1935 an alle Landespolizeiinspektionen[11] bezüglich der Dienstgradabzeichen usw. für die Wachtmeister der Landespolizeien
folgendes an:

Bei den, dem Oberbefehlshaber des Heeres unterstellten L.P.-Formationen
sind die blauen, dunkelgrünen usw. Rockblusen und Mäntel der Oberwachtmeister (S.B.) und Wachtmeister (S.B.) mit Schulterklappen aus blauem, dunkelgrünem usw. Grundtuch ohne Vorstoß mit Tressen und Ärmelabzeichen
nach dem Schnitt und Muster des Heeres zu versehen. Ebenso erhalten bei diesen Formationen die bereits beschafften grünmelierten Rockblusen und Mäntel — jedoch nicht die neuen Sommerrockblusen (Feldblusen), die zunächst
ohne Abzeichen niederzulegen sind — Schulterklappen und Ärmelabzeichen
aus dunkelgrünem Besatztuch ohne Vorstoß mit Tressen nach dem Schnitt
und Muster des Heeres. Es tragen also:

I. An den Rockblusen

a) Unterwachtmeister der LP im 1. Dienstjahr Schulterklappen ohne Abzeichen

b) Unterwachtmeister vom 2. Dienstjahr ab, Wachtmeister und Stabswachtmeister der LP bis zu 6 Dienstjahren Schulterklappen ohne Abzeichen und
auf dem linken Oberärmel, auf Besatztuch aufgenäht, 2 Winkel aus Aluminiumtresse,

c) Stabswachtmeister der LP vom 7. Dienstjahr ab wie vor, jedoch 3 Winkel aus Aluminiumtresse,

d) Truppwachtmeister und Oberwachtmeister der LP am Kragen, 0,5 cm unterhalb des oberen und 0,2 cm von den vorderen Rändern, einen Besatz aus 1 cm breiter Aluminiumtresse, außerdem aus gleicher Tresse einen Besatz an den Schulterklappen, und zwar an beiden Seiten und oben,

e) Stabsoberwachtmeister und Fähnriche der LP wie zu d), jedoch an den Schulterklappen einen Tressenbesatz an beiden Seiten, oben und unten,

f) Zugwachtmeister der LP wie zu e), dazu in der Mitte der Schulterklappen je einen Stern aus Blankneusilber,

g) Hauptwachtmeister und Oberfähnrich der LP wie zu f), jedoch 2 Sterne übereinander zwischen dem Knopfloch und dem unteren Rand in gleichmäßigen Abständen,

h) Musikmeister und Obermusikmeister der LP erhalten Schulterstücke, bestehend aus drei nebeneinanderliegenden Kantenschnüren aus hochroter Wolle, die derart zusammengeflochten sind, daß oben eine Schlinge zum Anknöpfen an dem Schulterknopf entsteht. Das Geflecht ist mit 2 hochroten Kantenschnüren umrandet; an der unteren Seite bilden Geflecht und Umrandung 3 Bogen, an der vorderen Außenseite 8, an der hinteren Außenseite 7 Bogen samt den Schlaufenbogen. Auf den Schulterstücken tragen Musikmeister 1 Stern, Obermusikmeister 2 Sterne aus gelbem Metall. Die Obermusikmeister und Musikmeister tragen Kragenspiegel mit Doppellitzen wie die Offiziere.

Die Kragenspiegel an den Rockblusen der Wachtmeister bleiben unverändert. Am eigenen Rock sind die Tressen hellsilbern. Die Schulterklappen und Schulterstücke werden an den Rockblusen und Mänteln eingenäht. Oberfähnriche, Unterärzte und Unterveterinäre tragen im und außer Dienst an eigenen und dienstlich gelieferten Rockblusen und Feldblusen Kragen ohne Tressen. Die Hauptwachtmeister der Truppe tragen rings um die Ärmelaufschläge der Rockbluse, etwa 0,5 cm vom oberen Rand entfernt, zwei Tressen nach dem Muster der Kragentresse mit 0,5 cm Abstand voneinander. Wachtmeister (S.B.), die zu Oberwachtmeisteranwärtern ernannt sind, tragen das Unterführeranwärter-Abzeichen, eine 1 cm breite Aluminiumtresse auf dem unteren Teil der Schulterklappe. Die Tresse umgreift die Ränder der Schulterklappe.

II. Am Mantel

Schulterklappen, Dienstgradabzeichen usw. wie an der Rockbluse.

III. Am Drillichrock (Hausbluse)

a) Truppwachtmeister und alle Oberwachtmeister-Dienstgrade, außer Obermusik- und Musikmeister, am Kragen 0,3 cm oberhalb des unteren Randes und 0,3 cm von den vorderen Rändern eine 1 cm breite feldgraue Borte, außerdem die Zugwachtmeister rings um die Ärmel, etwa 10 cm vom unteren

Rand eine, die Hauptwachtmeister zwei, je 1 cm breite feldgraue Borten. Bei den Hauptwachtmeistern ist die zweite Borte 0,5 cm über der ersten angebracht. Stabsoberwachtmeister tragen demnach am Drillichrock die gleichen Abzeichen wie die Oberwachtmeister,

b) Unterwachtmeister vom 2. Dienstjahr ab, Wachtmeister und Stabswachtmeister bis zu 6 Dienstjahren, einen Winkel mit Doppeltresse, wie an der Rockbluse, jedoch aus 1 cm breiter feldgrauer Borte, aufgenäht auf rohgrauem Drillich,

c) Stabswachtmeister vom 7 Dienstjahr ab einen Winkel wie vor, mit dreifacher Tresse.

Die Anfertigung der Ärmelabzeichen und das Aufnähen der Tressen und Borten muß den LP-Abteilungen überlassen bleiben. Die Änderungen sind sofort nach Eingang der Tressen und Borten vorzunehmen.

Die Dienstgradabzeichen der Offiziere der Landespolizei bleiben von allen Neuerungen unberührt. Sie tragen demnach noch immer die in der Tabelle auf Seite 92 beschriebenen Schulterstücke (Anm. d. Verf.).

Die zuvor wiedergegebenen Vorschriften des Oberbefehlshabers des Heeres — Kommando der Landespolizei — wird von der Landespolizeiinspektion Bayern zum Anlaß genommen, am 5. Juli 1935 neue Bestimmungen über die Dienstgradabzeichen der Wachtmeister (S.B.) zu erlassen[12]. Es erscheint angebracht, die speziellen Bestimmungen der LP Bayern hier ebenfalls wiederzugeben, da noch einige ergänzende Angaben gemacht werden und Übergangsbestimmungen erwähnt sind.

Die bisherigen Achselstücke der Wachtmeister (S.B.) der LP Bayern am Tuchrock und am Mantel werden durch Schulterklappen ersetzt. Anstelle der bisherigen silbernen Plattschnur der Oberwachtmeister-Dienstgrade tritt eine Aluminiumtresse. Der Tressenbesatz am Kragen des Tuchrockes der Dienstgrade vom Truppwachtmeister an aufwärts ist für Uniform der LP Bayern neu, er entspricht dem Vorgang beim Reichsheer. Der Mantelkragen ist ohne Tressenbesatz. Die Abzeichen auf dem linken Oberärmel am Tuchrock und Mantel weichen zum Teil von den bisherigen ab:

	bisher	künftig
1 Winkel	Wachtmeister	entfällt
2 Winkel	Stabswachtmeister	Unterwachtmeister vom 2. Dienstjahr ab, Wachtmeister und Stabswachtmeister bis zu 6 Dienstjahren
3 Winkel	Truppwachtmeister	Stabswachtmeister vom 7. Dienstjahr ab.

Das Gradabzeichen mit einem Winkel entfällt also künftig. In der Gegenüberstellung der Dienstgrade der LP Bayern zum Heer ergibt sich folgendes:

Reichsheer	Landespolizei
Schütze	Unterwachtmeister im 1. Dienstjahr
Reiter	dito
Kanonier	dito
Pionier	dito
Gefreiter	Unterwachtmeister vom 2. Dienstjahr ab; Wachtmeister und Stabswachtmeister bis zu 6 Dienstjahren.
Obergefreiter	Stabswachtmeister vom 7. Dienstjahr an
Unteroffizier	Truppwachtmeister und Oberwachtmeister
Unterfeldwebel	Stabsoberwachtmeister
Feldwebel	Zugwachtmeister
Oberfeldwebel	Hauptwachtmeister
Oberfeldwebel der Truppe	Hauptwachtmeister der Truppe

Die bisherigen, glänzenden Tressen sind auf dem stahlgrünen Tuchrock aufzutragen. Zu den neuen Abzeichen am Drillichrock können (anstelle der feldgrauen) die bisherigen weißblauen Borten auf grünem Untertuch Verwendung finden.

Beim Übertritt zum Reichsheer haben die Schulterklappen die dort vorgeschriebenen Unterscheidungszeichen, also auch die Nummern der betreffenden Truppenteile und die Kompanienummer zu tragen. Abweichend von dieser Regelung dürfen die Musikmeister und Obermusikmeister die Schuterstücke nach der neuen Vorschrift schon jetzt tragen. Die Lyra fällt dabei weg.

Anmerkungen

[1] HStA München -Kriegsarchiv- LaPo A4
[2] ebenda
[3] ebenda
[4] ebenda
[5] 9. November 1923 Hitlerputsch an der Feldherrenhalle in München
[6] HStA München -Kriegsarchiv- LaPo A4
[7] ebenda
[8] ebenda
[9] ebenda
[10] ebenda
[11] ebenda

Die Gendarmerie 1919 bis 1932

Für die Gendarmerie-Uniform der ersten Nachkriegszeit darf auch hier wieder gesagt werden, daß die einschlägigen Bestimmungen, wenn es solche gegeben haben sollte, heute nicht mehr auffindbar sind. Die Erfahrung lehrt, daß in den Ländern Deutschlands, und wohl auch im Freistaat Bayern, in der ersten Zeit nach 1918 die alten Uniformen aufgetragen wurden. Teils hat man dabei die Litzen und Tressen entfernt, teils wurden die Uniformen in ihrer alten Art belassen. Gleiches gilt sinngemäß auch für den Helm und die Blankwaffe. Oft war es den Beamten selbst überlassen, ob sie Helm oder Säbel tragen wollten.

Im Freistaat Bayern erläßt die Landes-Gendarmeriedirektion am 31. März 1922 wohl erstmals eine Vorschrift über die Dienstkleidung, Bewaffnung und Ausrüstung der Offiziere und der Beamten des äußeren und inneren Dienstes der Gendarmerie[1,2].

Die Bluse ist aus dunkelgrünem Tuch mit einer verdeckten Knopfleiste. Der Stehumlegekragen ist aus Grundtuch und hat keine Abzeichen. Die Ärmel sind etwa 8 cm über dem Ende abgesteppt. Auf den Vorderschößen sitzen je eine waagerecht eingeschnittene Tasche mit geschweiften Klappen, ohne Knöpfe. An der rechten Bauchseite ist ein kleiner Schlitz für den Pistolenriemen angebracht. Im Rücken hat die Bluse einen kurzen Schlitz, ohne Riegel. Auf den Schultern sitzt je ein kleiner vergoldeter Knopf. Die Bluse hat keine Vorstöße.

Der kleine Überrock (Abb. 66 und 67) ist ebenfalls aus dunkelgrünem Tuch, im Rücken wie die Bluse geschnitten. Der Stehumlegekragen aus Grundtuch hat hochrote Vorstöße. Vorn in jeder Kragenecke sitzt eine doppelte Blattverzierung aus Metall in mattgoldener Farbe. Bei den Offizieren ist die Blattverzierung aus gelber Seide oder aus Goldfäden gestickt. Die glatten Ärmelaufschläge haben hochrote Vorstöße. Auf jeder Schulter sitzt ein kleiner, vergoldeter Knopf. Der kleine Überrock ist zweireihig, mit je sechs flachen, vergoldeten Knöpfen, die senkrecht unter den Schulterknöpfen stehen. Die Taschen sind wie bei der Bluse angebracht.

Die Dienstgradabzeichen (Achselstücke) haben eine hochrote, steife Unterlage, bei den Wachtmeistern und Kanzleiassistenten aus zwei nebeneinanderliegenden Plattschnüren, die bogenförmig um das Knopfloch geführt werden. Die äußere Silberplattschnur hat blaue Seidendurchzüge, die innere Plattschnur ist dunkelgrün. Die Breite der Achselstücke, die mit einer Schnallzunge versehen sind, beträgt 4 cm. Die Oberwachtmeister und die Gendarmerieassistenten tragen je einen, die Stationskommandanten je zwei goldene Sterne auf ihren Achselstücken.

Die Sicherheitskommissäre und die Gendarmeriesekretäre tragen 4 cm breite Achselstücke auf hochroter Tuchunterlage. Um den äußeren Rand läuft eine flache, blaudurchwirkte Silberplattschnur; nach innen anschließend folgt eine flache, dunkelgrüne Plattschnur. Das Mittelteil besteht aus einem Geflecht von einer blaudurchwirkten Silberplattschnur und einer dunkelgrünen Plattschnur. Die Gendarmeriekommissäre und Gendarmerieobersekretäre tragen die Achselstücke mit je einem, die Verwaltungs-Oberkommissäre mit je zwei goldenen Sternen.

Die Beamten des inneren Dienstes tragen auf den Achselstücken ein 15 mm hohes, weißblaues Rautenwappen mit goldener Fassung. Die Achselstücke werden zur Bluse, zum kleinen Rock oder zum Mantel getragen.

Der Mantel ohne Vorstöße ist aus grauem Tuch mit zwei parallelen Reihen von je sechs flachen, vergoldeten Knöpfen. Der Kragen ist aus dunkelgrünem Tuch, die Ärmel haben glatte Aufschläge. Auf den Vorderschößen sitzen zwei schräg eingeschnittene Taschen mit rechteckigen Klappen. Der Rückenschoß hat einen langen Schlitz, der mit sechs kleinen Goldknöpfen geschlossen werden kann. Am Rücken sitzen zwei dreispitzige Taschenleisten mit je drei Goldknöpfen und ein Querriegel, der mit dem oberen Knopf der Taschenleisten gehalten wird. Auf jeder Schulter ist ein kleiner Goldknopf für die Achselstücke angebracht.

Die Hose ist für alle Dienstgrade gleich, aus schwarzem Tuch, ohne Vorstöße. Sommerhosen aus graubraunem Stoff und schwarze Stiefelhosen sind gestattet.

Die Mütze mit schwarzem Augenschirm hat die steife Form der alten Offiziersmütze. Mütze und Besatzstreifen sind aus dunkelgrünem Grundtuch. Am oberen und unteren Rand des Besatzstreifens und am Tellerrand sind hochrote Vorstöße eingearbeitet. Vorn auf dem Besatzstreifen sitzt die bayerische Kokarde mit geripptem, mattsilbernen Ring und blauer Samtfüllung.

Für die Fußbekleidung gibt es keine bindenden Vorschriften. Schwarzes und braunes Schuhzeug ist zulässig. Zur Stiefelhose können dunkelgraue oder dunkelgrüne Wickelgamaschen oder braune oder schwarze Ledergamaschen getragen werden. Die Handschuhe sind braun.

Das Portepee hat eine runde, geschlossene Quaste aus Silber. Der Schieber und die Eichel sind mit hellblauen Seidenfäden durchflochten. Das silberne Band hat an den Seiten je zwei Reihen hellblauer Durchzüge.

In der Vorschrift von 1922 wird ausdrücklich gesagt, daß Bestimmungen über Helm, Umhang, Wettermantel, Seitengewehr und die Achselstücke der Offiziere zu einem späteren Zeitpunkt erfolgen sollen. Den Angehörigen der Gendarmerie wird vorerst davon abgeraten, sich eigene Seitengewehre zu beschaffen, da zur Zeit keine Bestimmungen über deren Form gemacht werden können. Es werden daher wohl die alten Seitenwaffen aus der Zeit der Monarchie getragen worden sein.

Zum **Helm** wird in einem Schreiben der Landes-Gendarmeriedirektion[3] vom 17. Juni 1922, an das württembergische Landjägerkorps festgestellt, daß »bei der bayerischen Gendarmerie der Helm nicht abgeschafft ist. Allerdings haben die Beamten auf Anregung hin im Jahre 1914 ihre Helme größtenteils an die Heeresverwaltung abgegeben. Eine allmähliche Wiederbeschaffung ist im Gange. Soweit vorhanden, wird der Helm alten Musters bei festlichen Anlässen nach wie vor getragen. Über die Einführung eines neuen Helmmusters schweben zur Zeit Verhandlungen. Es dürfte der Infanterie-Offiziershelm mit gelbem Beschlag eingeführt werden. Das Helmwappen wird voraussichtlich aus einem heraldischen Rautenwappen — zwei Löwen und Eichenlaub — gebildet werden.«

Dieser Aussage steht ein Artikel vom 10. September 1926[4] gegenüber, in dem festgestellt wird, daß die bayerische Gendarmerie zu diesem Zeitpunkt noch immer keinen Helm (oder Tschako) trägt. Eine erneute Einführung wird auch noch nicht erwogen.

Letztlich dürfte es so gewesen sein, daß die Angehörigen der Gendarmerie sich privat einen Helm angeschafft haben, der dem Helm alten Musters entsprochen hat.

Anmerkungen
[1] HStA Stuttgart E 151 c II Bü 369
[2] F. Retzlaff: Der Polizeibeamte, Hamburg/Lübeck, 1925
[3] Deutsches Gendarmerieblatt 1926, Nr. 17, S. 267
[4] HStA Suttgart E 151 c II Bü 369

Die Schutzmannschaft München 1919 bis 1932

In der Landeshauptstadt München hat man es nach dem Ende der Monarchie bei der Schutzmannschaft München als polizeiliche Exekutivgewalt belassen. Sie war und blieb auch weiterhin eine staatliche Polizei, deren Einrichtung nur auf München beschränkt blieb. Mit dem bayerischen Polizeibeamtengesetz vom 24. April 1928[1] wurden die Landespolizei, die Gendarmerie und die Schutzmannschaft München zur Schutzpolizei zusammengefaßt.

Für die Uniformierung der Schutzmannschaft München nach 1918 sind die Quellen bisher spärlich. In den ersten Jahren ist auch hier davon auszugehen, daß aus finanziellen Gründen und aus Gründen der allgemein schlechten Ver-

sorgungslage mit Rohstoffen[2] die alten Uniformen aus der Monarchie aufgetragen wurden.

Gleichzeitig mit den Bestimmungen über neue Uniformen für die bayerische
Gendarmerie im Jahre 1922 (siehe dort) erhält auch die Schutzmannschaft
München neue Bestimmungen. Auch in der bereits bei der Gendarmerie erwähnten Wiederholung der Vorschrift in der Literatur im Jahre 1925[3] wird
die Uniform der Schutzmannschaft im gleichen Wortlaut erwähnt. Es heißt
dort im einzelnen:

Die gleichen Vorschriften (wie für die Gendarmerie/Anm. d. Verf.) sind für
die Schutzmannschaft München maßgebend. Überall da, wo in den Vorschriften die Worte »dunkelgrün« und »hochrot« und »goldene Knöpfe« vorkom-
men, ist dafür zu setzen »dunkelblau«, »karmesinrot« und »silberne Knöpfe«.
Bei der Kragenverzierung heißt es statt »mattgoldener« Farbe »mattsilberne«
Farbe (Abb. 66 u. 67). Das Manteltuch ist schwarz. Die Sommerhose fällt weg.
Gamaschen aus schwarzem Leder sind gestattet. Polizeioffiziere und Beamte
der berittenen Abteilung tragen Sporen. Die Handschuhe sind weiß, zum Pa-
trouillen-, Schub- und Wachdienst sowie zum Radfahren sind braune Handschuhe gestattet. Das Obergewehr (Säbel) fällt weg. Zur Ausrüstung kommt
noch die Signalpfeife.

Mit der Einreihung der Schutzmannschaft in die staatliche Schutzpolizei wird
nichts über eine Veränderung der Uniform ausgesagt. Aufnahmen um 1933
bestätigen auch, daß die Uniform nach Vorschrift von 1922 noch getragen
wurde. Hinzu ist der Helm getreten, in der Form des Helmes aus der Zeit der
Monarchie, mit neusilbernen oder versilberten Beschlägen und mit der alten
Helmzier.

Anmerkungen
[1] Bayerisches Gesetz- und Verordnungsblatt 1928
[2] HStA München -Kriegsarchiv- LaPo M 284
[3] F. Retzlaff, Der Polizeibeamte, Lübeck/Hamburg 1925

Die Polizei der Gemeinden 1919 bis 1932

In den Gemeinden ohne staatliche Polizeiverwaltung wird am 2. August
1922[1] durch den Staatsminister des Inneren folgendes bestimmt:
In Abänderung der Verordnung vom 21. April 1911[2] über die Dienstkleidung
der im äußeren Dienst verwendeten Polizeibeamten der Gemeinden wird folgendes bestimmt:

1. Die Beamten der Besoldungsgruppe IV und V tragen flache Achselstücke, die Beamten der Besoldungsgruppe VI und VII geflochtene Achselstücke nach folgender Anordnung. Die Achselstücke werden zur Bluse, zum kleinen Überrock[3] und zum Mantel getragen.

   a) Flaches Achselstück auf scharlachroter Tuchunterlage, bestehend aus vier nebeneinanderliegenden, flachen Plattschnüren. Die beiden äußeren sind blaudurchwirkte Silberschnüre, die beiden inneren sind dunkelblaue Schnüre. Die Breite beträgt 4 cm. Die Gruppe IV ohne Sterne, die Gruppe V mit je einem silbernen Stern.

   b) Geflochtenes Achselstück auf scharlachroter Tuchunterlage. Am äußeren Rand läuft eine blaudurchwirkte Silberschnur, nach innen anschließend folgt eine flache dunkelblaue Plattschnur. Das Mittelstück besteht aus einem Geflecht aus einer blaudurchwirkten Silberplattschnur und einer dunkelblauen Plattschnur. Die Breite beträgt 4 cm. Die Gruppe VI ohne Stern, die Gruppe VII mit je einem silbernen Stern.

2. Die Verordnung gilt nur für die Gemeinden, die früher städtische Verfassung hatten oder mehr als 5000 Einwohner besitzen.

3. Bestimmungen über Helm, Umhang, Seitengewehr und über die Dienstauszeichnungen der Beamten der höheren Besoldungsgruppen als Gruppe VII, soweit diese im äußeren Polizeidienst zulässig sind, bleiben vorbehalten.

Hier werden also die Uniformen der Monarchie mit kleinen Veränderungen auch weiterhin getragen (Abb. 70).

Anmerkungen

[1] Bayerischer Staatsanzeiger 1922, S. 380
[2] Gesetz- und Verordnungsblatt für das Königreich Bayern 1911, S. 279
[3] Durch Ministerialerlaß vom 24.2.1923 ist der kleine Überrock für die Beamten der gemeindlichen Polizei zugelassen.

Großherzogtum Hessen-Darmstadt

Die Landgrafschaft Hessen-Darmstadt wurde, als sie sich im Jahre 1806 dem Rheinbund anschloß, zum Großherzogtum. Der Wiener Frieden bestätigte den Titel. Einige Gebiete mußten damals abgetreten werden, andere kamen hinzu. Das Großherzogtum erhielt im wesentlichen seine territoriale Gestalt, wie sie bis 1918 Bestand haben sollte, nur nach dem Krieg von 1866 wurden größere Gebiete an Preußen abgetreten.

Mit dem Norddeutschen Bund hatte Hessen-Darmstadt ein Schutz- und Trutzbündnis geschlossen, das die hessischen Truppen im Kriegsfalle unter preußischen Oberbefehl stellte. Nach Ausbruch des deutsch-französischen Krieges trat Hessen-Darmstadt im November 1870 dem Norddeutschen Bund bei. Nach der Reichsgründung war es ein Bundesstaat des Deutschen Reiches.

Die Größe des Landes betrug etwa 7700 qkm, es hatte um 1910 ca. 1,3 Millionen Einwohner. Hessen-Darmstadt war in die Provinzen Starkenburg, Oberhessen und Rheinhessen unterteilt, die Hauptstadt war Darmstadt.

Die Ortspolizei zählte spätestens seit dem Uniformreglement vom 14. Juni 1852 zu der Gruppe der Zivilstaatsdiener. Alle Zivilstaatsdiener, die Uniform zu tragen hatten, wurden in vier Uniformklassen eingeteilt, wobei jede der drei ersten Klassen wiederum in drei Abteilungen unterteilt wurden. Die vierte Klasse hatte keine Unterteilung. Unabhängig von der genannten Einteilung gab es noch die Gruppe der »niederen Zivildiener«. Diese Gruppe wurde ebenfalls in drei Abteilungen unterteilt. Zur Gruppe der »niederen Zivildiener« gehörten alle Polizeibeamte, die nicht Offizier waren.

Es ist bemerkenswert, daß das Uniformreglement vom 14. Juni 1852 für den Bereich der Ortspolizei bis 1918, bis zur Auflösung des Großherzogtums Hessen, kaum Veränderungen unterworfen wurde. In den Archiven lassen sich nur wenige Änderungsvorschriften finden; und eine Änderungs- und Aufhebungsvorschrift aus den 20er Jahren dieses Jahrhunderts für die Uniformen der Ortspolizei enthält eine Auflistung aller nun ungültigen Bestimmungen. Diese Auflistung bestätigt die seltene Gleichförmigkeit der Uniformen der Ortspolizei über einen langen Zeitraum. Ein Grund für diese Gleichförmigkeit kann in der Tatsache vermutet werden, daß im Jahre 1876 im Großherzogtum Hessen eine Schutzmannschaft gegründet wurde. Zu Beginn nur für die Haupt- und Residenzstadt Darmstadt eingerichtet, wurde die Schutzmannschaft schon bald in allen größeren und bedeutenden Städten des Großherzogtums an die Stelle der bisherigen Ortspolizei gesetzt. Die alte Ortspolizei bestand also nur noch in den kleinen Dörfern und Gemeinden. Dort war es in der Regel ausreichend, die vorhandenen Stellen mit »niederen Zivildienern« zu besetzen. Die Offiziersdienstgrade dürften nach allen Erkenntnissen für den Bereich der Ortspolizei die Ausnahme gewesen sein.

Die geringe Gesamtstärke dieser Beamtengruppe brachte es wohl mit sich, daß sie, wenn es um Änderungen in der Bekleidung ging, ausgeklammert wurden. Ein weiterer Grund ist die durchaus übliche Praxis der Polizeibeamten kleiner Orte gewesen, als Zeichen ihres Amtes, also als Uniform, lediglich die Dienstmütze zur zivilen Kleidung zu tragen. Das erschien in der damaligen Abgeschlossenheit kleinerer Gemeinden als durchaus ausreichend und war finanziell nicht so aufwendig.

In Darmstadt wurden die polizeilichen Aufgaben von Beamten der Ortspolizei und von den Angehörigen der Gendarmerie-Brigade Darmstadt II wahrgenommen. Am 1. Januar 1876 kam es zur Gründung der hessischen Schutzmannschaft. Sie war militärisch organisiert, gehörte aber nicht dem Soldatenstande an. Organisation und Uniformierung der Großherzoglich-Hessischen Schutzmannschaft lassen den Schluß zu, daß man sich bei der Aufstellung dieser Polizei in vielen Bereichen an der Königlichen Schutzmannschaft von Berlin orientiert hat. Als Grundlage für die Anstellung der Schutzmänner sollten in der Regel die Bestimmungen herangezogen werden, wie sie bei der Gendarmerie des Großherzogtums Gültigkeit hatten.

Einige Jahre nach Gründung der Schutzmannschaft wurden auch in anderen Städten Schutzmannschaften errichtet. Zu Beginn dieses Jahrhunderts gab es sie in allen größeren Städten des Großherzogtums.

Das Gendarmeriekorps war militärisch organisiert. Ihre Angehörigen gehörten dem Soldatenstande an und unterlagen der militärischen Gerichtsbarkeit. In bezug auf die polizeiliche Verwendung und die Stationierung unterstand das Korps jedoch dem Ministerium des Inneren.

Das hessische Gendarmeriekorps hatte in der Regel eine Stärke von drei bis vier Offizieren und etwa 200 bis 250 Wachtmeister und Gendarmen. Es war in Divisionen (ab dem 23. Mai 1880 in Distrikte) unterteilt, die den Provinzen entsprachen. Die Distrikte unterteilten sich in Sektionen und Stationen. Der Korpsstab mit dem Kommandeur hatte seinen Sitz in Darmstadt. Der Kommandeur war in der Regel ein Oberst, die Distriktskommandeure waren Stabsoffiziere. Die Oberwachtmeister und Wachtmeister des Gendarmeriekorps hatten den Rang der Wachtmeister, die übrigen Gendarmen den der

Unteroffiziere der Armee. Der Nachwuchs wurde durch geeignete Unteroffiziere der großherzoglich-hessischen Division gestellt. Diese mußten neun Jahre gedient haben; davon fünf (in Ausnahmefällen drei) Jahre als Unteroffizier.

Die Gendarmerie 1872 bis 1918[1]

Der Waffenrock der Gendarmen ist vom gleichen Schnitt wie er beim Militär getragen wird. Er ist einreihig, mit acht Knöpfen auf der Brust. Im Rückenschoß befinden sich zwei geschwungene Schoßtaschenleisten mit je drei Knöpfen. Ab dem 1. März 1884 ist der Schoß geschlitzt[2]. Die Grundfarbe der Waffenröcke ist dunkelgrün (russisch-grün), die Vorstöße sind karmesinrot und die Knöpfe und Litzen sind silberfarben. Der karmesinrote Stehkragen hat dunkelgrüne Vorstöße und eine gewebte Silbertresse um den Kragenrand. Vorn an jeder Kragenseite befinden sich zwei, ab dem 1. November 1884[3] nur noch eine gewebte Kragenlitze. Die Litzen sind hinten abgeflacht, ab dem 1. März 1884 jedoch hinten spitz auslaufend. Jede Litze hat am hinteren Ende einen kleinen Knopf. Gendarmen, denen das silberne Portepee verliehen ist, tragen auf jeder Kragenseite, etwa in Höhe des Schulterknopfes, einen großen Auszeichnungsknopf, der in erhabener Prägung den hessischen Löwen zeigt. Die Auszeichnungsknöpfe können ab dem 13. Mai 1887 auch an Gendarmen verliehen werden, denen die Stellung eines Stationskommandanten übertragen ist[4].

Die Ärmel haben brandenburgische Aufschläge. Die Aufschläge sind karmesinrot mit dunkelgrünen Vorstößen. Die Patten sind dunkelgrün mit karmesinroten Vorstößen. Auf jeder Patte befinden sich, untereinander angeordnet, drei Litzen mit Knöpfen. Die Litzen ändern ihre Form, wie bereits bei den Kragenlitzen beschrieben. Um den oberen Rand der karmesinroten Aufschläge läuft eine Silbertresse, wie am Kragen beschrieben.

Auf den Schultern werden **Kleeblätter** aus weißer Wolle getragen. Die Kleeblattstege sind aus Silbertresse mit karmesinrotem Unterfutter. Ab dem 13. Juni 1888 dürfen die Kleeblätter nur noch zur Parade angelegt werden[5]. Zum gewöhnlichen Dienst werden nur noch die Schulterklappen getragen.

Die **Achselschnüre** aus weißer Wolle werden auf der linken Brustseite getragen. Sie werden am zweiten Knopf des Waffenrockes befestigt und unter dem linken Arm und der linken Schulterauflage durchgeführt (Abb. 36).

Am 17. Januar 1880[6] erhalten die Mannschaften der Gendarmerie die Erlaubnis, alle Abzeichen, die sie während ihrer Dienstzeit in der Armee erworben haben (Sergeantenknöpfe, Lehrschnur, Schießschulknöpfe, Schützenabzeichen, Zentrale Turnanstalt, Unteroffiziersschule und Stabswachenschnur) auch zur Gendarmerieuniform anzulegen. Ab 1894 wird diese Bestimmung, mit Ausnahme der Sergeantenknöpfe, wieder aufgehoben[7].

Der Waffenrock des Brigadiers (ab dem 23. Mai 1880 Wachtmeister) gleicht dem der Gendarmen. Am Kragen tragen sie immer den großen Auszeichnungsknopf. Ab dem 7. November 1888 erhalten die Wachtmeister quer über jede Schulterklappe eine 9 mm breite Silbertresse[8]. Die Kleeblätter und Achselschnüre werden wie bei den Gendarmen getragen.

Der Waffenrock des Oberbrigadiers (ab dem 23. Mai 1880 Oberwachtmeister) gleicht dem der Wachtmeister. Die Oberwachtmeister tragen Schulterklappen mit einer 9 mm breiten Einfassung aus Silbertresse an den Seiten und in der Spitze. Die Kleeblätter der Oberwachtmeister sind aus weißer Wolle, die mit Silberfäden durchzogen sind. Die weißwollenen Achselschnüre sind bis zum 17. November 1888 mit Silberfäden durchzogen, danach ganz weiß, wie bei den Gendarmen[9].

Der Überrock des Oberwachtmeisters gleicht dem der Offiziere, jedoch hat der Kragen eine Einfassung aus Silbertresse und auf jeder Seite einen Auszeichnungsknopf wie am Waffenrock.

Die Hosen sind aus graumeliertem, ab dem 20. Juni 1879 aus dunkelblauem Tuch, mit karmesinroten Vorstößen in den Außennähten[10]. Die engen Reithosen mit Lederbesatz sind ohne Vorstöße. In den Sommermonaten können von den Mannschaften Drillichhosen getragen werden, die ab dem 17. November 1886 durch hellgraue Hosen ersetzt werden. An den Sommerhosen befinden sich keine Biesen.

Der Mantel der Mannschaften ist dunkelgrau, mit einer Reihe von sechs weißmetallenen Knöpfen. Auf der Unterseite des breiten Klappkragens aus Grundtuch befindet sich je ein regulärer Knopf, beziehungsweise ein Auszeichnungsknopf. Die Knöpfe dienen zum Schließen des Kragens, wenn dieser hochgeschlagen wird. Vorn auf jeder Seite des Kragens befindet sich bei den Gendarmen eine karmesinrote Patte mit einer Litze aus weißem Leinen. Die Litze hat einen ponceauroten Mittelstreifen, bei den Oberwachtmeistern zwei Streifen auf einer Litze aus Silbertresse. Auf den Vorderschößen des Mantels befindet sich je eine schräg eingeschnittene Tasche mit Klappe. Die Hinterschöße haben glatte Schoßpatten und einen Querriegel mit Knopf.

Der Mantel der berittenen Mannschaften ist länger, ab dem 29. Juni 1875 mit einem Reitschlitz, der durch kleine Knöpfe geschlossen werden kann.

Der Helm der Gendarmen ist aus schwarzem Leder mit rundem Vorderschirm und mit Hinterschirm. Alle Metallteile sind aus Neusilber. Der Zierat besteht aus dem schreitenden hessischen Löwen mit der Krone, der das aufgerichtete Schwert in der rechten Pranke hält (Abb. 36). Der Löwe ist umgeben von einem oben offenen Kranz aus Lorbeer- (rechts) und Eichenblättern (links). Am Helm werden immer gewölbte Schuppenketten getragen. Die Befestigung der Schuppenketten erfolgt durch eine Rosette mit Schlitzschraube. Zwischen 1887 und 1891 wird sie an einer Hakenbefestigung getragen. Die Helme dieser Zeit haben keine Metalleinfassung an den Vorderschirmen. Ab 1891 wird der Knopf 91 als Schuppenkettenbefestigung eingeführt und die Helme haben auch wieder eine Einfassung des Vorderschirmes.

Unter der rechten Schuppenkettenbefestigung befindet sich die hessische Kokarde, ab dem 7. April 1897 die Reichskokarde[11]. Die hessische Kokarde wird dann unter der linken Schuppenkette getragen. Die weißen Ringe der Kokarde sind ausgemalt, bei Gendarmen, denen das silberne Portepee verliehen worden ist, aus Neusilber, aufgelegt.

Die Helmspitze hat immer eine Kreuzblattbasis, die bei allen Dienstgraden mit Buckelschrauben am Helm befestigt wird. Der Spitzenhals ist glatt. Im unteren Teil der Spitze befindet sich eine waagerechte Wulst, darüber ist die Spitze fünfmal senkrecht gekehlt.

Zur Parade tragen die Gendarmen einen Haarbusch aus schwarzem Roßhaar. Zur Befestigung des Haarbusches wird bei den Fußgendarmen lediglich der senkrecht gekehlte Teil der Spitze abgeschraubt, bei den berittenen Gendarmen auch noch der waagerechte gekehlte Teil. Entsprechend ändern sich die Buschtrichter.

Der Gendarmeriehelm entspricht dem Helm, wie er bei den Dragonern des Großherzogtums Hessen getragen wird.

Der Helm der Wachtmeister und Oberwachtmeister gleicht dem Helm der Gendarmen, nur sind die weißen Reifen an den Kokarden immer aus Neusilber, aufgelegt.

Die Mütze der Mannschaften hat die Form der Offiziersmütze der Armee, mit kurzem schwarzen Augenschirm. Das Grundtuch ist dunkelgrün, mit Besatzstreifen und Vorstoß am Deckelrand aus karmesinrotem Tuch. Vorn auf dem Besatzstreifen wird die hessische, ab 1897 die deutsche Kokarde getragen. Für die Kokarden an der Mütze gilt sinngemäß, was für die Helmkokarde gesagt ist (Abb. 71).

Die Seitenwaffe der Gendarmen und Wachtmeister ist ein kurzer, leicht gekrümmter Säbel in einer schwarzen Lederscheide mit neusilbernen Beschlägen. Am Mundblech befindet sich ein Tragehaken. Der weißmetallene eckige Bügel der Waffe geht in die Parierstange über. Der schwarze Griff hat eine Silberdrahtwicklung und wird teilweise von einer Griffkappe umschlossen. Während der Bewaffnung mit französichen Chassepot-Gewehren tragen die damit ausgerüsteten Gendarmen zusätzlich noch das zu dieser Schußwaffe gehörige Yatagan-Bajonett.

Die berittenen Gendarmen und Wachtmeister tragen den Säbel der Chevauleger-Regimenter, einen gebogenen Säbel mit schwarzer Lederscheide mit weißen Beschlägen. Der Säbel hat als Gefäß einen durchbrochenen Stahlkorb nach österreichischem Muster. Die Säbelscheide hat zwei Traginge.
Die Mannschaften zu Fuß tragen die Blankwaffe in einer Ledertasche am übergeschnallten Leibriemen. Die Berittenen tragen die Blankwaffe an einem Unterschnallkoppel.
Gendarmen und Wachtmeister, denen die Offiziersseitenwaffe verliehen worden ist, tragen diese in einer schwarzen Lederscheide mit neusilbernen Beschlägen am übergeschnallten Leibriemen.
Das Säbeltroddel ist aus weißer und roter Wolle, mit offenem Quast an einem weißen Band. Die Berittenen tragen es an einem rotjuchtenem Schlagriemen. Die Verleihung des Offiziersportepees an die Mannschaften kann nach einer langjährigen vorwurfsfreien Dienstzeit erfolgen. Die Dienstzeiten verändern sich im Laufe der Jahre wie folgt:

1. Januar 1876[12]	nach 15 Jahren Gesamtdienstzeit, davon 3 Jahre bei der Gendarmerie.
8. Oktober 1891[13]	nach 12 Jahren Gesamtdienstzeit, davon 2 Jahre bei der Gendarmerie.
14. Dezember 1903[14]	nach 10 Jahren Gesamtdienstzeit, davon 1 Jahr bei der Gendarmerie.

Gendarmen, die bereits in der Armee die Berechtigung zum Tragen des silbernen Offiziersportepees erworben haben, tragen dieses auch bei der Gendarmerie. Das Offiziersportepee wird an der vorschriftsmäßigen Blankwaffe getragen, ab 1879 jedoch am übergeschnallten Offizierssäbel.
Der Leibriemen der Gendarmen aus schwarzem Leder hat eine Löwenkopfschließe wie bei den Offizieren. Ab dem 28. Mai 1879 werden Kastenschlösser mit der erhaben geprägten hessischen Krone eingeführt[15].
Die Gendarmen zu Fuß tragen am Leibriemen eine schwarze Patronentasche mit Beschlägen wie an dem Kartuschkasten der Berittenen. Die Patronentasche wird hinten, ab dem 17. November 1888 vorne am Leibriemen getragen.
Das Bandelier der berittenen Mannschaften ist aus schwarzem Leder mit weißen Beschlägen. Auf dem Deckel des schwarzen Kartuschkastens befindet sich ein gekröntes »L«, ab 1892 »EL«.
Die Seitenwaffe der Oberwachtmeister ist der Offizierssäbel, jedoch in einer schwarzen Lederscheide. Lediglich die berittenen Oberwachtmeister tragen ihn in einer blanken Stahlscheide. Ab dem 7. November 1889 tragen alle Oberwachtmeister den Offizierssäbel in einer blanken Stahlscheide[16]. Die Seitenwaffe wird immer am übergeschnallten Leibriemen mit dem Offiziersportepee getragen.

Der Waffenrock der Offiziere gleicht denen der Mannschaften, jedoch entfallen die Silbertressen an Kragen und Aufschlägen. Am Kragen werden zwei gestickte Silberlitzen mit Knopf übereinander getragen. Die Litzen an den Ärmelpatten sind ebenfalls gestickt. Die Knöpfe sind versilbert. Die Litzen an den Waffenröcken der Offiziere sind deutlich breiter als bei den Mannschaften.

Die Rangklassen der Offiziere werden durch Schulterstücke oder Epauletten angezeigt. Die Offiziere tragen **Schulterstücke** nach dem Muster des Militärs. Auf einer steifen karmesinroten Unterlage befinden sich Silberplattschnüre, die mit roten Seidenfäden durchzogen sind. Bei den Stabsoffizieren sind die Plattschnüre geflochten, sonst liegen sie nebeneinander und sind bogenförmig um das Knopfloch geführt. Die Gradunterschiede werden durch vergoldete, vierspitzige Sterne angezeigt. Eine weitere Auflage gibt es nicht. Die Schulterstücke können wahlweise mit und ohne Achselschnüre getragen werden.

Die Epauletten haben Feld und Schieber aus Silberstoff auf karmesinroter Unterlage. Die Schieber sind mit einer Silbertresse besetzt, die rote Durchzüge hat. Die silbernen Halbmonde sind glatt. An den Epauletten der Stabsoffiziere befinden sich zusätzlich lose Silberkantillen. Die Gradunterschiede werden wie auf den Schulterstücken angezeigt. Die Epaulettenhalter sind aus karmesinrot unterlegten Epaulettentressen. Zu den Epauletten, die nur zur Parade, zu feierlichen Anlässen oder auf besonderen Befehl angelegt werden dürfen, werden immer die Achselschnüre getragen. Die Achselschnüre der Offiziere sind aus Silberrundschnur.

Der Überrock der Offiziere hat die Farbe der Waffenröcke, mit Kragen und Vorstößen an den Schoßtaschenleisten aus karmesinroter Abzeichenfarbe. Der Stehkragen ist dunkelgrün vorgestoßen. Die Schoßtaschenleisten haben je drei Knöpfe wie am Waffenrock. Die Überröcke werden mit zwei Reihen parallel verlaufender Uniformknöpfe, je sechs in einer Reihe, geschlossen. Auf den Schultern werden die Schulterstücke wie am Waffenrock getragen.

Die Hosen der Offiziere sind wie bei den Mannschaften. Allerdings werden keine Sommerhosen getragen. Am 20. Juni 1879 erhalten die Offiziere zur Galahose noch zusätzlich zwei breite Streifen (Lampassen) zu beiden Seiten der Biesen. Die Lampassen sind karmesinrot.

Der Paletot der Offiziere ist aus dunkelgrauem, ab 1893 aus hellgrauem Manteltuch, mit einem breiten, dunkelgrünen Klappkragen, der karmesinrot unterfüttert ist. Der Paletot hat zwei Schoßtaschenleisten mit je drei Knöpfen und einem Riegel, der mit einem Knopf geschlossen wird. Die Ärmel haben runde Aufschläge. Der Paletot wird doppelreihig mit zwei Reihen von je sechs neusilbernen Knöpfen geschlossen. Zum Paletot werden die üblichen Schulterstücke getragen.

Der Helm der Offiziere gleicht dem der Wachtmeister. Die Beschläge sind jedoch versilbert. Der Paradehaarbusch ist aus schwarzem Büffelhaar.
Die Mütze der Offiziere unterscheidet sich nicht von den Mützen der Wachtmeister der Gendarmerie.
Der Offizierssäbel hat nach österreichischem Vorbild ein breites, durchbrochenes Bügelgefäß aus weißem Metall, mit abwärts gebogener Parierstange. Der schwarze Griff hat eine Silberdrahtwicklung. Die leicht gebogene Klinge hat eine weiße Metallscheide mit zwei Trageringen. Die Offiziere tragen die Blankwaffe untergeschnallt, zur Parade an einem Säbelkoppel aus Silberborte, das mit zwei ponceauroten Streifen durchzogen ist. Das Koppel ist mit rotem Leder unterlegt. Das Interimskoppel ist aus schwarzem Leder. Als Schließe dienen zwei silberfarbene Löwenköpfe, die mit einem Haken in der Form eines liegenden »S« verbunden werden.
Das Portepee der Offiziere ist aus Silber mit roten Durchzügen und hat ein Band aus schwarzem Leder, das mit Silberfäden und roter Seide durchzogen ist.
Das Bandelier der Offiziere ist aus Silberborte, mit zwei eingewebten roten Streifen. Das Unterfutter ist aus rotem Leder. Der Beschlag ist aus Silber; auf der Brust ein Löwenkopf mit zwei Kettchen und Räumnadeln und einem ovalen Schild mit zwei Räumnadelhülsen. Die Seitenteile des schwarzledernen Kartuschkastens sind mit Silber beschlagen, oben mit Löwenköpfen und Ring. Auf dem Deckel befindet sich ein gekröntes »L« mit Lorbeer- und Eichenkranz. Ab 1892 wird der Namenszug in »EL« geändert. Der ganze Deckel ist aus Silber. Das Interimsbandelier und die Kartusche sind aus schwarzem Leder. Auf der Mitte des Bandeliers befindet sich eine Reihe weißer Knöpfe, der Namenszug auf dem Deckel der Kartusche ist geprägt.
Das Dienstzeichen ist eine silberfarbene Schärpe, die mit drei ponceauroten Streifen versehen ist. Die Schärpe wird um den Leib geschnallt. An der linken Hüfte befinden sich zwei Quasten. Zum gewöhnlichen Dienst wird eine Feldbinde aus Schärpenband mit einem runden Schloß aus Neusilber getragen, auf dem die hessische Krone erhaben geprägt ist.

Anmerkungen
[1] Für das Folgende: Fritz Buch, Geschichte des Großherzoglich-Hessischen Gendarmeriekorps, Darmstadt 1905
[2] Militär-Verordnungsblatt 1884, S. 104 f.
[3] ebenda, S. 106
[4] ebenda, 1887, S. 128
[5] ebenda, 1888, S. 134 f.
[6] ebenda, 1880, S. 77
[7] wie Anm. 1, S. 151

[8] Militär-Verordnungsblatt 1888, S. 136
[9] ebenda
[10] wie Anm. 1, S. 152
[12] Militär-Verordnungsblatt 1876, S. 33 f.
[13] ebenda, 1891, S. 164
[14] wie Anm. 1
[15] Militär-Verordnungsblatt 1879, S. 66
[16] ebenda, 1889, S. 147

Die Schutzmannschaft 1876 bis 1918[1]

Der Waffenrock des Schutzmannes aus dunkelblauem Grundtuch wird vorn mit zwei Reihen von je acht Knöpfen geschlossen. Die Ärmel haben runde, schwedische Aufschläge, die Schoßtaschenleisten sind geschweift. Der Waffenrock reicht bis zum halben Oberschenkel. In späteren Jahren wird er immer länger und bedeckt zuletzt das Knie. Der abgerundete Stehkragen und die Ärmelaufschläge sind aus indigoblauem Tuch, mit einer Silbertresse besetzt. Die Achselklappen sind aus Grundtuch. Der Waffenrock hat indigoblaue Vorstöße am linken Vorderstück, an den Schoßtaschenleisten und an den Achselklappen, auf denen in neusilbernen Ziffern die Ordnungsnummer angebracht ist, unter der der Mann in den Listen geführt wird. Am Waffenrock befinden sich 22 neusilberne Knöpfe, die in erhabener Prägung das großherzoglich hessische Wappen zeigen. Auf der Brust zwei Reihen mit je acht Knöpfen, auf den Schoßtaschenleisten befinden sich je drei Knöpfe und auf den Schultern und in jeder Ecke der Ärmelaufschläge befindet sich je ein kleiner Knopf (Abb. 39 und 75).

Der Waffenrock des Rottmeisters (ab dem 5. März 1889 Wachtmeister[2]) gleicht dem des Schutzmannes mit dem Unterschied, daß er zu beiden Seiten des Kragens, in Höhe der Achselklappen, je einen großen Auszeichnungsknopf (Wappenknopf) hat. Ab dem 5. März 1889 erhalten die Wachtmeister statt der bisherigen Achselklappen aus Grundtuch solche aus indigoblauem Abzeichentuch. Die Achselklappen sind jetzt etwas schmaler, sie haben an den Seiten und oben herum einen silbernen Tressenbesatz. Auf den Achselklappen befindet sich jetzt das 38 mm lange und 20 mm breite großherzogliche Wappen mit der Krone. Wie bereits erwähnt, ist die Einführung des Dienstgrades Oberwachtmeister zwar gesichert, aber nicht überall nachgewiesen. Auch der Zeitpunkt der Einführung dieses Dienstgrades ist nicht mehr feststellbar. Aus vorhanden Abbildungen (Abb. 40) geht hervor, daß die Oberwachtmeister die

Uniform der Wachtmeister tragen. Auf den Wachtmeister-Achselklappen tragen die Oberwachtmeister zusätzlich je einen weißen Stern.

Die Litewka aus dunkelblauer Serge wird am 23. November 1901 zum sogenannten kleinen Dienst eingeführt[3]. Sie wird mit sechs Hornknöpfen unter einer verdeckten Knopfleiste geschlossen. Auf der Knopfleiste werden sechs Knöpfe wie am Waffenrock blind aufgenäht. Der Stehumfallkragen ist aus Grundtuch. In jeder Kragenecke befindet sich eine rechteckige Patte aus indigoblauem Tuch. Die Patten haben im hinteren Bereich einen kleinen, glatten Knopf aus Neusilber.

Die Achselklappen und die handbreiten Ärmelaufschläge aus Grundtuch haben indigoblaue Vorstöße. In den Ecken der Aufschläge befindet sich je ein kleiner Wappenknopf, wie am Waffenrock. Die Achselklappen werden ebenfalls mit einem kleinen Wappenknopf gehalten. An der Litewka werden die Dienstnummern wie am Waffenrock getragen. Im Rücken hat die Litewka einen Taillengurt, in der Mitte mit drei großen, neusilbernen Wappenknöpfen. Die Schoßtaschenleisten entfallen. Die Wachtmeister tragen zur Litewka die Achselklappen ihres Dienstgrades.

In einer Vorschrift aus dem Jahre 1913[4] wird die Litewka wie folgt beschrieben: die Wappenknöpfe sind durchgeknöpft, der niedrige Stehkragen und die schwedischen Ärmelaufschläge aus indigoblauem Tuch haben silbernen Tressenbesatz. Über den Ärmelaufschlägen befindet sich je ein kleiner Wappenknopf in Höhe der äußeren Ärmelnaht. Diese Form der Litewka wird in einem Reglement für die Schutzmannschaft Mainz beschrieben. In der Primärliteratur läßt sie sich nicht nachweisen.

Der Überrock der Wachtmeister und Oberwachtmeister (Abb. 40) wird ab dem 5. März 1889 gestattet. Er darf von den entsprechenden Dienstgraden zum gewöhnlichen Dienst getragen werden. Der Überrock aus dunkelblauem Grundtuch ist knielang, mit zwei Reihen von je sechs glatten, silberfarbenen Knöpfen auf der Brust. Die Schoßtaschenleisten sind gerade, mit zwei Knöpfen auf jeder Taschenleiste. Der Stehkragen und die Rollaufschläge sind aus Grundtuch. Auf den Schultern werden die Achselklappen wie am Waffenrock getragen. Der Überrock hat am Kragen, den Aufschlägen, den Schoßtaschenleisten und vorne herunter indigoblaue Vorstöße.

Die Hosen, für alle Dienstgrade gleich, sind aus dunkelgrauem Tuch mit indigoblauem Vorstoß in den äußeren Längsnähten. Im Sommer können auch weiße Hosen aus ungebleichtem Leinen, jedoch ohne Vorstöße, getragen werden.

Der Mantel des Schutzmannes ist aus dunkelblauem Tuch, er reicht bis zum halben Unterschenkel. Der Umlegekragen aus Grundtuch hat in jeder Ecke eine Patte. Diese und die Vorstöße am Kragen sind aus indigoblauem Tuch. Die Aufschläge aus Grundtuch haben je einen kleinen Knopf in den Ecken. Auf den Taschenklappen der schräg eingeschnittenen Vorderschoßtaschen befindet sich je ein Knopf. Der Mantel hat zwei Reihen mit je sechs Knöpfen. Alle Knöpfe sind aus Neusilber. An den Kragen kann ein breiter Radkragen mit Kapuze angeknöpft werden. Zum Mantel werden die Achselklappen wie am Waffenrock getragen.

Der Helm des Schutzmannes ist aus schwarzem Leder, mit Vorder- und Hinterschirm. Beide Schirme haben eine Metalleinfassung und über den Hinterhelm läuft eine Helmschiene. Die gereifte Kugelspitze wird mit einem Kreuzblattbeschlag und vier Buckelschrauben am Helmkörper befestigt. Als Helmzier wird der gekrönte Namenszug des Fürsten getragen. Bei Gründung der Schutzmannschaft ein gekröntes »L«, ab 1892 ein gekröntes, verschlungenes »EL«. Zum Helm werden immer gewölbte Schuppenketten getragen. Unter der rechten Schuppenkettenbefestigung wird die hessische Kokarde in den Farben weiß und rot, aus Metall, getragen. Die Reichskokarde wird von der Schutzmannschaft nicht angelegt. Alle Metallbeschläge am Helm sind aus weißem Metall, Neusilber oder versilbert. Ein Haarbusch zur Parade wird nicht getragen. Zum Dienst tragen die Schutzmänner immer den Helm.

Der Helm der Wachtmeister gleicht dem der Schutzmänner, nur wird der weiße Reif an der Kokarde aus Neusilber aufgelegt.

Die Mütze hat die Form der Offiziersmütze des Militärs (Abb. 40), mit kurzem, schwarzen Augenschirm. Das Grundtuch der Mütze ist dunkelblau. Der Besatzstreifen und der Vorstoß am Deckelrand sind aus indigoblauem Tuch, bei den Oberwachtmeistern aus indigoblauem Samt. Vorn, auf der Mitte des Besatzstreifens, befindet sich die hessische Kokarde aus Metall. Seit dem 5. März 1889 wird an der Mütze der Mannschaften, über der Kokarde, eine vergoldete Fürstenkrone getragen (Abb. 38).

Die Seitenwaffe der Schutzmänner und Wachtmeister ist ein leicht gebogener, kurzer Säbel. Die schwarze Lederscheide hat Ortblech und Mundblech mit Tragehaken aus Neusilber. Das Gefäß mit einem glatten Bügel, der in die Parierstange mit Parierlappen übergeht, ist vernickelt. Der schwarze Griff hat eine Griffkappe. Die Griffwicklung ist aus Silberdraht. Die Waffe wird an einem schwarzledernen Unterkoppel unter dem Rock getragen. An Sonn- und Feiertagen und bei festlichen Anlässen wird die Seitenwaffe untergeschnallt, jedoch mit einer durchgesteckten Lasche über dem Rock getragen.

Ab dem 5. März 1889 erhalten die Seitenwaffen an der Scheide ein Mittelortblech, der Tragehaken entfällt. Am Mundblech und am Mittelortblech werden Trageringe angebracht und die Waffe wird an zwei Hängeriemen untergeschnallt getragen. In späteren Jahren entfallen das Mittelortblech und der zweite Hängeriemen.

Das Portepee ist aus weißer Wolle mit roten Durchzügen. Die Quaste ist geschlossen, das Band ist ebenfalls aus weißer Wolle.

57 **Großherzogtum Baden**
Waffenrock für einen Oberwachtmeister der Gendarmerie.

58 **Großherzogtum Baden**
Wie Nr. 57, Grundtuch dunkelgrün, Besatztuch kornblumenblau, Abzeichentuch ponceaurot.
Knöpfe, Tressen und Litzen goldfarben. Auf den Schulterklappen
eine silberne Tresse mit gelben
und roten Durchzügen als Gradabzeichen für Oberwachtmeister.

59 Großherzogtum Baden
Waffenrock in Form eines Überrockes für die Angehörigen der staatlichen Polizei der größeren Städte, Grundtuch blau, Knöpfe und Tressen goldfarben, Vorstöße, Kragen und Schulterklappen kaliblau.

60 Großherzogtum Baden
Waffenrock für einen Wachtmeister der staatlichen Polizei. Am Kragen der große Auszeichnungsknopf mit dem Greif, Tressenbesatz 36 mm breit.

61 Großherzogtum Baden
Waffenrock für einen Sergeanten der staatlichen Polizei. Der vorschriftsmäßige Auszeichnungsknopf fehlt, die Tressen sind 24 mm breit. Auf den Achselklappen die doppelte Dienstauszeichnungstresse für 18jährige Dienstzeit.

62 **Königreich Bayern**
Offiziershelm der Gendarmerie M 1856, noch in der sehr hohen Form; ab 1873 wird der Namenszug auf einem achtstrahligen Stern getragen.

63 **Königreich Bayern**
Offiziershelm der Gendarmerie M 1886, hier mit dem 1896 eingeführten kleineren Wappenschild.

131

64 **Königreich Bayern**
Waffenrock der Gendarmerie, für
Sergeanten und Vizewachtmeister
(vor 1912) mit dem großen Auszeichnungsknopf am Kragen.

65 **Königreich Bayern**
Wie Nr. 64, Grundtuch dunkel-
grün, Aufschläge, Kragen und
Vorstöße hochrot. Der Kragen
hat hier die 1886 eingeführten
dunkelgrünen Vorstöße. Die
Stadtkompanie München der
Gendarmerie trägt (bis zur Auflö-
sung im Jahre 1898) hochrote
Schulterklappen.

66 Freistaat Bayern
Kleiner Überrock der Gendarmerie,
dunkelgrün mit hochroten Vorstößen. Die Blattzier am Kragen und
die Knöpfe sind vergoldet. Der Rock
trägt die Achselstücke eines Sicher-
heitskommissärs.

67 Freistaat Bayern
Wie Nr. 66. Der gleiche Rock wurde
von der Schutzmannschaft München
aus dunkelblauem Grundtuch mit
karmesinroten Vorstößen und silbernen Knöpfen und Blattzier getragen.
Die hier gezeigte Blattzier wurde vor
1918 von den Grenzaufsehern getragen.

68 **Freistaat Bayern**
Waffenrock für einen Offizier
der Landespolizei. Grundtuch
stahlgrün, Besatztuch schwarz,
Knöpfe und Doppellitze silberfarben.

69 **Freistaat Bayern**
Wie Nr. 68, mit Achsel-
stücken für einen verabschie-
deten Oberst, hier bereits mit
den im Jahre 1933 eingeführten gelben Gradsternen.

70 **Freistaat Bayern**
Rockbluse der Polizei der Gemeinden, Grundtuch dunkelblau.

71 **Großherzogtum Hessen**
Mütze der Gendarmerie, Grundtuch dunkelgrün, fast schwarz, Besatzstreifen und
Vorstoß ponceaurot.

135

72 **Großherzogtum Hessen**
Gendarmeriekorps im Jahre 1905.

73 Großherzogtum Hessen
Revierkommissär der Schutzmannschaft Darmstadt im Gründungsjahr 1876, Grundtuch des Waffenrockes dunkelblau, Besatztuch kaliblau, Knöpfe und Helmbeschläge silberfarben.

74 Großherzogtum Hessen
Wie Nr. 73, Revierkommissär in Überrock und Mütze.

75 Großherzogtum Hessen
Wie Nr. 73, jedoch Schutzmann in Waffenrock und Helm.

76 **Großherzogtum Hessen**
Polizeirat der Schutzmannschaft um 1910, Helm mit gelben Beschlägen.

77 Königreich Württemberg
Major der Landjäger vor 1907, die Epaulettenfelder sind noch ohne Namenszug.

78 **Königreich Württemberg**
Waffenrock für Landjäger,
Grundtuch dunkelgrün, Besatz-
tuch kornblumenblau, Abzei-
chentuch ponceaurot. Knöpfe,
Tressen und Litzen gelb.

79 **Königreich Württemberg**
Wie Nr, 78, Kragen und Achselklappen für einen Stationskommandanten. Die Achselklappen
tragen unterhalb der silbernen
Doppeltresse den im Jahre 1907
verliehenen Namenszug.

80 **Reichslande**
Berittener Wachtmeister
der Reichsgendarmerie.
Aufnahme zwischen 1897
und 1901, noch mit wei-
ßem Lederzeug. Am Ka-
valleriesäbel M 52/79 das
Offiziersportepee.

81 **Reichslande**
Achselstück für einen Ma-
jor der Reichsgendarmerie
vor 1902. Silberplattschnur
mit schwarzen, ab 1902
mit schwarzen und roten
Durchzügen, auf dunkel-
grüner Unterlage. Der Na-
menszug ist vergoldet.

82 **Reichslande**
Waffenrock der Reichsgendarme-
rie, Grundfarbe dunkelgrün, Be-
satztuch kornblumenblau, Abzei-
chentuch ponceaurot; Knöpfe,
Tressen und Litzen gelb. Der
Waffenrock ist R.G. 17 und B.A.
XV gestempelt

83 **Reichslande**
Wie Nr. 82, mit Kragen und
Achselklappen für einen Wachtmeister. Am Kragen die großen
Auszeichnungsknöpfe mit dem
Reichsadler. In der Spitze der
Achselklappen die Winkel für einen absolvierten Telegrafenlehrgang. Unter der Achselklappe ist
eine Schießauszeichnungsschnur
befestigt.

Der Waffenrock des Revierkommissärs ist dem der Schutzmänner in Farbe und Schnitt gleich. Die neusilbernen Knöpfe haben in erhabener Prägung den großherzoglichen Namenszug »L«, ab 1892 »EL« mit der Krone darüber. Der indigoblaue Stehkragen ist ohne Tressenbesatz. In den vorderen unteren Ecken des Kragens tragen die Revierkommissäre je einen vierspitzigen, neusilbernen Stern als Gradabzeichen (Abb. 73). Ab dem 5. März 1889 erhalten die Kragen eine Einfassung aus einer neusilbernen Schnur, die in den Ecken drei Schlingen bildet. Die Sterne entfallen. Gleichzeitig wird der Kragen aus dunkelblauem Samt mit indigoblauen Vorstößen getragen. Die Ärmelaufschläge sind aus Abzeichentuch mit einem kleinen Knopf in der Ecke. Ab dem 5. März 1889 werden schwedische Ärmelaufschläge aus dunkelblauem Samt mit Vorstößen wie am Kragen getragen. Die Aufschläge haben eine silberne Schnurverzierung mit drei Schlingen in den Ecken und zwei Knöpfe. Die Achselklappen aus indigoblauem Tuch haben an den Seiten und oben herum eine Einfassung aus Silbertresse. Auf dem Achselstück befindet sich das großherzogliche Wappenschild mit der Krone darüber (3,8 cm hoch und 2,0 cm breit). Ab dem 5. März 1889 tragen die Revierkommissäre neue Achselstücke. Auf einer steifen Unterlage aus dunkelblauem Samt mit indigoblauen Vorstößen befindet sich ein Geflecht aus silberner und blauer Rundschnur. Darauf wie bisher das vergoldete Wappenschild mit der Krone.
Der Waffenrock des Polizeikommissärs gleicht dem der Revierkommissäre. Die Schnurverzierung und die Knöpfe sind jedoch vergoldet. Auf den Schultern werden Geflechte aus einer dunkelblauen Schnur zwischen zwei Goldschnüren getragen. Die steife Unterlage aus dunkelblauem Samt hat indigoblaue Vorstöße. Auf dem Geflecht befindet sich das Wappenschild unter der Krone. Auf jedem Geflecht wird ein silberfarbener, vierspitziger Stern getragen.
Der Waffenrock des Polizeirates gleicht dem der Polizeikommissäre mit folgenden Abweichungen: der Kragen ist mit zwei Goldschnüren eingefaßt, die im Abstand von 1 cm nebeneinander liegen. Auf den Schultergeflechten werden je zwei silberne Sterne getragen (Abb. 76).
Der Überrock der Offiziere ist aus dunkelblauem Tuch, mit indigoblauen, ab dem 5. März 1889 mit blausamtenem Stehkragen und mit Vorstößen aus Abzeichentuch. Die runden Aufschläge sind aus Grundtuch. Der Überrock ist zweireihig, mit je sechs Knöpfen aus Neusilber, ohne Prägung. Bis zum 5. März 1889 wird der Überrock ohne, danach mit den vorschriftsmäßigen Achselstücken getragen. Der Überrock hat hinten zwei gerade Schoßtaschenleisten mit je zwei Knöpfen.
Der Paletot der Offiziere gleicht dem der Schutzmänner, jedoch ohne Radkragen und Kapuze. Die Knöpfe sind wie am Waffenrock. Der Kragen ist ab

dem 5. März 1889 mit dunkelblauem Samt besetzt. Die Offiziere tragen den Paletot ohne Achselstücke.

Die Hosen der Offiziere sind wie bei den Schutzmännern, jedoch werden keine weißen Hosen getragen.

Der Helm der Revierkommissäre gleicht dem der Schutzmänner, nur sind die Beschläge versilbert. Die Helmspitze kann höher und reicher verziert sein. Die hessische Kokarde hat einen weißen Ring aus versilbertem Metall aufgelegt. Ab dem 5. März 1889 erhält der gekrönte Namenszug am Helm einen oben offenen Kranz aus Lorbeerblättern (rechts) und Eichenblättern (links), wie er auch an den Helmen des Militärs getragen wird (Abb. 37).

Der Helm des Polizeikommissärs und des Polizeirates gleicht dem der Revierkommissäre, nur sind die Metallteile vergoldet. Die vier Bügel der Helmspitze werden mit vergoldeten Sternschrauben gehalten.

Die Mütze der Offiziere in der Form der Offiziersmütze des Militärs, ist aus dunkelblauem Tuch mit indigoblauem Besatzstreifen und gleichfarbigem Vorstoß am oberen Deckelrand. Ab dem 5. März 1889 ist der Besatzstreifen aus dunkelblauem Samt mit Vorstößen in der Abzeichenfarbe. Auf dem Besatzstreifen wird die hessische Kokarde getragen und darüber das gekrönte hessische Wappen aus vergoldetem Metall.

Die Seitenwaffe der Offiziere ist ein leicht gebogener Säbel in schwarzer Lederscheide, in der Form wie bei den Schutzmännern, jedoch etwas länger. Der Säbel wird immer untergeschnallt, mit einer Lasche durch den Rock gesteckt, über dem Rock getragen.

Ab dem 5. März 1889 tragen die Offiziere den Füsilier-Offizierssäbel mit neusilbernem Gefäß in schwarzer Lederscheide mit neusilbernen Beschlägen. Die Waffe wird an einem Unterkoppel aus schwarzem Leder mit weißen Löwenkopfbeschlägen an zwei Trageriemen geführt. Um 1910 entfällt das Mittelortblech und der Schweberiemen.

Das Portepee hat eine silberne, geschlossene Quaste mit silbernem Band. Offiziere, die zum Tragen des silbernen Offiziersportepee der Armee berechtigt sind, dürfen diese jetzt anlegen.

Anzugbestimmungen für die Schutzmannschaft aus dem Jahre 1913[5]

1. Der Tuchrock ist zu allen besonders kommandierten Diensten (Theater, Zirkus, Umzüge etc.), als Zeuge vor Gericht, zu besonderen Meldungen bei Vorgesetzten sowie an Sonn- und Feiertagen zu tragen. Zum Rock ist stets eine schwarze Halsbinde, niemals ein weißer Wäschekragen zu tragen.

2. Die Tuchhose ist in der Zeit vom 15. Oktober bis 15. April zum Tagesdienst, außerdem während des ganzen Jahres zum Nachtdienst, ebenso stets in jedem besonders kommandierten Aufsichtsdienst (Theater, Absperrung usw.) zu tragen, falls nicht ausdrücklich etwas anderes bestimmt ist. Weißleinene Hosen dürfen vom 15. April bis 15. Oktober im Einzeltagesdienst, nie aber zum Mantel oder Umhang (Radkragen) oder zu hohen Stiefeln (Gamaschen) getragen werden. Die Wachtmeister und Schutzmänner dürfen keine Stege an den Hosen tragen.

3. Die Litewka darf im Büro- und Nachtdienst sowie unter dem Mantel getragen werden. Ohne Mantel darf sie zum Außendienst von Schutzleuten und Wachtmeistern nur in der Zeit vom 15. April bis 15. Oktober angezogen werden. An Sonn- und Festtagen ist das Tragen der Litewka nur dann zulässig, wenn es aus besonderer Veranlassung (z.B. große Hitze) im Einzelfall durch Tagesbefehl erlaubt wird. Bei gemeinsamem Dienst innerhalb des Bezirks kann der Bezirksvorsteher an Wochentagen das Tragen der Litewka anordnen. Im Bürodienst ist es verboten, eine andere als die vorschriftsmäßige Litewka zu tragen. Leinenkittel etc. sind unstatthaft. Zur Litewka ist stets eine schwarze Halsbinde zu tragen.

4. Der Tuchumhang kann zu jeder Zeit anstelle des Mantels getragen werden. Mit Ausnahme des Nacht-, Streifen- und Theaterdienstes ist, wenn mehrere Beamte gemeinsam Dienst verrichten, der Mantel anzulegen, soweit nicht etwas anderes befohlen wird. Die Beamte, die Dienst innerhalb der Theaterräume haben, legen stets den Mantel (Umhang) ab. Bei starker Kälte kann der Umhang über dem Mantel getragen werden. Der Mantel ist beim Tragen vollständig zuzuknöpfen und darf nie umgehängt werden. Der Umhang muß stets über die Schultern gehängt werden und darf nicht, z.B. bei gutem Wetter, über den Arm gelegt werden.

5. Hohe Stiefel dürfen bei Regen, Schnee und naßkaltem Wetter getragen werden, bei Dunkelheit außerdem hohe Gamaschen. Zum Theaterdienst oder anderen befohlenen Diensten sind hohe Stiefel verboten. Zum Radfahren sind entweder Gamaschen anzulegen oder aber die Hosen flach, nicht seitlich abstehend, anzuklammern. Das Tragen von Knopfschuhen und ausgeschnittenen Schuhen zur Uniform ist streng untersagt.

6. Der Helm ist durch die Schutzleute zu jedem Dienst zu tragen, durch die Wachtmeister und Kommissäre zu besonderen Meldungen bei Vorgesetzten und zu jedem besonders kommandierten Dienst (Theater, Zirkus, Rennen usw.), durch die Wachtmeister außerdem zum Nachtdienst. Die Schutzleute und Wachtmeister haben im Dienst den Helm stets aufzubehalten, auch in geschlossenen Räumen. Nur im Inneren des Theaters ist der Helm beim Einnehmen eines Sitzplatzes abzunehmen.

7. Die Mütze darf von den Wachtmeistern und Revierschreibern zu ihrem gewöhnlichen Dienst getragen werden (Ausnahmen Ziff. 6). Die Kommissäre tragen bei ihren gewöhnlichen Dienstverrichtungen (außer Nachtdienst) ebenfalls die Mütze (vergl. auch Ziff. 6). Außer zu Streifen mit Diensthund und zu Hundedressurübungen dürfen Schutzleute die Mütze nur bei Urlaub und außer Dienst an dienstfreien Tagen zur Uniform als Ausgehanzug tragen.

8. Weiße Handschuhe sind bei Tag auf der Streife zur Uniform immer zu tragen. Nur im Abteilungsdienst, bei Austragen von Sachen (Botengänge) sowie bei Feststellungen von Haus zu Haus brauchen keine Handschuhe getragen werden, ebenso nicht bei nassem Wetter auf Posten. Nachts dürfen dunkle Handschuhe getragen werden. Die Kommissäre können auch am Tage zum kleinen Dienst braune Handschuhe anziehen.

9. Pelze von dunkler Farbe können bei Kälte angelegt werden.

10. Als Waffe dienen der Säbel und der Gummiknüppel. Über die Führung von Schußwaffen ergeht im Einzelfall besondere Anordnung.

11. An Sonn- und Festtagen sind bessere Garnituren anzulegen. Bei guter Witterung an Wochentagen sind auf Posten ebenfalls bessere Sachen zu tragen.

Anmerkungen
[1] Landesbibliothek Darmstadt
[2] Uniform-Reglement vom 5. März 1889, im Besitz des Verfassers
[3] Zusatz zu Nr. 2 vom 23. November 1901
[4] Dienstanweisung f.d. Schutzmannschaft der Stadt Mainz, Polizeiamt Mainz, 1913
[5] ebenda

Die Ortspolizei 1852 bis 1918

Für den Bereich der Polizei in den Städten und Gemeinden werden die unteren Chargen der Polizeiangehörigen zu den »niederen Zivildienern« gerechnet, die in drei Abteilungen (Dienstgrade) unterteilt sind:

1. Abteilung   Polizeiwachtmeister
2. Abteilung   Polizeisergeant
3. Abteilung   Polizeidiener.

Der Uniformrock[1] der Polizeidiener, -Sergeanten und -Wachtmeister ist aus dunkelblauem Tuch, im Schnitt wie die Waffenröcke des Militärs. Der vorn abgerundete Stehkragen und die runden Ärmelaufschläge ohne Patten sind aus lichtblauem Besatztuch. Um Kragen und Aufschläge läuft eine schmale Silberlitze. Der Rückenschoß hat zwei geschweifte Schoßtaschenleisten mit je drei Knöpfen. Der Uniformrock wird mit einer Reihe von acht Knöpfen geschlossen. Die Knöpfe sind aus Neusilber und zeigen in erhabener Prägung das großherzoglich hessische Wappen.

Die Dienstgrade werden durch glatte, geschlagene Rosetten aus Neusilber angezeigt, die in den Ecken des Kragens angebracht werden. Die Wachtmeister tragen je drei, die Sergeanten je zwei und die Polizeidiener je eine Rosette in den Kragenecken. An den Uniformröcken der letztgenannten entfällt ab dem 12. Februar 1855[2] die Silberlitze. Schulterklappen und Vorstöße werden in den Uniformierungsvorschriften nie erwähnt.

Die Litewka wird am 18. Januar 1906[3] eingeführt, wobei es nur den Polizeidienern erlaubt wird, dieses leichtere Kleidungsstück zu tragen. Die Litewka ist aus graumeliertem Tuch in Joppenform gearbeitet. Der Umlegekragen aus Grundtuch hat vorn auf jeder Seite eine schmale Patte aus lichtblauem Tuch. Auf jeder Patte befindet sich eine neusilberne Rosette. Die Litewka ist einreihig und wird mit sechs neusilbernen Wappenknöpfen geschlossen.

Unter dem Waffenrock und der Litewka kann eine Weste aus dunkelblauem Tuch getragen werden, die mit acht kleinen, neusilbernen Wappenknöpfen geschlossen wird.

Die Hosen sind aus graumeliertem Hosentuch, ohne Vorstöße in den Außennähten. In der warmen Jahreszeit und zur Litewka können Hosen aus gebleichtem Zeug getragen werden.

Der Mantel ist aus graumeliertem Tuch, mit Umlegekragen und einfachen Ärmelaufschlägen aus Grundtuch. In den Kragenecken befindet sich je eine kleine Patte aus lichtblauem Tuch. Der Mantel wird mit Knöpfen wie am Waffenrock geschlossen.

Der Umhang aus Manteltuch mit Kragen wie am Mantel und ebensolchen Patten wird mit Knöpfen wie am Waffenrock geschlossen.

Der Hut der Polizeiwachtmeister, -Sergeanten und -Diener ist dreieckig, aus dunkelblauem Filz. Er ist mit einem schwarzen, 2,5 Zoll breiten Band aus Wolle eingefaßt. Dazu wird die hessische Kokarde aus Seide unter einer Schleife aus 0,8 Zoll breitem Silberband getragen. Auf dem dunkelblauen Mittelschild der Kokarde befindet sich das großherzoglich hessische Wappen. In den beiden Hutecken befinden sich Rosetten aus zweifach glattgedrehter Silberkordel, die über den Kopf des Hutes läuft und die Rosetten miteinander verbindet.

Die Mütze kann statt des Hutes getragen werden. Sie ist aus dunkelblauem Tuch mit einem kurzen Augenschirm aus schwarzem Leder. Der Besatzstreifen ist aus lichtblauem Tuch mit der hessischen Kokarde darauf.

Die Mütze setzt sich als offizielle Kopfbedeckung immer mehr durch. Wann der Hut letztlich abgeschafft wird, ist heute nicht mehr feststellbar. Zu erwäh-

nen bleibt noch, daß die gemeindliche Ortspolizei niemals den Helm als Kopfbedeckung getragen hat.

Die Seitenwaffe der unteren Dienstgrade ist der Mannschaftssäbel der Infanterie. Es handelt sich hier um das Modell des preußischen Infanteriesäbels
o/St. M1818, der auch bei der hessischen Infanterie getragen wird. Die kurze,
keilförmige Klinge ist leicht gebogen. Der Bügel mit Parierstange, ohne Stichblatt und der waagerecht gerippte Griff sind aus Tombak, in einem Stück gegossen. Die schwarze Lederscheide hat Ortblech und Mundblech mit Tragehaken aus Tombak. Die Waffe wird an einem Leibriemen getragen.

Die Säbelquaste ist offen, aus weißer Wolle mit einem ebenfalls weißen Band.

Der Leibriemen aus naturfarbenem, leicht tabakbraunem Leder hat ein Mes-
singschloß aus zwei Löwenköpfen, die mit einem Haken in der Form eines liegenden »S« miteinander verbunden werden. Die Seitenwaffe ruht in einer ledernen Säbeltasche, die auf den Leibriemen geschoben wird.

Die Offiziere der Ortspolizei im Großherzogtum Hessen gehören der 3. Klasse des Reglements über die Rangklassen der Beamten des Großherzogtums
Hessen vom 14. Juni 1852 an. Sie sind wie folgt eingestuft:

3. Klasse	I. Abteilung	Polizeirat
3. Klasse	II. Abteilung	Polizeiinspektor und Polizeisekretär
3. Klasse	III. Abteilung	Polizeikommissäre und Polizeiaktuar

Der Uniformrock der Offiziere entspricht dem der Polizeiwachtmeister. Die
versilberten Knöpfe zeigen den erhaben geprägten Namenszug des jeweiligen
Großherzogs (Chiffreknopf). Die Rangverhältnisse werden durch vergoldete
Rosetten an den Vorderteilen der eckigen Stehkragen angezeigt. Der Polizeirat trägt drei, der Inspektor (Sekretär) zwei und der Kommissär (Aktuar) je eine Rosette.

Der Hut in der Form und Ausführung wie bei den Wachtmeistern ist lediglich mit Goldborte besetzt. **Die Mütze** wird wie bei den Mannschaften getragen. Ein **Helm** wird nicht getragen.

Der Paletot der Offiziere ist wie bei den Mannschaften, nur werden auch hier
die vergoldeten Knöpfe mit dem erhaben geprägten Namenskürzel des jeweiligen Großherzogs getragen.

Die Hosen der höheren Dienstgrade unterliegen keiner gesonderten Vorschrift. Es werden wohl immer Hosen in einer dunklen Farbe getragen.

Die Seitenwaffe der Offiziere der Ortspolizei ist ein Degen mit vergoldetem,
eichenlaubverziertem Bügel und schwarzem Griff. Auf dem ovalen Stichblatt
des Degens befindet sich das gotische Namenskürzel des jeweiligen Großherzogs unter der Fürstenkrone. Die Waffe entspricht sonst dem üblichen Offiziersdegen a/A. Die Klinge ist gerade, die schwarze Lederscheide hat vergolde-

te Beschläge, am Mundblech einen Tragehaken. **Die Säbelquaste** ist goldfarben, an einem gleichfarbigen Band.

Der Leibriemen besteht aus einer goldfarbenen Tresse mit einer vergoldeten Schließe, wie bei den Mannschaften beschrieben. Die Seitenwaffe wird in einer aufzuschiebenden Säbeltasche getragen.

Mit der Gründung der Schutzmannschaft im Großherzogtum Hessen wird die Ortspolizei immer mehr in den Hintergrund gedrängt. Größere Gemeinden und Städte gehen immer mehr dazu über, ihre Polizei nach dem Vorbild der Schutzmannschaft Darmstadt zu organisieren und zu uniformieren. Lediglich in den kleinen Ortschaften, wo ein oder zwei Beamte Polizeidienst versehen, bleibt es bei der Uniformregelung wie beschrieben.

Bestimmungen über das äußere Erscheinungsbild der Zivilbeamten (Polizei) in Uniform[4]

Für die Uniform von 1852 wurde noch im gleichen Jahr eine aufschlußreiche Vorschrift erlassen, die die Tragebestimmungen näher reglementiert. Da solche frühen Vorschriften über Anzugarten selten sind und zudem noch einige interessante Hinweise auf die Uniform geben, soll diese Vorschrift, soweit sie sich auf die Polizei bezieht, hier wiedergegeben werden.

A Spezielle Bestimmungen

1. Im gewöhnlichen Dienst und außer Dienst ist es gestattet, die Schirmmütze zu tragen.

2. Am Mantel kann zum Schutz gegen die Witterung ein Radkragen befestigt werden. Er kann auch alleine, ohne den Mantel, über dem Uniformrock getragen werden. Außerdem ist den Beamten, die im gewöhnlichen Dienst und außer Dienst den Mantel ohne den Uniformrock tragen wollen, ein kurzer, nur bis zu den Knien reichender Paletot, nach dem Schnitt der von den großherzoglich hessischen Offizieren getragenen, gestattet.

3. Mit der Schirmmütze wird das Degenkoppel aus schwarz lackiertem Leder getragen.

4. Die Degenkoppel sitzen auf den vorderen unteren und hinteren (Taillen)-Knöpfen des Uniformrockes auf.

5. Bei über dem Uniformrock angezogenem Mantel wird die Lasche des unter dem Mantel um den Leib geschnallten Degenkoppels durch den Degenschlitz des Mantels durchgesteckt und der Degen über dem Mantel getragen; gleiches geschieht, wenn der Paletot ohne den Uniformrock angezogen wird.

6. Bei über dem Uniformrock getragenen Degen kann der angezogene Mantel vorne offen bleiben.

7. Der Hut wird stets so aufgesetzt, daß Gesicht und Nacken durch die abstehenden Ecken geschirmt sind und die Kokarde sich auf der rechten Seite befindet. Die berittenen Beamten haben einen schwarzen Sturmriemen im Inneren des Hutes anzubringen, der auch innen untergebracht wird, wenn er nicht benutzt wird. Der linke, kurze Riemen hat eine viereckige Halbschnalle, er reicht bis auf die Mitte der linken Wange. Der rechte, längere Riemen wird dort festgeschnallt.

8. Die Halsbinde wird ohne vorstehenden Wäschekragen getragen.

9. Zur Schirmmütze können im Sommer Hosen aus ungebleichtem Zeug getragen werden. Der Schnitt entspricht dem bei den Tuchhosen.

10. Ebenso können im Sommer Westen aus weißem Sommerzeug in der üblichen Form der Westen getragen werden.

11. Die Orden und Ehrenzeichen werden in nachfolgender Weise getragen: Die Bänder werden um eine 1 Zoll hohe, metallene Schnalle, deren Breite sich aus der Breite der Bänder ergibt, in einfacher Lage, glatt geschlungen und die Enden auf der Rückseite der Schnalle befestigt. Die Orden und Ehrenzeichen werden in auf der Rückseite angebrachten Haken eingehängt oder ohne Haken dort befestigt. Die Schnalle wird horizontal mit ihrer Mitte in Höhe des obersten Knopfes auf der linken Brust zwischen Knopf und Schulter getragen. Mit der Schirmmütze werden nur die Bänder getragen, mit Ausnahme derjenigen Ehrenzeichen, deren Band nicht alleine getragen werden darf. Diese können dann in kleinerer Form getragen werden.

Die Sterne der Großkreuze und Kommandeurkreuze erster Klasse werden in der Höhe zwischen dem ersten und zweiten Knopf getragen. Wer ein Großkreuz besitzt, hat zur Befestigung des Bandes auf der Schulter eine dünne, seidene Kordel mit Knopf, beides in der Farbe des Uniformrockes, zu tragen.

12. (Kammerherren und Kammerjunker)

13. Beamte, die zu Pferde erscheinen, haben einen englischen Sattel zu benutzen. Die Unterlegdecke ist in der Grundfarbe des Uniformrockes, die Borte hat die Unterscheidungsfarbe des betreffenden Ministeriums. Zaumzeug, Vorder- und Hinterzeug sind schwarz. Der Mantelsack ist aus graumeliertem Tuch. Berittene Beamte können Hosen tragen, die mit Leder besetzt sind. An dem Schuhzeug werden Schraubsporen getragen.

14. Die Kopfhaare dürfen nicht so lang getragen werden, daß sie den Uniformkragen berühren.

15. Zur Uniform darf kein anderes Überkleid als der Mantel oder der Radkragen getragen werden.

16. Die Beamten machen die Ehrenbezeigung wie das Militär, indem sie mit der rechten Hand an die Kopfbedeckung greifen.

17. (Trauer)

B Allgemeine Bestimmungen

18. Die Beamten können in kleiner, großer oder Galauniform erscheinen.

   1. Als kleine Uniform werden zusammen getragen, entweder
   a) Paletot (Mantel), Schirmmütze, schwarzes Degenkoppel, graue oder weiße Hosen. Hier werden weder Orden noch Bänder getragen; oder
   b) Uniformrock, Schirmmütze, schwarzes Degenkoppel, graue oder weiße Hosen, dazu Ordensbänder ohne Orden.

   2. Als große Uniform werden getragen:
   Uniformrock, Hut, goldenes Degenkoppel, Hosen aus grauem Tuch, Orden.

   3. Als Galauniform:
   Dieselben Uniformstücke wie zu 2, nur mit Hosen aus reinweißem Tuch.

In den unter 1b, 2 und 3 genannten Fällen können der Mantel und der Radkragen, jeder für sich oder gemeinsam, über dem Uniformrock als Überkleid getragen werden.

19. Die Uniform wird im Dienst immer getragen. Die kleine Uniform wird im gewöhnlichen Dienst getragen. Unter gewöhnlichem Dienst sind Dienstverrichtungen zu verstehen, die keinen außergewöhnlich feierlichen Charakter haben und bei denen keine Repräsentation verbunden ist.

Die »große Uniform« haben die Beamten anzulegen:

   1. Wenn sie vor Seiner Königlichen Hoheit dem Großherzog, Ihrer Königlichen Hoheit der Großherzogin und den Mitgliedern des Großherzoglichen Hauses erscheinen.

   2. An den Geburts- und Namenstagen Seiner Königlichen Hoheit des Großherzogs und Ihrer Königlichen Hoheit der Großherzogin. An diesen Tagen haben die Beamten auch im Theater sowie überhaupt, wenn Vorstellungen »bei festlich erleuchtetem Hause« angekündigt sind, in großer Uniform zu erscheinen. Bei gewöhnlichen Theatervorstellungen können die Beamten in Zivil erscheinen.

   3. Wenn sie fremden Souveränen, Prinzen und Prinzessinnen aufwarten.

   4. Wenn sie sich bei einem vorgesetzten Beamten dienstlich zu melden haben.

   5. Bei feierlichen Diensthandlungen, bei Beerdigungen, wenn sie ihnen »en corps« beiwohnen.

   6. Bei allen Gelegenheiten, bei welchen die Anwesenheit der allerhöchsten und höchsten Herrschaften zu erwarten ist.

   7. Bei allen öffentlichen Sitzungen und feierlichen Diensthandlungen und in allen den Fällen, in welchen der Beamte seine dienstliche Stellung anderen inländischen und ausländischen Behörden oder Beamten gegenüber zu repräsentieren hat.

Anmerkungen

[1] Regierungsblatt 1852, S. 277 f.
[2] Kreisamt Bingen 1855, Nr. K.B. 536
[3] Regierungsblatt 1906
[4] Reglement, die Uniformierung der niederen Zivildiener betreffend, Darmstadt, 1852

Farbschema Hessen vor 1918

	Ortspolizei	Schutzmann-schaft	Gendarmerie
Waffenrock	dunkelblau	dunkelblau	dunkelgrün
Kragen	lichtblau	indigoblau Offz. dunkelblau	karmesinrot
Aufschläge	lichtblau	indigoblau Offz. dunkelblau	karmesinrot Patten dunkel-grün
Vorstöße	keine	indigoblau	karmesinrot
Knöpfe	silberfarben	silberfarben	goldfarben
Mütze	dunkelblau	dunkelblau	dunkelgrün
Besatzstreifen	lichtblau	indigoblau Offz. dunkelblau	karmesinrot
Vorstöße	keine	indigoblau	karmesinrot
Helm	entfällt	Leder	Leder
Beschläge	—	silberfarben Offz. teils Gold	silberfarben
Helmzier	—	Namenszug	Löwe
Hose	graumeliert	dunkelgrau	dunkelblau
Vorstöße	keine	indigoblau	karmesinrot

Farbschema Hessen nach 1918

	Staatlicher Einzeldienst bis 1926	Gendarmerie a) bis 1923 b) 1923-1926	Staatspolizei ab 1.12.1926	Ortspolizei
Bluse	dunkelblau	a) feldgrau b) dunkelgrün	dunkelgrün	dunkelblau
Kragen	dunkelblau	a) dunkelgrün b) dunkelgrün	dunkelgrün	dunkelblau
Aufschläge	dunkelblau	a) feldgrau b) dunkelgrün	dunkelgrün	dunkelblau
Vorstöße	ohne	a) ohne b) ohne	karmesinrot	ohne
Knöpfe	Nickel	a) Nickel b) Nickel	Nickel	Nickel
Mütze	dunkelblau	a) russisch-grün b) dunkelgrün	dunkelgrün	dunkelblau
Besatzstreifen	kaliblau	a) karmesinrot b) karmesinrot	karmesinrot	kaliblau
Vorstöße	kaliblau	a) karmesinrot b) karmesinrot	karmesinrot	kaliblau
Tschako	entfällt	a) Helm alter Probe b) entfällt	schwarzes Leder	entfällt
Beschläge Tschakozier			silberfarben Blattzier und Staatswappen	
Hose	schwarz	a) feldgrau b) schwarz	dunkelblau	blauschwarz
Vorstöße	kaliblau	a) karmesinrot b) karmesinrot	karmesinrot	kaliblau

Volksstaat Hessen

Nach dem Ende des Krieges und der Revolution kam es auch in Hessen zu den politischen Umwälzungen, wie wir sie in allen deutschen Staaten feststellen können. In Hessen kam es zur Bildung des Volksstaates Hessen. Er war, bedingt durch seine Lage zur Westgrenze der Republik und durch die Bestimmungen des Vertrages von Versailles, ein dreigeteiltes Land.

Rheinhessen und der Mainzer Brückenkopf waren besetztes Gebiet. Die Provinz Starkenburg war in besetztes Gebiet, neutrale Zone und freies Deutschland unterteilt. Der Rest des Staates war ebenfalls frei.

Aus polizeilicher Sicht ist es von Bedeutung, daß in den besetzten Gebieten lediglich erlaubt war, eine Gemeindepolizei einzurichten. Im unbesetzten Teil des Landes wurde eine Polizei in Form einer Staatspolizei eingerichtet, wie sie nach 1918 auch in den anderen Staaten Deutschlands üblich war.

Durch die Wirren der Nachkriegszeit bedingt, kam es in Hessen erst im Frühjahr 1920 zur Aufstellung einer Sicherheitspolizei. Durch eine mehrmonatige Besetzung Darmstadts und durch die Forderung der Siegermächte, die Sicherheitspolizei in ganz Deutschland aufzulösen, gelang es in Hessen endgültig erst im Frühjahr 1921, eine Schutzpolizei als staatliche Polizeieinrichtung aufzustellen.

Die staatliche Ortspolizei (Einzeldienst) 1919 bis 1926

Nachdem am 4. Oktober 1922 die erste Verordnung über die Dienstkleidung der staatlichen Ortspolizei (Einzeldienst) erlassen wird, erfolgt bereits am 27. Oktober 1922 eine Erläuterung[1] zu dieser Verordnung. Es heißt dort unter anderem: »Die Beamten sind berechtigt und verpflichtet, solange die Belieferung mit Dienstkleidungsstücken neuer Form noch nicht in ausreichendem Maße durchgeführt ist, die Dienstkleidungsstücke alter Form weiter zu tragen«. Und an anderer Stelle heißt es dazu: »Die Polizeiämter sorgen, soweit noch nicht geschehen, alsbald für Ersatz der an den augenblicklich im

Gebrauch befindlichen Dienstkleidungsstücken vorhandenen Wappenknöpfe durch die nunmehr eingeführten blanken Knöpfe.« — Aus dem zitierten Schreiben geht hervor, daß noch mit der Bekleidungslieferung vom Herbst 1921 die Uniformen alter Art ausgeliefert worden sind (Abb. 41).

Nach der Verordnung vom 4. Oktober 1922[2] trägt der Einzeldienst folgende Bekleidungsstücke.

Die Bluse aus dunkelblauem Grundtuch hat zwei aufgesetzte Brusttaschen und zwei schräg eingeschnittene Taschen auf den Vorderschößen. Die Taschenklappen werden mit blanken Nickelknöpfen geschlossen. Die Bluse hat eine verdeckte Knopfleiste. Der Stehklappkragen ist aus Grundtuch. Die Beamten vom Kommissar aufwärts tragen auf jeder Kragenseite eine schmale Patte aus kaliblauem Abzeichentuch und auf dem hinteren Ende der Patte einen blanken Knopf. Ab dem 6. Juli 1926 wird diese Kragenpatte von sämtlichen Dienstgraden des Einzeldienstes getragen[3]. Auf den Schultern sitzt je ein kleiner Knopf zum Befestigen der Schulterstücke. Die Ärmel haben glatte Aufschläge aus Grundtuch. Die Bluse hat keine farbigen Vorstöße.

Die Dienstgradabzeichen werden auf der Bluse und auf dem Mantel getragen. Die Wachtmeister tragen auf einer kaliblauen, steifen Unterlage zwei mit blauer Seide durchwirkte Silberplattschnüre, die bogenförmig um das Knopfloch laufen und in der Mitte des Schulterstückes einen etwa 8 mm breiten Streifen der Unterlage freilassen. Die Breite der Schulterstücke beträg 4,4 cm, die Länge etwa 12 cm.

Die Oberwachtmeister tragen die Schulterstücke der Wachtmeister mit je einem vierspitzigen versilberten Stern von 1,5 cm Länge und Breite.

Die Kommissare tragen Schulterstücke mit einer steifen Unterlage aus kaliblauem Samt. Sie bestehen aus vier silbernen, mit blauer Seide durchwirkten Plattschnüren, wovon je zwei zu nebeneinanderliegenden Flechtwerken verschlungen sind. Die Flechtwerke sind am unteren Ende miteinander verbunden und umschlingen am oberen Ende ein Knopfloch. Die Breite der Schulterstücke beträg 5,5 cm, die Länge richtet sich nach der Schulterbreite der Beamten.

Die Polizeiinspektoren tragen die Schulterstücke der Kommissare mit je einem, die Polizeioberinspektoren mit je zwei vierspitzigen, versilberten Sternen von 1,5 cm Länge und Breite.

Die Hose ist aus schwarzem Tuch, mit kaliblauen Vorstößen in den äußeren Seitennähten. Die Sommerhose ist aus etwas leichterem schwarzen Tuch gefertigt.

Die Mütze hat die bekannte steife Form mit schwarzem Augenschirm. Das Grundtuch ist dunkelblau, der Besatzstreifen und der Vorstoß am Deckelrand sind kaliblau; bei den Wachtmeistern aus normalem Abzeichentuch, bei den Oberwachtmeistern, Kommissaren und höheren Beamten aus kaliblauem

Samt. Vorn auf dem Besatzstreifen ist die rotweiße, versilberte Kokarde angebracht.

Der Mantel ist aus schwarzem Grundtuch, doppelreihig, mit zwei Reihen von je sechs blanken Nickelknöpfen geknöpft. Der Kragen der Wachtmeister ist aus dunkelblauem Tuch. Bei den Oberwachtmeistern und den höheren Beamten aus kaliblauem Abzeichentuch. Auf den Vorderschößen sind schräg eingeschnittene Taschen mit Klappen, jedoch ohne Knopf, angebracht. Die Ärmel haben einen glatten Aufschlag aus Grundtuch. Das Rückenteil ist glatt, im Unterteil mit einem kurzen Schlitz, der mit drei Knöpfen verschlossen werden kann. Auf dem Rückenstück ist ein zweiteiliger Taillengurt angebracht, der in der Mitte mit einem Knopf geschlossen wird. Vom beiderseitigen Beginn des Taillengurtes abwärts befindet sich je eine mit drei Nickelknöpfen versehene Faltenleiste. Am Mantel, der ohne Vorstöße ist, werden die Dienstgradabzeichen wie an der Bluse getragen. Der Mantel der Wachtmeister ist etwa 10 cm länger als bei den übrigen Dienstgraden.

Der Umhang ist aus schwarzem Grundtuch mit Kragen wie am Mantel. Er wird mit sechs schwarzen Knöpfen unter einer verdeckten Knopfleiste geschlossen und reicht bis etwa 35 cm über den Boden.

Die Landgendarmerie 1921 bis 1926

Die Überlieferung der Vorschriften zur Dienstkleidung der hessischen Landgendarmerie setzt mit dem 14. Juli 1921 ein[4]. Frühere Bestimmungen sind bis zum jetzigen Zeitpunkt nicht nachweisbar. Der Gendarmeriebefehl vom 14. Juli 1921 fußt auf den Verfügungen des Ministeriums des Inneren vom 2. Juni 1921 und vom 13. Juli 1921 und bestimmt folgendes:

Die Bluse ist aus feldgrauem Tuch mit je zwei Seiten- und Innentaschen und aufgesetzten Brustpatten. Der Kragen ist dunkelgrün, ohne Abzeichen. Als besserer Rock ist ein feldgrauer Waffenrock nach dem Zuschnitt des seitherigen »russisch-grünen« Waffenrockes, der aufgetragen werden kann, in Aussicht genommen.

Die Hose ist feldgrau, mit karmesinroten Vorstößen. Die Sommerhosen werden aus leichterem Tuch gefertigt. Die seitherigen Hosen aus anderem Stoff können aufgetragen werden.

Die Mütze ist aus russisch-grünem Tuch, mit karmesinrotem Besatzstreifen und Vorstößen wie bisher. Auf dem Besatzstreifen wird die Landeskokarde wie bisher getragen. Die Mütze wird bis auf weiteres bei Stations-, Patrouillen- und Transportdienst getragen.

Der Helm wird noch bei feierlichen Anlässen getragen, das sind Kirchgang,

Beerdigung, Erscheinen vor Gericht, beim Gerichtsdienst usw. sowie aufgrund besonderer Anordnung. Die Beamten in den besetzten Gebieten tragen nur noch die Mütze.

Der Mantel ist feldgrau mit zwei Knopfreihen. Der Umhang ist in der gleichen Farbe wie der Mantel.

Die Rangabzeichen: Gendarmerieanwärter, karmesinrote Achselklappen wie bisher; Gendarmeriewachtmeister, silberne Achselstücke, karmesinrot durchwirkt, mit karmesinrotem Mittelfeld; Gendarmeriewachtmeister als Stationsführer, die gleichen Achselstücke mit je einem Stern; Gendarmerieoberwachtmeister, Achselstücke mit silbernkarmesinrot durchwirkten Raupen. Die Rangabzeichen werden auf den Waffenröcken, Überröcken, Blusen und Mänteln getragen.

Während in der vorgenannten Vorschrift die alten »bunten« Uniformen noch neben einer feldgrauen Uniform, die wohl aus Beständen der alten Armee stammen dürfte, gleichzeitig getragen werden darf, (es handelt sich dabei wohl um eine Übergangsbestimmung) schreibt die Verordnung vom 4. Januar 1923 eine neue, einheitliche Uniformierung vor[5].

Die Bluse ist in der Form wie beim staatlichen Einzeldienst bereits beschrieben. Das Grundtuch ist dunkelgrün, die vernickelten Knöpfe sind ohne Prägung. Der Kragen und die Ärmelaufschläge sind aus Grundtuch. Die Kommissäre tragen auf jeder Kragenseite eine schmale Patte aus karmesinrotem Abzeichentuch und auf dem hinteren Teil der Patte einen blanken Nickelknopf. Ab dem 6. Juli 1926[6] werden die Kragenpatten von allen Dienstgraden getragen. Die Bluse hat keine farbigen Vorstöße.

Die Dienstgradabzeichen werden an der Bluse und am Mantel getragen. Die Wachtmeister tragen auf einer karmesinroten, steifen Unterlage zwei mit roter Seide durchwirkte Silberplattschnüre, die bogenförmig um das Knopfloch laufen und in der Mitte des Schulterstückes einen etwa 8 mm breiten Streifen der Unterlage freilassen. Die Breite der Schulterstücke beträgt 4,4 cm, die Länge etwa 12 cm. Auf der Unterseite befindet sich eine Schlaufe und ein Metallhaken zum Befestigen des Schulterstückes auf der Bluse oder dem Mantel.

Die Stationsführer-Wachtmeister tragen auf der Mitte jedes Schulterstückes einen vierspitzigen, versilberten Stern von 1,5 cm Länge und Breite, die Oberwachtmeister tragen die Schulterstücke mit je zwei solchen Sternen.

Die Kommissare tragen Schulterstücke mit einer steifen Unterlage aus karmesinrotem Tuch. Sie bestehen aus silbernen, mit roter Seide durchwirkten Plattschnüren, wovon je zwei zu nebeneinanderliegenden Flechtwerken (Raupen) verschlungen sind. Die Flechtwerke sind am unteren Ende miteinander verbunden und umschlingen am oberen Ende ein Knopfloch. Die Breite der Schulterstücke beträgt 5,5 cm, die Länge richtet sich nach der Schulterbreite der Beamten. Die Gendarmerieinspektoren (der Dienstgrad wird erst in der Vorschrift von 1926 genannt) tragen die beschriebenen Schulterstücke mit je einem versilberten vierspitzigen Stern von 1,5 cm Länge und Breite.

Die Hose ist aus schwarzem Grundtuch mit roten Vorstößen in den äußeren Seitennähten. Die Sommerhose ist aus leichterem, schwarzen Tuch gefertigt.

Die Mütze hat die übliche steife Form mit schwarzem Augenschirm. Das Grundtuch ist dunkelgrün. Der Besatzstreifen und der Vorstoß am Deckelrand sind aus karmesinrotem Tuch. Vorn auf dem Besatzstreifen ist die hessische Landeskokarde in rotweiß, versilbert, angebracht.

Der Mantel ist aus grauem, der Kragen aus dunkelgrünem Tuch. Sonst entspricht der Mantel dem des Einzeldienstes der staatlichen Polizei.

Der Umhang ist aus grauem Tuch mit dunkelgrünem Kragen wie am Mantel. In seiner Machart entspricht er dem Umhang wie beim Einzeldienst der staatlichen Polizei beschrieben.

Bereits am 3. August 1926[7] wird unter Berufung auf die Verordnung vom 6. Juli 1926 angeordnet, daß die Polizeiämter und die Polizeiverwaltungen ab sofort keine Dienstkleidungsstücke mehr beschaffen dürfen. Der Grund für diese Anordnung ist darin zu finden, daß die Vorbereitungen für die Schaffung einer Einheitsuniform für die Staatspolizei (staatliche Ortspolizei, Gendarmerie und Schutzpolizei) kurz vor ihrem Abschluß stehen.

Die Staatspolizei 1926 bis 1932

Die Verordnung über die Dienstkleidung und Ausrüstung der hessischen Staatspolizei vom 1. Dezember 1926[8] regelt die Bestimmungen über die Einheitsuniform aller Polizeizweige (Einzeldienst, Landesgendarmerie und Bereitschaftspolizei) in Hessen.

Die Bluse mit verdeckter Knopfleiste ist für alle Polizeisparten aus dunkelgrünem Tuch, in der Machart, wie bereits zuvor bei der staatlichen Ortspolizei und der Landesgendarmerie beschrieben. Der Stehumfallkragen aus Grundtuch hat jetzt einen karmesinroten Vorstoß (Abb. 42).

Vorn am Kragen ist je eine karmesinrote Kragenpatte angebracht:

a) für Beamte der Einzeldienst- und Bereitschaftspolizei bis einschließlich Wachtmeister 7 cm lang und 3 cm breit; auf dem hinteren Teil der Patte sitzt ein blanker Nickelknopf von 18 mm Durchmesser, etwa 6 mm von den umgebenden drei äußeren Rändern der Patte entfernt;

b) für die Gendarmeriewachtmeister wie zu a), jedoch mit Ausnahme der Vorderseite mit einer 3 mm starken Silberschnur eingefaßt;

c) für die Polizeioberwachtmeister sind die Patten 7 cm lang und 3,5 cm breit, jeweils mit einem silbergestickten Eichenlaub;

d) für die Gendarmerieoberwachtmeister sind die Kragenpatten und die Stickerei wie zu c), die Patten sind jedoch zusätzlich rundherum mit einer 3 mm starken Silberschnur eingefaßt;

e) für die Polizeikommissare, -Inspektoren, -Oberinspektoren und -Amtmänner und für die Polizeioffiziere sind die Patten 7 cm lang und 4 cm breit, mit zwei silbernen, gestickten Eichenlaubblättern;

f) für die Gendarmeriekommissare und -Inspektoren sind die Patten wie unter e) beschrieben, jedoch zusätzlich rundherum mit einer 3 mm starken Silberschnur eingefaßt (Abb. 43).

In einer Verordnung des Innenministeriums vom 14. August 1931[9] wird in bezug auf die Kragenpatten angeordnet, daß diese in der Größe 7x3 cm bis einschließlich der Hauptwachtmeister getragen werden müssen. Bei der Gendarmerie wird bis einschließlich Hauptwachtmeister die Kragenpatte der Größe 7x3 cm beibehalten, die Silberschnureinfassung ist jedoch nur noch 2 mm stark.

Nach dem 14. August 1931 tragen alle Offiziere vom Leutnant (Kommissar) einschließlich aufwärts Kragenpatten (7x4,5 cm) aus karmesinrotem Tuch mit einer doppelten Kolbenstickerei in Silber. Die Stickerei ist 6 cm lang, außen 4 cm und in der Mitte 3,5 cm breit. Die Dienstgrade der Landesgendarmerie tragen die Kragenpatten wieder mit einer 2 mm breiten Silberschnur eingefaßt.

Als Dienstgradabzeichen werden ab dem 1. Dezember 1926 für alle Sparten der staatlichen Polizei einheitliche Schulterstücke auf der Bluse und auf dem Mantel getragen. In der Vorschrift werden die Dienstgrade mit römischen Ziffern unterteilt, die Dienstgrade werden nach der Neuordnung der Rangdienstverhältnisse der hessischen Staatspolizei zu einem späteren Zeitpunkt bestimmt. Am 14. August 1931 werden die Dienstgradabzeichen teilweise geändert.

Dienstgrad I (Polizeianwärter in der Bereitschaftspolizei): Schulterstücke mit steifer, karmesinroter Tuchunterlage, 11 cm lang und 2,4 cm breit; darauf zwei, je 10 mm breite, dicht nebeneinanderliegende Plattschnüre aus dunkelgrünem Mohairgarn, die durch Umbiegen am oberen Ende eine Schlinge bilden. Die Unterlage steht an jeder Seite etwa 2 mm vor. Unter dem Schulterstück ist eine Schnallzunge und ein Metallhaken zur Befestigung auf der Schulter angebracht.

Dienstgrad II (Polizeiunterwachtmeister in der Bereitschaftspolizei): Schulterstücke wie zu I), jedoch die Plattschnüre im Abstand von 1 cm mit gesponnenen, doppelten Aluminiumfäden durchzogen.

Ab dem 14. August 1931 tragen die Unterwachtmeister die Schulterstücke wie 1926 für die Wachtmeister (Dienstgrad III) vorgeschrieben.

Dienstgrad III (Wachtmeister in allen Polizeisparten): Unterlagen wie zu I), jedoch 3,5 cm breit; darauf drei dicht nebeneinanderliegende Plattschnüre aus dunkelgrünem Mohairgarn. Die beiden äußeren Plattschnüre sind 10 mm breit und in Abständen von 5 mm mit acht nebeneinanderliegenden, gesponnenen Aluminiumfäden, zusammen etwa 4 mm breit, durchzogen. Die Plattschnüre laufen bogenförmig um die Unterlage und lassen einen 2 mm breiten Vorstoß frei. Die mittlere Plattschnur ist ohne Aluminiumgespinst und läßt am oberen Ende eine Öffnung für den Schulterknopf.

Ab dem 14. August 1931 tragen die Wachtmeister Schulterstücke wie 1926 für die Oberwachtmeister (Dienstgrad IV) vorgeschrieben.

Dienstgrad IV (Oberwachtmeister in allen Polizeisparten): Unterlagen wie zu I), jedoch 4 cm breit; darauf vier, je 9 mm breite Plattschnüre, die bogenförmig um das Knopfloch laufen. Die äußeren Silberplattschnüre sind in Abständen von 1 cm mit roter Seide durchwirkt, die beiden inneren Plattschnüre sind aus dunkelgrüner Kunstseide. Die Unterlage bildet einen 2 mm breiten Vorstoß.

Ab dem 14. August 1931 tragen die Oberwachtmeister die Schulterstücke mit je einem silbernen, vierspitzigen Stern von 1,5 cm Länge und Breite.

Dienstgrad V (Hauptwachtmeister in allen Polizeisparten): Schulterstücke wie bei Dienstgrad IV beschrieben, mit je einem, ab dem 14. August 1931 mit je zwei silbernen, vierspitzigen Sternen von 1,5 cm Länge und Breite.

Dienstgrad VI (Leutnant der Bereitschaftspolizei und Kommissar des Einzeldienstes und der Landesgendarmerie): Schulterstücke auf einer Unterlage wie beschrieben, 11 cm lang und 4 cm breit; darauf vier dicht nebeneinanderliegende Silberplattschnüre, die in Abständen von 1 cm mit roten Seidenfäden durchzogen sind. Sie laufen bogenförmig um die Unterlage und lassen einen 2 mm breiten Vorstoß frei. Die innere Plattschnur bildet am Knopfloch eine Schlinge.

Dienstgrad VII (Oberleutnant der Bereitschaftspolizei und Inspektor des Einzeldienstes und der Landesgendarmerie): Schulterstücke wie Dienstgrad VI, jedoch mit je einem vierspitzigen, vergoldeten Stern von 1,5 cm Länge und Breite.

Dienstgrad VIII (Hauptmann der Bereitschaftspolizei und Oberinspektor des Einzeldienstes und der Landesgendarmerie): Schulterstücke wie Dienstgrad VII, jedoch mit zwei solchen Sternen.

Dienstgrad IX (Major): Schulterstücke mit steifer, karmesinroter Tuchunterlage, 11 cm lang und 4,5 cm breit; darauf ein Geflecht aus Silberplattschnur, die in Abständen von 1 cm mit roter Seide durchzogen ist. Die Plattschnur ist mit je zwei Strängen nebeneinander derart zusammengeflochten, daß oben ein Bogen zum Anknöpfen, an jeder Seite fünf Bogen und unten an der Ärmelnaht zwei Bogen entstehen. Die Unterlage ist nicht sichtbar.

Dienstgrad X (Oberstleutnant): Schulterstücke wie Dienstgrad IX, jedoch mit je einem vergoldeten Stern wie beschrieben.

Dienstgrad XI (Oberst): Schulterstücke wie Dienstgrad IX, jedoch mit je zwei vergoldeten Sternen wie beschrieben.

Die Hose ist aus dunkelblau meliertem Grundtuch mit Vorstößen aus karmesinrotem Abzeichentuch in den äußeren Längsnähten. Die Sommerhose ist aus leichterem Tuch gearbeitet. Die Stiefelhose hat keine Vorstöße in den Seitennähten.

Der Mantel ist in seiner Form wie bereits in der Vorschrift von 1922 für den staatlichen Einzeldienst beschrieben. Das Grundtuch des Mantels ist jetzt mittelgrau, der Kragen ist dunkelgrün, aus Blusentuch.

Die Mütze in der üblichen steifen Form mit schwarzem Schirm, ist aus dunkelgrünem Tuch mit Besatzstreifen und Vorstoß am Deckelrand aus karmesinrotem Tuch. Vorn, in der Mitte des Besatzstreifens, ist die hessische Landeskokarde in rotweiß, versilbert, angebracht.

Der Tschako in der bekannten Form, aus schwarzem Leder, hat neusilberne, versilberte Beschläge. Die Tschakozier besteht aus einer fast halbkreisförmigen Platte mit verschlungenem Blattwerk. In der Mitte ist eine kreisrunde Platte mit erhabenem Rand eingelassen. Auf der Platte ist das farbig emaillierte Staatswappen angebracht. Dieses ist schildförmig, mit einer Blattkrone und zeigt den hessischen Löwen mit roten und weißen waagerechten Streifen. Über der Tschakozier ist das Nationale aus versilbertem Neusilber in den hessischen Landesfarben eingesteckt. Die Dienstgrade I bis V tragen einen schwarzen Kinnriemen mit zwei neusilbernen Schiebern am üblichen Knopf 91. Die Dienstgrade VI bis XI haben eine gewölbte, versilberte Schuppenkette mit Offiziersrosetten am Tschako. In Hessen wird kein Haarbusch zur Parade getragen (Abb. 44).

Mit der Einführung des Tschakos am 1. Dezember 1926 ist Hessen wohl der letzte Staat in Deutschland, der diese Kopfbedeckung für die Polizei eingeführt.

Das Lederzeug, Leibriemen mit neusilberner Schloßschnalle und Schulterriemen, ist aus braunem Blankleder.

Die Seitenwaffe der Dienstgrade V bis XI aller Polizeisparten ist außer Dienst ein langer Säbel in brünierter Stahlscheide mit neusilbernem Griff und schmalem glatten Bügel. Die Waffe wird untergeschnallt getragen. Zum großen Dienst wird übergeschnallt ein Seitengewehr nach dem Muster der früheren Infanterie, die Klinge 26 cm, das ganze Seitengewehr in der Scheide 42 cm lang, getragen.

Der Dienstgrad IV der Einzelpolizei und der Landesgendarmerie trägt übergeschnallt einen halblangen Säbel in schwarzer Lederscheide mit neusilbernem Mundblech, Schleppe und Griff mit schmalem Bügel, die Klinge je nach Körpergröße 55 bis 65 cm lang. Die ganze Waffe ist zwischen 71 und 80 cm lang.

Die Dienstgrade I bis IV der Bereitschaftspolizei tragen übergeschnallt ein kurzes Seitengewehr nach dem Muster der früheren Infanterie, die Klinge 37 cm, das ganze Seitengewehr in der Scheide 52 cm lang.

Die Berittenen tragen am Sattel eine langen Säbel in brünierter Stahlscheide mit Griff und schmalem glatten Bügel aus Neusilber. Im übrigen wie die Dienstgrade I bis IV.

Die Säbeltroddel der Dienstgrade I bis IV sind aus grüner Baumwolle mit runder, geschlossener Quaste, runder Eichel und beweglichem Schieber. Das Band ist 30 cm lang und 1,8 cm breit.

Das Portepee der Dienstgrade V bis XI hat eine runde, geschlossene Silberquaste, unten mit einer im Farbton der Landesflagge gehaltenen roten Füllung versehen. Der runde Stengel und der bewegliche Schieber sind mit roten Seidenfäden durchzogen. Das 30 cm lange und 1,8 cm breite, silberne Band hat zwei doppelte eingewirkte rote Seidenfäden. Zum Seitengewehr wird das Portepee an der Säbeltasche, beim langen Säbel am Griff getragen.

Für den Bereich der hessischen Bereitschaftspolizei bleibt die Frage offen, wie die Dienstkleidung vor der Bestimmung vom 1. Dezember 1926 ausgesehen hat. In der Primärliteratur, die in Hessen größtenteils durch Kriegseinwirkungen vernichtet worden ist, lassen sich bisher keine Bestimmungen ermitteln. Die jüngere Literatur bringt auch keine Erkenntnis zu diesem Bereich. In einem älteren Buch über die hessische Schutzpolizei[10] wird nur eine grobe Übersicht gegeben, die hier in Ermangelung exakter Quellen aufgeführt werden soll: »Der dienstfreie Beamte trägt die sogenannte Ausgehgarnitur. Diese besteht aus einer dunkelgrünen Bluse und langer, schwarzer Hose oder kurzer, schwarzer Stiefelhose, wobei schwarze Ledergamaschen zu tragen sind. Als Kopfbedeckung trägt der Beamte eine dunkelgrüne Mütze, an Waffen entweder den langen Säbel untergeschnallt oder das Infanterie-Seitengewehr übergeschnallt.

Der Wachanzug besteht aus grüner Bluse und kurzer oder langer, grüner Hose. Zur kurzen, grünen Hose trägt der Beamte grüne bzw. graue Wickelgamaschen. Die Ausrüstung an Waffen besteht bei diesem Dienst aus kurzem Seitengewehr, Gummiknüppel, Pistole 08 und Karabiner; außerdem trägt der Beamte einen Schulterriemen, der immer zum Dienstanzug gehört und somit ein unverkennbares Zeichen dafür ist, ob der Beamte sich im Dienst oder außer Dienst befindet. Der Anzug für den Streifendienst gleicht dem des Wachanzuges, nur mit dem Unterschied, daß der Karabiner in Wegfall kommt. Der Beamte besitzt außer den bereits angeführten Ausrüstungsgegenständen noch eine Signalpfeife, . . . Die Kopfbedeckung ist bei dem Wacht- und Streifendienst einheitlich und besteht aus der grünen Schirmmütze.«

In der Liste der Bekleidungs- und Ausrüstungsstücke werden in dem zitierten Buch gleichzeitig (neue) dunkelgrüne und graugrüne Mützen und Rockblusen sowie (neue) schwarze und graugrüne Hosen aufgelistet.

Die Gemeindepolizei von 1919 bis 1932

In den hessischen Gemeinden ohne staatliche Polizeiverwaltung, das sind in der Regel kleinere Ortschaften, wird der polizeiliche Aufgabenbereich in Fortsetzung der Verfahrensweise aus der Zeit des Großherzogtums noch immer von einem »gemeindlichen Ortsschutzdienst« wahrgenommen.

Für Hessen erfolgt das erste Reglement für die Dienstkleidung der Gemeindepolizeibeamten am 29. Januar 1929[11]. In der Verordnung werden die ab diesem Zeitpunkt aufgehobenen Bestimmungen exakt aufgeführt. Daraus ist eindeutig zu entnehmen, daß die nicht staatliche Gemeindepolizei im Volksstaat Hessen bis 1929 noch die Dienstkleidungsstücke aus der Zeit des Großherzogtums getragen hat.

Auch die nun am 29. Januar 1929 angeordnete Dienstkleidung entspricht im wesentlichen den alten Bestimmungen.

Die Mütze, in der üblichen steifen Form mit schwarzem Augenschirm, ist aus dunkelblauem Grundtuch. Der Besatzstreifen und der Vorstoß am Deckelrand sind aus kaliblauem Abzeichentuch. Vorn auf dem Besatzstreifen wird die hessische Kokarde getragen. Der Ende 1926 bei der staatlichen Polizei eingeführte Tschako wird hier nicht angeordnet.

Der Dienstrock mit verdeckter Knopfleiste ist aus dunkelblauem Grundtuch. Der Stehumfallkragen aus Grundtuch hat auf jeder Seite eine 7 cm lange und 3 cm breite Patte aus kaliblauem Abzeichentuch, die auf ihrem hinteren Ende einen kleinen, blanken Nickelknopf trägt. Die Ärmel haben glatte Aufschläge aus Grundtuch. Auf den Vorderschößen des Dienstrockes befinden sich zwei aufgesetzte Brusttaschen und zwei schräg eingeschnittene Schoßtaschen, alle mit Taschenklappen, die mit einem blanken Nickelknopf geschlossen werden. Der Rock hat keine Vorstöße.

Der Mantel, sofern ein solcher getragen wird, ist aus schwarzem Grundtuch. Der Kragen ist aus dunkelblauem Tuch, für Vorgesetzte aus kaliblauem Abzeichentuch. Die Ärmel haben glatte Aufschläge aus Grundtuch. Auf den Vorderschößen sind zwei schräg eingeschnittene Taschen mit Klappen angebracht. Der Mantel hat zwei nahezu parallel verlaufende Knopfreihen mit je sechs blanken Nickelknöpfen. Im Rücken sitzt ein Taillengurt, der mit einem Knopf zusammengehalten wird. Der Mantel ist ohne Vorstöße gearbeitet.

Die Hose ist aus blauschwarzem Grundtuch mit kaliblauen Vorstößen in den äußeren Längsnähten. Die Sommerhose ist aus leichterem Tuch in der gleichen Farbe.

Ein Säbel wird nicht getragen. Wo es erforderlich erscheint, kann ein Gummiknüppel mitgeführt werden.

In der hier wiedergegebenen Verordnung wird ausdrücklich darauf hingewiesen, daß »die Finanzlage der Gemeinden (es) erfordert, daß die zur Zeit im Gebrauch befindlichen Dienstkleidungs- und Ausrüstungsstücke, auch wenn sie den vorstehenden Anordnungen nicht entsprechen, aufgetragen werden.«

In der Verordnung sind keine Hinweise auf Dienstgradabzeichen vorhanden, sieht man einmal von der Änderung des Mantelkragens ab.

Anmerkungen

[1] Schreiben des hess. M.d.I. zu Nr. 31440
[2] Amtsblatt des M.d.I. 1922 Nr. 14
[3] ebenda 1926, Nr. 11
[4] Zeitschrift für Heereskunde Nr. 320/321, S. 85-117 f.
[5] Amtsblatt des M.d.I. 1923 Nr.1
[6] ebenda 1926 Nr. 11
[7] Schreiben des M.d.I. zu Nr. 27335
[8] Dienstvorschrift für die hessische Landesgendarmerie, Darmstadt 1927
[9] Zeitschrift für Heereskunde Nr. 320/321, S. 85-117 f.
[10] v. Klipstein: Die hessische Schutzpolizei o.O., o.J., S. 150 f.
[11] Amtsblatt des M.d.I. 1929 Nr. 2

Königreich Württemberg

Württemberg, im südwestlichen Teil Deutschlands gelegen, wurde im Jahre 1806 Königreich. Herzog Friedrich II. von Württemberg nahm als Friedrich I. die Königswürde an. Zur gleichen Zeit trat er, wie auch die anderen Herrscher der süddeutschen Staaten, dem napoleonischen Rheinbund bei. Unter König Karl I. wurde Württemberg am 1. Januar 1871 ein Bundesstaat des Deutschen Reiches. Sein Nachfolger, König Wilhelm II., mußte während der Novemberrevolution von 1918 auf den Thron verzichten. Am 9. November 1918 wurde die Republik in Württemberg ausgerufen. Das Land wurde ein »freier Volksstaat« und gab sich bereits am 20. Mai 1919 eine neue Verfassung.

Württemberg hatte eine territoriale Ausdehnung von etwa 19 500 qkm. Im Jahre 1871 hatte das Land etwa 1,8 Millionen Einwohner. Bis 1910 stieg die Einwohnerzahl auf 2,4 Millionen und Ende des Ersten Weltkrieges waren es etwa 4 Millionen Einwohner. Die Hauptstadt des Landes war Stuttgart.

Die polizeilichen Aufgaben wurden vom Landjägerkorps und von der Ortspolizei wahrgenommen.

Das Landjägerkorps wurde im Jahre 1807 gegründet. Es führte zu Beginn verschiedene Bezeichnungen, seit 1823 hat sich aber der Begriff Landjägerkorps gehalten. Entsprechend der Einteilung des Korps in drei Bezirke (Stuttgart, Reutlingen und Ellwangen) hatte das Korps neben dem Kommandeur noch drei, ab 1903 nur noch zwei Offiziere.

Im Jahre 1872 hatte das Korps 500 Angehörige, deren Zahl sich bis 1914 auf etwa 600 Landjäger erhöhte. Zuletzt war das Landjägerkorps auf 65 Haupt- und 348 Nebenstellen verteilt.

Die Ortspolizei war, was den Aufgabenbereich betrifft, einheitlich organisiert. Sie unterstand dem jeweiligen Gemeinderat, der auch Anstellungsbehörde war. In Stuttgart führte die Ortspolizei später die Bezeichung »Schutzmannschaft«, ohne daß diese, wie die Schutzmannschaften der anderen Länder, eine staatliche Polizei gewesen ist.

An dieser Stelle muß schon darauf hingewiesen werden, daß es im Königreich Württemberg keine einheitlichen Bestimmungen über die Dienstkleidung der Ortspolizei gegeben hat. Der Nachweis von Uniformierungsvorschriften einzelner Städte ist bisher nicht gelungen. Selbst die Archive in Stuttgart verwahren heute keine einschlägigen Vorschriften für die dortige Schutzmannschaft mehr.

Das Landjägerkorps 1872 bis 1917

Der Waffenrock der Landjäger[1] ist aus dunkelgrünem Grundtuch, in der Farbe etwa wie sie auch von der hessischen Gendarmerie getragen wird, mit ponceauroten Vorstößen. Er wird doppelreihig mit blanken Tombak- oder Messingknöpfen geschlossen. Die oberen Knöpfe sitzen etwa in der Mitte der Achselklappen. Die darunter angebrachten Knöpfe laufen schräg zur Körpermitte. Jede Reihe hat sechs Knöpfe. Der Waffenrock ist nicht zu vergleichen mit dem in der württembergischen Armee bis 1892 getragenen Waffenrock, bei dem die Knöpfe parallel zueinander standen. Ab dem Frühjahr 1893 werden neue Waffenröcke mit nur einer Reihe von acht Knöpfen ausgegeben[2] (Abb. 46).

Um den kornblumenblauen Stehkragen läuft eine goldene Unteroffizierstresse. An jeder Kragenseite ist eine Litze aus gelbem Tuch angebracht. Ab dem 2. Dezember 1892 hat der Kragen einen Vorstoß aus Grundtuch[3].

Die polnischen Ärmelaufschläge aus kornblumenblauem Tuch sind mit einer Tresse wie am Kragen besetzt. In der Spitze des Aufschlags sitzt ein Knopf. Die Vorstöße an den Aufschlägen sind ponceaurot.

Die Achselklappen aus Grundtuch mit ponceauroten Vorstößen tragen die rote Brigadenummer. Das Landjägerkorps war in drei Brigaden eingeteilt. Ab dem 30. November 1907[4] wird statt der Brigadenummer der königliche Namenszug (W) unter der Krone, beides aus rotem Tuch, getragen. Der Namenszug ist in seiner Form identisch mit dem bereits vom Dragoner Rgt. König (2. Württ.) Nr. 26 getragenen. Die Verleihung erfolgt aus Anlaß des hundertjährigen Bestehens des Landjägerkorps (Abb. 78 u. 79).

Im Rücken hat der Waffenrock zwei geschweifte Schoßtaschenleisten mit ponceauroten Vorstößen und je drei Knöpfen. Auch am linken Vorderstück des Rockes ist ein ponceauroter Vorstoß eingenäht.

In den Quellen taucht immer wieder die Dienstgradbezeichnung des »Landjägers I. Klasse« auf, ohne daß in den Bekleidungsbestimmungen etwas darüber

nachzulesen ist. Es ist anzunehmen, daß die Landjäger I. Klasse den Waffenrock der Landjäger tragen und dazu an jeder Kragenseite noch den großen
Wappenknopf (Sergeantenknopf).
Die Oberlandjäger (vor dem 7. Januar 1905 Stellvertretender Stationskommandant[5]) tragen den Waffenrock der Landjäger. Als zusätzliche Gradabzeichen werden quer über die Achselklappen schmale, silberne Tressen angebracht. **Die Stationskommandanten** tragen die Tresse in doppelter Breite.

Im Vergleich zu den militärischen Dienstgraden haben die Landjäger folgenden Rang[6]:

Landjäger	Unteroffizier
Landjäger mit mehr als sechs Dienstjahren (wohl der Landjäger I. Klasse)	Sergeant
Landjäger, denen das silberne Portepee am Offi- ziers-Seitengewehr verliehen wurde	Vizefeldwebel
Stationskommandanten auf Probe bzw. Oberlandjä- ger	Vizefeldwebel
Stationskommandant	Feldwebel

Die Litewka wird am 27. Dezember 1901 eingeführt[7], als Sommerbekleidung
aber im Sommerhalbjahr 1902 erstmals getragen. Sie ist aus feldgrauem Tuch
in der Form, wie die Litewken des Militärs, mit Klappkragen.

Eine nähere Beschreibung liegt nicht vor, aus Abbildungen ist aber folgendes
zu erkennen: der Klappkragen hat Tressenbesatz und dürfte aus dunkelgrünem Tuch gewesen sein. Auf den Schultern sind wohl die Achselklappen wie
am Waffenrock getragen worden. Die Litewka hat eine verdeckte Knopfleiste,
glatte Ärmel und zwei Taschen auf den Vorderschößen.

Die Hose ist aus dunkelgrauem Tuch mit ponceauroten Vorstößen in den äu-
ßeren Seitennähten. Ab 1878 darf in der warmen Jahreszeit eine stahlgraue
Sommerhose getragen werden[8].
Der Mantel aus schwarzem, ab 1895 aus grauem Tuch hat Kragen und Ärmelaufschläge aus Grundtuch. In jeder Kragenecke ist eine kornblumenblaue Patte angebracht. Ab dem 4. August 1915 ist der Mantel aus feldgrauem Tuch. Im
Sommer des Jahres 1900 wird ein leichter grauer Mantel aus imprägniertem
Tuch eingeführt.
Der Helm der Landjäger ist aus schwarzem Leder mit gelben Beschlägen und
gewölbter Schuppenkette. Die Helmzier besteht aus dem beim Militär üblichen gekrönten Wappen, gehalten von je einem Löwen und einem Hirsch;
darunter die Devise »Furchtlos und trew«. Die Helmspitze hat eine Tellerbasis

und wird mit Buckelschrauben am Helm befestigt. Der Augenschirm ist eckig. Unter der rechten Schuppenkettenbefestigung wird die Kokarde in den Landesfarben getragen. Die Reichskokarde wird nicht angelegt[9]. Zur Parade wird ein schwarzer Roßhaarbusch getragen (Abb. 47).

In den Bestimmungen wird von einem Infanteriehelm gesprochen. Auf alten Abbildungen ist das oben beschriebene, vom regulären Infanteriehelm der württembergischen Truppen abweichende Modell, jedoch deutlich zu identifizieren. Die Zusammenstellung von runder Spitzenbasis und eckigem Augenschirm ist sehr ungewöhnlich[10].

Die Mütze in der üblichen Form ist aus dunkelgrünem Grundtuch mit kornblumenblauem Besatzstreifen und ponceauroten Vorstößen. Vorn auf dem Besatzstreifen wird die Landeskokarde getragen. Die Reichskokarde wird auch zur Mütze nicht angelegt.

Im Jahre 1889 werden in Württemberg berittene Landjäger eingeführt[11]. Sie tragen die Uniform der nicht berittenen Landjäger, jedoch mit Reithosen und hohen Dragonerstiefeln.

Der Leibriemen ist schwarz, mit einem gelben Kastenschloß. Auf dem Schloß wird eine runde, neusilberne Platte mit dem königlichen Namenszug im Lorbeerkranz aufgelegt.

Die Patronentasche der nicht berittenen Landjäger und der Kartuschkasten der Berittenen haben auf dem Deckel den jeweiligen gekrönten Namenszug des Monarchen aus gelbem Metall. Das Bandelier zum Kartuschkasten ist aus schwarzem Leder mit gelben Beschlägen, jedoch ohne Brustbeschläge.

Im Königreich Württemberg regierten in der hier maßgebenden Zeit zwischen 1865 und 1891 König Karl, danach, bis zum Ende der Monarchie, König Wilhelm II.

Als Seitenwaffe wird ein Yatagan mit gelbmetallenem Griff in einer Stahlscheide getragen. Die berittenen Landjäger tragen den Kavalleriesäbel. An der Waffe wird das Troddel der Unteroffiziere getragen.

Die Stationskommandanten tragen den jeweiligen Infanterie-Offiziersdegen mit silbernem Portepee, übergeschnallt am Leibriemen.

Den nicht im Range eines Stationskommandanten stehenden Landjägern konnte seit dem 11. Oktober 1891 nach einer Gesamtdienstzeit von 18 Jahren, davon mindestens drei Jahre im Landjägerkorps, das silberne Portepee am Offiziersseitengewehr verliehen werden[12]. Ab dem 17. Januar 1905 wurde die erforderliche Gesamtdienstzeit auf zwölf Jahre herabgesetzt[13].

Neben der geforderten Dienstzeit müssen die Landjäger zur Verleihung des silbernen Portepees noch die Voraussetzung mitbringen, daß sie »mindestens die Führung »gut« haben, im letzten Jahr nicht mit Arrest bestraft worden sind und nicht in einer gerichtlichen oder disziplinären Untersuchung stehen«[14].

Aus den bisher vorhandenen Quellen zur Uniformierung des württ. Landjägerkorps geht nicht hervor, ob die Angehörigen des Korps die während der Militärdienstzeit erworbenen Auszeichungen (Schießauszeichnung usw.) und auch das silberne Portepee bei dem Landjägerkorps weiter tragen dürfen. Da sich die Bestimmungen in Württemberg jedoch auf die für die preußische Landgendarmerie ergangenen Vorschriften stützen, ist davon auszugehen, daß die obengenannten Auszeichnungen auch im Landjägerkorps getragen werden.

Das Offizierskorps des königlich württembergischen Landjäger bestand seit dem 1. Juli 1872 aus vier[15], ab dem 27. Mai 1903 aus drei[16] Offizieren, immer einschließlich des Korpskommandeurs.

Der Waffenrock der Offiziere richtet sich, wie auch bei den Mannschaften, nach den Bestimmungen für die preußische Landgendarmerie, jeoch mit einigen für Württemberg typischen Abweichungen[17]. Die Offiziere des Landjägerkorps tragen danach den Waffenrock der Mannschaften, jedoch mit folgenden Abweichungen: der Kragen ohne Unteroffizierstresse hat auf jeder Seite goldgestickte Litzen. Die Ärmel haben schwedische Ärmelaufschläge aus kornblumenblauem Tuch mit je zwei goldgestickten Litzen mit Knopf. Die Offiziere der preußischen Landgendarmerie trugen schon seit 1865, im Gegensatz zu den Mannschaften, die schwedischen Ärmelaufschläge am Waffenrock[18].

Die Dienstgrade werden durch Achselstücke, oder bei feierlichen Anlässen durch Epauletten, angezeigt. **Die Achselstücke** gleichen denen des Militärs. Die Stabsoffiziere tragen auf einer grünen Unterlage ein Geflecht aus Silberschnur, die mit schwarzroten Seidenfäden durchzogen ist. Die Offiziere vom Hauptmann einschließlich abwärts tragen die Achselstücke mit Silbertresse, ab 1888 (analog zum Militär) aus Silberplattschnur, jeweils mit schwarzroten Durchzügen. Die Form der Achselstücke ist zuvor schon mehrfach beschrieben worden. Die Gradunterschiede werden durch vergoldete Sterne in der üblichen Verfahrensweise angezeigt.

Die Brigadenummer wird von den Offizieren weder auf den Achselstücken noch auf den Epauletten getragen, wohl aber der im Jahre 1907 eingeführte Namenszug[19]. Bei den Offizieren ist der Namenszug aus vergoldetem Metall. **Die Epauletten** haben grüne Felder und Schieber mit ponceauroter Unterfütterung. Die Schiebertresse ist silberfarben mit schwarzroten Durchzügen, wie auch die Passanten. Die glatten Halbmonde sind vergoldet. Bei den Stabsoffizieren haben die Epauletten lose Kantillen. Die Gradunterschiede werden wie bei den Achselstücken angezeigt (Abb. 77).

Die Hose der Offiziere unterscheidet sich nicht von den Hosen der Landjäger. Die stahlgraue Sommerhose wird aber nicht getragen.

Der Paletot ist aus schwarzem Tuch, wie bei den Landjägern. Der Kragen ist kornblumenblau mit ponceauroten Vorstößen. Am 12. Februar 1894 werden hellgraue Offiziersmäntel eingeführt[20].

Der Überrock ist aus fast schwarzem Tuch, ab dem 19. August 1903 aus dunkelgrünem Tuch wie der Waffenrock[21]. Der Stehkragen aus kornblumenblauem Tuch hat keine weiteren Abzeichen. Die Ärmel haben glatte Aufschläge, die Schoßtaschenleisten sind gerade, mit je zwei Knöpfen. Der Überrock wird mit zwei Reihen von je sechs Knöpfen geschlossen. Die glatten Knöpfe sind vergoldet. Die Vorstöße am Überrock sind ponceaurot.

Die Litewka aus grauem Tuch wird im Sommer 1901 eingeführt[22]. Sie hat einen Klappkragen mit kornblumenblauen Patten und je einem Knopf darauf und wird mit zwei Reihen von je sechs Knöpfen geschlossen. Ob der Kragen, wie beim württ. Militär, auch aus grauem Samt ist, wird in den Vorschriften nicht erwähnt.

Der Helm gleicht dem der Landjäger mit folgenden Abweichungen: die Beschläge sind vergoldet. Die stärker verzierte Helmspitze hat eine Kreuzblattbasis, die mit Sternschrauben am Helmkörper befestigt ist. Neben der Landeskokarde wird ab dem 4. August 1909 auch noch die deutsche Kokarde am Helm getragen[23]. Die Befestigung erfolgt in der üblichen Art (Abb. 77).

Die Mütze gleicht der Offiziersmütze der Armee. Sie ist aus dunkelgrünem Tuch mit kornblumenblauem Besatzstreifen und ponceauroten Vorstößen. Die Regelung hinsichtlich der Kokarden ist wie beim Helm.

Die Seitenwaffe der Offiziere ist die Waffe, die sie zuletzt in der Armee getragen haben. An der untergeschnallten Waffe wird das Offiziersportepee wie bei der Armee getragen.

Die Schärpe und die Feldbinde sind aus Silbergespinst mit zwei Durchzügen in den Landesfarben. Das vergoldete Feldbindenschloß gleicht dem beim württ. Militär getragenen.

Das Landjägerkorps 1917 bis 1918

Am 19. Mai 1917 hat der König eine Änderung in der Uniformierung, Ausrüstung und Bekleidung befohlen, die mit Korpsbefehl Nr. 11 und 12 am 14. September 1917 bekanntgegeben werden[24]. Es wird eine feldgraue, dem Militär angepaßte Dienstkleidung eingeführt:

A Offiziere

1. **Das Grundtuch** für alle Bekleidungsstücke — ausgenommen die Hosen — ist künftig feldgrau, das Hosentuch grau, nach den für die Armee festgelegten Proben.

2. **Kragen** und **Ärmelaufschläge** des Waffenrocks sind dunkelgrün mit ponceaurotem Vorstoß, die Stickerei bleibt wie bisher.

3. **Die Mütze** hat dunkelgrünen Besatzstreifen und ponceaurote Vorstöße um dessen oberen und unteren Rand sowie um den Rand des Deckels. Der Schirm ist schwarz lackiert.

4. **Der Überrock** und die bisherige graue **Litewka** scheiden aus der Ausstattung aus; an ihre Stelle tritt der **kleine Rock** (wie er 1915 für die Offiziere der Armee eingeführt worden ist). Dieser hat dunkelgrüne Patten mit ponceaurotem Vorstoß.

5. An die Stelle der bisherigen **Mäntel** und **Paletots** tritt das Muster des feldgrauen Mantels, wie für die königlichen Truppen vorgeschrieben, mit Kragen aus dunkelgrünem Tuch (oben und unten) und mit ponceaurotem Vorstoß.

6. Eine graue Halsbinde statt der bisherigen schwarzen. Zum »kleinen Rock« darf unter der Halsbinde ein in der Höhe von 3 mm sichtbarer weißer Kragen getragen werden.

7. Die graue **Tuch- und Galahose** erhält in den Seitennähten einen ponceauroten Vorstoß. Die Streifen daran sind dunkelgrün.

8. Zu den **Waffenröcken** und zu dem kleinen Rock darf auch Trikot verwendet werden, zu den Mänteln dagegen nur Tuch, das im Aussehen völlig der für die Mannschaften gültigen Probe entspricht.

9. **Der Helm** erhält eine abnehmbare Spitze.

10. Das Schuhzeug ist geschwärzt zu tragen.

11. An die Stelle der bisherigen Ordensschnalle treten eine große Ordensschnalle (mit Orden) und eine kleine Ordensschnalle (ohne Orden).

12. Die 5,5 cm breiten **Achselstücke** — wie für aktive Offiziere — haben dunkelgrüne Unterlage und einen ponceauroten Randstreifen.

13. **Epauletten** und Epaulettenhalter fallen fort.
    An die Stelle der **Feldbinde** tritt das Feldkoppel nach der Vorschrift für die Offiziere der königlichen Truppen.

14. Zu den gestatteten Stücken gehören: Umhang, Bluse, Stiefelhose, hohe Stiefel, schwarze Schnürschuhe mit Gamaschen. Auftragen des dunkelbraunen Schuhzeugs ist gestattet.

15. Die jetzt vorhandenen Bekleidungs- und Ausrüstungsstücke sind unverändert aufzutragen, indessen sind nicht mehr zu tragen: Feldbinden ohne Umhüllung, Epauletten und Epaulettenhalter. Achselstücke a/A sind baldmöglichst durch solche n/A zu ersetzen. Patten und Vorstöße an den bisherigen Litewken sind möglichst bald nach der Vorschrift für den »kleinen Rock« zu ändern.

B Mannschaften

1. **Das Grundtuch** für alle Bekleidungsstücke — ausgenommen die Hosen — ist künftig feldgrau, das Hosentuch ist grau, nach den für die Armee festgesetzten Proben.

2. **Der Waffenrock** ist nach der Probe wie für die preußischen Landgendarmen. Kragen und Aufschläge sind dunkelgrün mit Vorstoß am Kragen, vor dem roten ein grüner Vorstoß, an Kragen und Ärmelaufschlägen gelbkamelgarnene Litzen mit dunkelgrünem Streifen und glatten, goldenen Tressen, ehemalige Feldwebel und Wachtmeister wie die Stationskommandanten tragen eine zweite, 13 mm breite goldene Tresse über derjenigen des Ärmelaufschlages, die Vorstöße sind allgemein ponceaurot. Die Knöpfe blank, aus Tombak, die Schulterklappen wie bisher, 4,5 cm breit. Stationskommandanten tragen eine 15 mm breite silberne Einfassungstresse oben und an den Seiten der Schulterklappen und den Namenszug aus Metall.

3. **Die Mütze** hat einen dunkelgrünen Besatzstreifen und ponceaurote Vorstöße um dessen oberen und unteren Rand sowie um den Rand des Deckels. Der Schirm ist schwarz lackiert. Die Kokarde ist bei Stationskommandanten und Landjägern mit Offiziersseitengewehr wie die Landeskokarde der Feldwebel.

4. An die Stelle der bisherigen Sommergarnitur, Litewka und Hose, tritt die Bluse aus feldgrauem Tuch und die Hose aus grauem Tuch als Sommerkleidung, je aus leichterem Stoff gefertigt. **Die Bluse** hat einen Klappkragen aus dunkelgrünem Tuch (oben und unten) mit ponceaurotem Vorstoß; am Kragen Unteroffiziersborte und graue Doppellitze mit dunkelgrünem Spiegel und gelben Streifen. An den Ärmeln der ehemaligen Feldwebel und Wachtmeister sowie bei den Stationskommandanten befindet sich eine 17 mm breite Borte über derjenigen des Aufschlags. **Die Schulterklappen** sind wie bisher, 4,5 cm breit, bei den Stationskommandanten eine 15 mm breite silberne Einfassungstresse wie am Waffenrock und mit Namenszug aus mattem Metall. Die Kronenknöpfe sind matt, aus Tombak, sonst ist die Bluse nach Probe wie für die Feldgendarmerie, jedoch ohne Seitenhaken und statt der Hakenknöpfe hinten gewöhnliche Knöpfe, ohne Lasche am Kragen zum Hochschlagen und die Schulterklappen sind eingenäht statt aufgenäht.

5. An die Stelle der bisherigen Wintermäntel und Sommermäntel tritt der feldgraue **Mantel,** nach der Probe für die königlichen Truppen, im einheitlichen Schnitt für Unberittene und Berittene, für letztere mit verlängertem Schlitz und Knöpfen. Der Umhang ist nach Probe wie für die Königlich Preußische Landgendarmerie, mit Schlitz und mit drei Knöpfen gearbeitet. Beide erhalten dunkelgrüne Kragen (oben und unten) mit pon-

ceaurotem Vorstoß. Der Mantel hat matte Kronenknöpfe aus Tombak und Schulterklappen wie am Waffenrock.

Die Stationskommandanten tragen auf dem Kragen des Mantels und des Umhanges statt der roten Borte mit schwarzem Streifen zwei senkrechte Streifen silberner Tresse, wie sie für die Einfassung ihrer Schulterklappen vorgeschrieben ist.

6. An die Stelle der bisherigen schwarzen Halsbinde tritt eine graue.
7. Mannschaften, denen das Portepee noch nicht verliehen ist, tragen am Säbel die Säbeltroddel der Unteroffiziere.
8. Die Säbelscheiden der berittenen Mannschaften werden geschwärzt, das untere Ringband mit Ring wird entfernt. An dem Überschnallkoppel fällt der Schleppriemen fort.
9. Zum Dienstanzug der Fußlandjäger sind die kurzen Stiefel zu tragen, im Streifendienst sind die hohen Stiefel gestattet.
10. **Der Helm** erhält statt der Schuppenkette einen Kinnriemen. Zum Helm wird der Überzug ohne Abzeichen zum Anlegen auf besonderen Befehl eingeführt.
11. An die Stelle der bisherigen Ordensschnalle treten eine große Ordensschnalle (mit Orden) 4 cm breit, oder eine kleine Ordensschnalle (ohne Orden), 1,7 cm breit. Für die Art und Ausstattung der großen Ordensschnalle gilt die bisherige Form, glatt bezogen mit Vorrichtung zum Anhängen der Orden und Ehrenzeichen. Die kleine Ordensschnalle hat die für Offiziere vorgeschriebene Form.
12. Braune Handschuhe können auch fernerhin beschafft werden.
13. Die vorhandenen Bekleidungs- und Ausrüstungsstücke sind aufzutragen; indessen sind nicht mehr zu tragen: Bandelier und Kartusche seitens der berittenen Mannschaften.

Zur Ausführung der Änderungen hat das königliche Ministerium mit Erlaß vom 23. Mai 1917 folgendes genehmigt:

1. Die Herstellung der Bluse aus leichterem Tuch als Sommerkleidung erfolgt wegen der Beschäftigung der Fabriken durch die Heeresverwaltung erst nach dem Krieg.
   Sie erhält an der vorderen linken Rockschoßseite eine kleine Innentasche für das Verbandpäckchen.
2. Der Waffenrock erhält ebenfalls eine kleine Innentasche für das Verbandpäckchen.
3. Die Hosen erhalten eine hintere Gesäßtasche auf der rechten Seite.
4. Die Beschaffung der Säbeltroddel mußt für eine passende Zeit vorbehalten bleiben.

5. Die Fütterung der bisherigen Wintermäntel für Berittene erfolgt künftig mit gewöhnlichem Futter.
6. Über die Dauer des Kriegszustandes sind Schnürschuhe und Ledergamaschen gestattet.
7. Der untere Bänderrand der großen Ordensschnalle schneidet beim Waffenrock etwa mit dem zweiten Knopfloch von oben ab. Die Öse zur kleinen Ordensschnalle auf der linken Brust sitzt 1,5 cm tiefer als der erste Knopf.

Die Polizei der Städte

Neben der Ortspolizei gab es in den großen und mittleren Städten des Königreiches Württemberg noch eine städtische Polizei. In der Landeshauptstadt Stuttgart nannte man sie »Schutzmannschaft«. Sie war militärisch organisiert, unterstand aber dem Stadtrat. In den anderen Städten des Landes gab es ähnliche Einrichtungen.

Aus den Archiven sind bei der Vorbereitung dieser Arbeit keine Quellen zur Uniformierung der städtischen Polizei bekannt geworden. Eine einheitliche Regelung hat es für das Land nicht gegeben. Auch in der Literatur findet die Uniformierung der städtischen Polizei kaum Erwähnung. Die vermutlich umfangreichste Beschreibung findet sich bei Max Weiß[25].

Nach Weiß trägt die Schutzmannschaft in Stuttgart »einen zweireihigen Waffenrock aus dunkelblauem Tuch mit roten Vorstößen und silbernen Kragentressen. Die Beschläge (wohl Knöpfe, Anm. d. Verf.) sind weiß. Der Kragen und die Achselklappen sind aus Rocktuch, letztere tragen die Ordnungsnummer. Die Wachtmeister tragen einzopfige Achselstücke mit gotischem Stadtwappenschild, die Oberwachtmeister außerdem einen Stern auf den Achselstücken und am Kragen silberne Sägetressen. Als Beinkleid dient eine schiefergraue Hose mit roter Biese. Die im Sommer zu tragende Litewka ist aus dunkelblauem Tuch. Die Sommerhose ist aus leichtem grauen Stoff ohne Biese. Der Schutzmannssäbel wird am schwarzen Unterschnallkoppel getragen. Die Uniformen der Schutzmannschaften in den anderen Städten und Gemeinden sind verschieden.«

Zu den Dienstgraden der Schutzmannschaft in Stuttgart sagt Weiß: »Oberster Vorgesetzter ist der städtische Polizeidirektor, dem als unmittelbarer Vorgesetzter der Schutzmannschaft der Polizeihauptmann untergeordnet ist. Weitere Vorgesetzte der Schutzmannschaft sind die Polizeiinspektoren, Oberwachtmeister und Wachtmeister.«

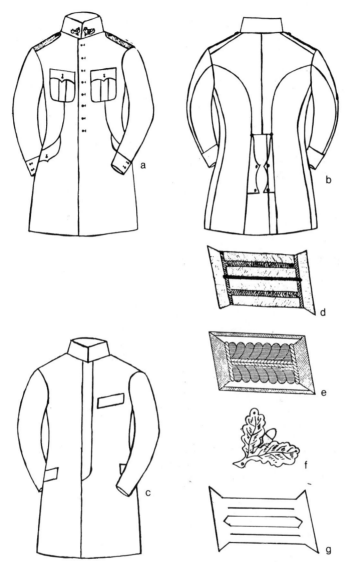

32 **Freistaat Bayern**
Uniformteile der Landespolizei
a) Rockbluse, b) Rockbluse, Rückenansicht, c) kleiner Rock für Offiziere, d) Kragenlitze für Offiziere und Kommissare, e) Kragenlitzen in Kolbenstickerei für höhere Beamte der Verwaltungspolizei ab dem 25. Oktober 1932. Die anderen Offiziere der
Verwaltungspolizei tragen die Litzen ohne Einfassung, f) Kragenabzeichen aus versilbertem Metall für Wachtmeister (S.B.), g) Kragenlitze für Wachtmeister (S.B.) ab dem
19. Oktober 1933.

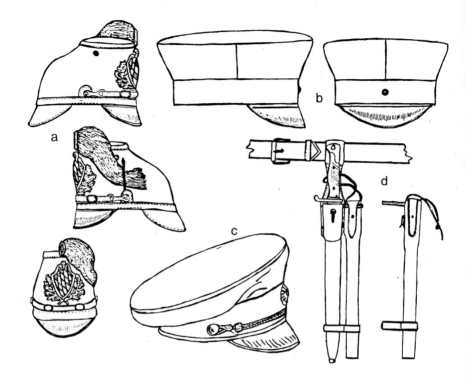

33 **Freistaat Bayern**
Ausrüstungsteile der Landespolizei
a) Tschako mit Parade - Haarbusch für alle Dienstgrade; bei den Offizieren ab dem 1. Mai 1934 mit Schuppenketten
b) Steife Dienstmütze
c) Klappmütze, hier mit Silberkordel für Offiziere
d) Wehrgehänge; Leibriemen mit 1-Dorn-Rollschnalle, Seitengewehr mit Leibriemenköcher und Schlagstock mit Lederköcher.

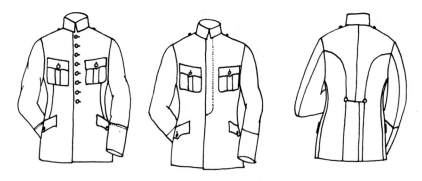

34 Grundmuster der Rockblusen, wie sie zwischen 1919 und 1933 von der Polizei und Gendarmerie vieler Staaten getragen wurde.

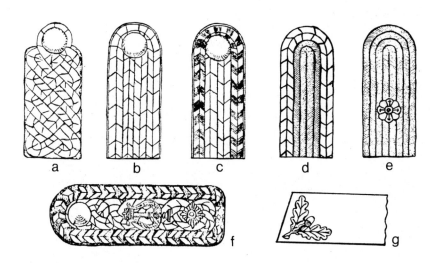

35 **Freistaat Bayern**
Landespolizei
Achselstücke aus Silberplattschnur mit blauen Durchzügen auf stahlgrüner Unterlage: a) Major bis Oberst, b) Leutnant bis Hauptmann. Die Gradsterne der Offiziere sind versilbert, ab Mitte 1933 vergoldet. c) Achselstücke aus Silberplattschnur (innen) mit blauen Durchzügen und stahlgrüner Wollplattschnur (außen) mit 5 mm breiten Silberdurchzügen, auf stahlgrüner Unterlage, für Kommissare. Die Oberkommissare tragen immer einen versilberten Stern. d) Achselstücke aus Silberplattschnur (außen) mit blauen Durchzügen und stahlgrüner Wollplattschnur (innen) auf stahlgrüner Unterlage, für Wachtmeister, Oberwachtmeister mit einem, Hauptwachtmeister mit zwei silbernen Sternen. e) Achselstücke aus stahlgrüner Wollplattschnur auf stahlgrüner Unterlage für Hilfswachtmeister, Unterwachtmeister mit einer, Rottmeister mit zwei silbernen Rosetten.

36 **Großherzogtum Hessen**
Wachtmeister der Gendarmerie nach 1897, mit Achselschnüren und Kleeblattstegen unter den Achselklappen.

37 **Großherzogtum Hessen**
Helm für Offiziere der
Schutzmannschaft während
der Regierungszeit des Großherzogs Ernst Ludwig. Bei
den Mannschaften fehlt der
Lorbeer- und Eichenlaub-
kranz.

38 **Großherzogtum Hessen**
Schutzmann der hessischen
Schutzmannschaft. An der
Mütze die im Jahre 1889 ver-
liehene Fürstenkrone.

39 Großherzogtum Hessen
Schutzmann der hessischen Schutzmannschaft um 1910.

40 **Großherzogtum Hessen**
Oberwachtmeister der Schutzmannschaft im Überrock.

184

41 **Volksstaat Hessen**
Stadtpolizei Bingen am Rhein im Jahre 1923. Hier noch in der vollständigen Uniform, einschließlich der Auszeichnungsknöpfe, aus der Zeit des Großherzogtums. Die Achselklappen sind nach der neuen Vorschrift.

42 **Volksstaat Hessen**
Staatliche Ortspolizei im Oktober 1929. Die beiden vorderen Beamten tragen am Kragen die im Jahre 1926 eingeführte Blattzier.

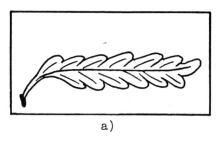

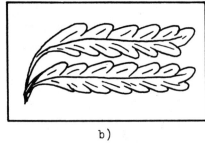

a)

b)

43 Volksstaat Hessen
Kragenspiegel nach der Vorschrift von 1926:
a) für Obermeister der Bereitschaftspolizei und der staatlichen Ortspolizei; mit einer 3 mm breiten Silberschnureinfassung für Obermeister der Gendarmerie.
b) für Pol.-Kommissare, -Inspektoren, -Oberinspektoren sowie -Amtmänner und für die Offiziere der Bereitschaftspolizei; mit einer 3 mm breiten Silberschnureinfassung für Kommissare und Inspektoren der Gendarmerie.
Kragenpatten aus karmesinrotem Tuch, Blattzier in Silberstickerei oder geprägtem Metall.

44 Volksstaat Hessen
Hauptwachtmeister der staatlichen Ortspolizei mit dem 1929 eingeführten Tschako.

45 Königreich Württemberg
Landjäger bei einem Militär-
manöver, im Vordergrund ein
Oberwachtmeister.

1865. 1872. 1903. 1893.

**46 Königreich Württem-
berg**
Landjäger in verschie-
denen Uniformen.

187

47 **Königreich Württemberg**
Helm der Landjäger mit gelben
Beschlägen; deutlich die sonst
nicht übliche Kombination von
eckigem Augenschirm und Spitze
mit Tellerbasis.

48 **Freistaat Württemberg**
a) das 1932 verliehene Mützenabzeichen für
die Angehörigen des Landjägerkorps,
b) Wappen für die Schulterklappen und an
den Mützen der Polizei und Landjägerei.

50 **Freistaat Württemberg**
Uniformen der staatlichen Polizei, gezeigt bei einer Polizeiausstellung im Jahre 1926.

49 **Freistaat Württemberg**
Angehörige der staatlichen Polizei. Die beiden Beamten in der Mitte tragen auf den linken Oberärmeln das Abzeichen für das Stammpersonal der Polizeischule.

RDMER. — Col de la Schlucht. — Gendarme Allemand. — L

51 Reichslande
Gendarm der Reichsgendarmerie nach 1903, mit braunem Lederzeug.

52 Reichslande
Gendarm der Reichsgendarmerie, gut sichtbar das »Seitengewehr für Fahnenträger«.

53 Reichslande

Reichsgendarmerie, Helm für nicht berittene Gendarmen und Wachtmeister, mit gelben Beschlägen. Die gleiche Helmzier in versilberter Ausführung wird von den Offizieren und Wachtmeistern der kaiserlichen Schutzmannschaft getragen.

54 Reichslande

Kaiserliche Schutzmannschaft

a) Kragenstickerei aus Silberfäden für Kommissare, b, c, d) Verschiedene Formen des Reichsadlers, wie sie in der Aussparung der Kragenstickerei getragen wurden, e) die Form dieser Kragenstickerei ist nicht mit Sicherheit nachgewiesen.

191

55 **Reichslande**
Schutzmann der kaiserlichen Schutzmannschaft um 1910 im Umhang.

56 **Reichslande**
Schutzmann der kaiserlichen Schutzmannschaft. Uniform dunkelblau, Vorstöße hellblau. Knöpfe, Tressen, Helmbeschläge und Schuppenkette silberfarben.

In den anderen Gemeinden mit selbständigen Polizeiämtern, schreibt Weiß, heißt der Vorstand Polizeirat oder Polizeiamtmann, soweit er akademische Vorbildung hat, sonst Polizeikommissär. Die weiteren Vorgesetzten der Schutzmannschaft sind auch da die Polizeiinspektoren, Oberwachtmeister, Wachtmeister und Polizeiunteroffiziere.

Zur Uniformierung der Schutzmannschaft Stuttgart darf ergänzend angefügt werden, daß aus wenigen alten Fotografien noch weitere Fakten zu entnehmen sind.

Die Ärmel des Waffenrockes haben schwedische Aufschläge, die mit Silbertresse besetzt sind. Bei den höheren Dienstgraden scheinen die Ärmelaufschläge und der Stehkragen aus Samt gewesen zu sein. Es wird auch ein Leibriemen mit Kastenschloß getragen.

Der Helm, bei Weiß nicht erwähnt, hat einen eckigen Augenschirm und eine gewölbte Schuppenkette. Die Kugelspitze ist identisch mit den Helmspitzen, wie sie bei der Artillerie der alten Armee üblich gewesen sind. Als Helmzier dient in Stuttgart ein Wappen mit drei Geweihstangen.

Da die Farbe der Beschläge immer mit der Knopffarbe übereinstimmen muß, kann angenommen werden, daß der Helm der Schutzmannschaft Stuttgart neusilberne oder versilberte Beschläge gehabt hat.

Die Uniformierung der Ortspolizei

Im Königreich Württemberg war, ähnlich wie im Großherzogtum Baden, für die Dienstkleidung des Polizeipersonals in den Orten bis zu Beginn dieses Jahrhunderts nie eine Vorschrift für die Beschaffenheit der Dienstkleidungsstücke erlassen worden. Es war den Gemeinden oder den Ortspolizeidienern selbst überlassen, durch welche Kleidungs- und Ausrüstungsstücke sie sich den Bürgern als Polizeibedienstete ausweisen wollten.

In der Regel, das belegen ältere Vorgänge, richtete man sich nach den Uniformen des Militärs oder des Landjägerkorps. Es bestand jedoch keine Einheitlichkeit im Lande. Ein Erlaß des Ministeriums des Inneren vom 10. Februar 1906 soll die Situation beispielhaft belegen: »Es ist zur Kenntnis des Ministeriums gekommen, daß in manchen — insbesondere ländlichen — Gemeinden die Ortspolizeidiener eine mit der Uniform der Landjäger übereinstimmende Dienstkleidung tragen, wodurch unerwünschte Verwechslungen hervorgerufen werden können[26]. Die Ortspolizeibehörden werden daher angewiesen, dafür zu sorgen, daß die Dienstkleidung der Ortspolizei erforderlichenfalls so abgeändert und bei Neuanschaffungen so gewählt wird, daß eine Verwechselung mit der Landjägeruniform ausgeschlossen ist.

Die königlichen Oberämter werden die Befolgung dieser Anordnung insbesondere bei den Gemeindevisitationen überwachen.«

Die erste — unverbindliche — Vorschrift für die Bekleidung und Ausrüstung der Polizeibeamten in den Gemeinden und in den kleineren Städten stammt vom 14. März 1909[27]. Zur Verdeutlichung der tatsächlichen Zustände der damaligen Zeit erscheint es sinnvoll und zweckmäßig, hier neben den Beschreibungen der Dienstkleidungsstücke auch noch die Begründung für den Erlaß der unverbindlichen Vorschrift im Wortlaut aufzuführen.

Erlaß des Ministeriums des Inneren an die K. Oberämter, betreffend die Dienstkleidung der Polizeiunterbeamten vom 14. März 1909

Die Erhebungen, welche in letzter Zeit in Beziehung auf die Bekleidung und Ausrüstung der mit der Ausübung des Sicherheits- und Straßendienstes in den Gemeinden befaßten Polizeiunterbeamten angestellt worden sind, haben ergeben, daß die Polizeiunterbeamten in allen großen und mittleren sowie in den meisten kleineren Städten in ganz angemessener Weise bekleidet und ausgerüstet sind, daß aber der Zustand der Bekleidung und Ausrüstung in einem großen Teil der übrigen Gemeinden noch immer vieles zu wünschen übrig läßt. In manchen dieser letzteren Gemeinden unterscheidet sich die Dienstkleidung der Polizeiunterbeamten nicht genügend von der Bekleidung der Truppenteile und der Dienstkleidung der Landjäger und in vielen weiteren, namentlich ländlichen Gemeinden ist die Art der Bekleidung und Bewaffnung der Polizeidiener eine derartige, daß sie dem Zweck der Hebung des dienstlichen Ansehens keineswegs entspricht. Mit Rücksicht auf diese Tatsache ist von zahlreichen Gemeinden der Wunsch ausgesprochen worden, es möchten für die einzelnen Bekleidungs- und Ausrüstungsstücke einheitliche Muster bestimmt werden, welche insbesondere von den Landgemeinden, aber auch von kleineren Städten bei der Bekleidung und Bewaffnung ihrer Polizeiunterbeamten in Zukunft gleichmäßig zugrunde gelegt werden könnten.

Den dahingehenden Wünschen hat das Ministerium durch die Aufstellung folgender Musterbestimmungen entsprochen, welche, ohne daß ihnen die Bedeutung der zwingenden Vorschrift zukäme, vorzugsweise den kleineren Gemeinden einen Anhalt für eine zweckentsprechende Bekleidung und Ausrüstung ihrer Polizeiunterbeamten und im Zusammenhang damit in beschränktem Umfang auch ihres Feld- und Waldschutzpersonals geben sollen.

Bekleidung und Ausrüstung der Polizeiunterbeamten

Der Waffenrock ist einreihig, nach dem Schnitt der Landjägerröcke, aus dunkelblauem Tuch und mit ponceauroten Vorstößen versehen. Er hat einen Stehkragen aus schwarzem Tuch, schwedische Ärmelaufschläge und Schulterklappen aus Grundtuch mit ponceauroten Vorstößen. Auf den Schulterklappen ist der Anfangsbuchstabe der betreffenden Gemeinde in lateinischer Schrift aus Messing angebracht. Am Kragen und an den Ärmelaufschlägen befindet sich eine 20 mm breite Goldtresse. Die Rangabzeichen der in Gemeinden mit mehreren Polizeiunterbeamten angestellten Polizeisergeanten und Polizeiwachtmeister bestehen aus zwei rechts und links am Kragen angebrachten Sergeantenknöpfen.

Bei warmer Witterung kann statt des Waffenrockes eine **Litewka** nach dem Schnitt der Landjägerlitewka aus dunkelblauem Tuch mit ebensolchen Schulterklappen und den Abzeichen darauf wie beim Waffenrock sowie mit einer 20 mm breiten Goldtresse am Umlegekragen und gegebenenfalls mit zwei Sergeantenknöpfen als Rangabzeichen getragen werden.

Die Hosen sind aus dunkelblaumeliertem Tuch mit ponceauroten Vorstößen in den Seitennähten. Bei warmer Witterung kann eine Sommerhose aus halbwollenem, grauen Stoff in der Farbe, wie sie zur Zeit die Schutzmannschaft in Stuttgart trägt, angelegt werden.

Die Schirmmütze aus dunkelblauem Tuch in der Farbe des Grundtuches des Waffenrockes ist mit einem Besatzstreifen aus schwarzem Tuch und mit ponceauroten Vorstößen versehen. Vorne auf dem Besatzstreifen ist eine Kokarde in den Farben der Gemeinde oder in den Landesfarben angebracht.

Der Helm, wo dieser bei besonderen festlichen Anlässen und außergewöhnlichen Dienstvorrichtungen getragen wird, hat gelbe Beschläge, Wappen und Schuppenkette wie der Landjägerhelm, statt der Spitze jedoch eine kleine Kugel, wie der Helm der Schutzmannschaft Stuttgart.

Als **Waffe** wird das Infanterie-Seitengewehr M 71 mit Lederscheide an einem übergeschnallten Glanzlederkoppel getragen, soweit nicht die Polizeiwachtmeister mit einem Degen oder Säbel ausgerüstet sind. Auf dem Leibriemenschloß befindet sich das Gemeinde- oder Landeswappen.

Die in Betracht kommenden Musterstücke liegen beim Bekleidungsamt des Landjägerkorps in Stuttgart aus und werden auf Verlangen den Oberämtern oder den Gemeinden zur Ansicht auf kurze Zeit ausgehändigt. Den mit der Anfertigung der Dienstkleidung im Einzelfall betrauten Schneidern, welchen nach der Natur der Sache nicht selten die wünschenswerte Übung in der Anfertigung von Uniformen abgehen wird, werden diese Muster sichere Anhaltspunkte für die Ausführung der Arbeit bieten.

Zur Herbeiführung eines gleichen Schnitts werden sodann vom Bekleidungsamt des Landjägerkorps die erforderlichen Schnittschablonen zur Verfügung gestellt werden. In jedem Oberamtsbezirk wird je eine Schablone für einen Mantel, einen Waffenrock, eine Litewka und eine Hose zur Aufbewahrung beim Landjägerstationskommandanten abgegeben, welcher diese Schablonen auf Wunsch an die Gemeinden oder die beauftragten Schneider zur Benützung verabfolgen wird.

Ebenso werden den Stationskommandanten zu dem gleichen Zweck die erforderlichen Tuchmuster für Rock, Hose, Litewka, Mantel, Aufschläge, Schulterklappen, Kragen und Vorstöße sowie Muster für die Knöpfe und Ortsbuchstaben demnächst zugehen. Auch wird von dem genannten Bekleidungsamt jede weitere Auskunft, insbesondere über die Bezugsquellen und Materialienpreise, auf Wunsch erteilt werden.

Die Oberämter werden in geeigneter Weise darauf hinwirken, daß bei ohnedies erforderlich werdenden Neuanschaffungen von der getroffenen Einrichtung ein zweckentsprechender Gebrauch gemacht wird. Besonderer Wert wird hierbei nach den gemachten Erfahrungen darauf zu legen sein, daß die Anfertigung der Bekleidungsstücke nur tüchtigen Schneidermeistern übertragen wird, von welchen eine gute Arbeit erwartet werden kann.

Der Durchführung einer angemessenen Bekleidung und Ausrüstung der Polizeiunterbeamten wird es förderlich sein, wenn die erforderlichen Bekleidungs- und Ausrüstungsstücke regelmäßig von den Gemeinden selbst beschafft und unterhalten werden und möglichst davon abgesehen wird, die Beschaffung und Unterhaltung der Dienstkleidung durch Dienstvertrag dem Polizeiunterbeamten, sei es gegen Reichung eines besonderen Bekleidungsgeldes, sei es gegen Gewährung einer in der Besoldung unausgeschieden enthaltenen Entschädigung, aufzuerlegen; zum mindesten sollte die letztere Form der Entschädigung, wenn irgend tunlich, vermieden werden.

Mehr noch als ein entsprechender Zustand der Dienstkleidung wird übrigens eine rechte Auswahl der Persönlichkeiten bei der Anstellung unter Gewährung angemessener Belohnung zur Hebung des dienstlichen Ansehens der Polizeiunterbeamten beitragen. Die Oberämter werden beauftragt, der den gesetzlichen Anforderungen entsprechenden Zusammensetzung des Ortspolizeipersonals namentlich in den kleineren Gemeinden fortgesetzt ihre besondere Aufmerksamkeit zuzuwenden.

Anmerkungen

[1] Hauptstaatsarchiv Stuttgart E 151 c II Bü 804
[2] ebenda E 151 c II Bü 367
[3] ebenda
[4] Landjäger Verordnungsblatt 1907, S. 201 f.
[5] ebenda 1905, S. 19 f.
[6] ebenda 1907, S. 141 f.

[7] ebenda 1902, S. 1 f.
[8] K. Wiest, Geschichte des kgl. württ. Landjägerkorps, Stuttgart 1907, S. 12
[9] Bayer. Hauptstaatsarchiv München -Kriegsarchiv- Mkr 11572
[10] Dem Verfasser hat schon ein Helm der beschriebenen Form vorgelegen, der im Inneren mit einem Kammerstempel »LJ« versehen war.
[11] K. Wiest, a.a.O., S. 14
[12] ebenda
[13] ebenda
[14] Landjäger Verordnungsblatt 1905, S. 19 f.
[15] K. Wiest, a.a.O., S. 12
[16] ebenda, S. 15
[17] ebenda
[18] I. Löhken, a.a.O., S. 16 f.
[19] Landjäger Verordnungsblatt 1907, S. 201
[20] Hauptstaatsarchiv Stuttgart E 151 c II Bü 367
[21] ebenda
[22] ebenda
[23] wie Anm. 9
[24] Landjäger Verordnungsblatt 1917, S. 29 f.
[25] Max Weiß, Die Polizeischule Band I und II, Dresden 1919
[26] Landjäger Verordnungsblatt 1906, S. 15
[27] ebenda 1909, S. 31 f.

Farbschema Württemberg vor 1918

	Landjäger vor 1917	Landjäger ab 1917	Ortspolizei ab 1909	Schutzmannschaft Stuttgart
Waffenrock	dunkelgrün	feldgrau	dunkelblau	dunkelblau
Kragen	kornblumenblau	dunkelgrün	schwarz	dunkelblau
Aufschläge	kornblumenblau	dunkelgrün	dunkelblau	dunkelblau
Vorstöße	ponceaurot	ponceaurot	ponceaurot	rot

Knöpfe	goldgelb	goldgelb	goldgelb	silberfarben
Mütze	dunkelgrün	feldgrau	dunkelblau	unbekannt
Besatzstreifen	kornblumen-blau	dunkelgrün	schwarz	
Vorstöße	ponceaurot	ponceaurot	ponceaurot	
Helm	Leder	Leder	Leder	Leder
Beschläge	goldgelb	goldgelb	goldgelb	silberfarben
Helmzier	Landes-wappen	Landeswappen	Landes-wappen	Wappen
Hose	dunkelgrau	grau	dunkelblau	schiefergrau
Vorstöße	ponceaurot	ponceaurot	ponceaurot	rot

Farbschema Württemberg nach 1918

	Polizeiwehr	Schutzpolizei	Landjäger
Bluse	feldgrau	dunkelgrün	graugrün
Kragen	feldgrau	schwarz	dunkelgrün
Aufschläge	feldgrau	dunkelgrün	graugrün
Vorstöße	ohne	hellgrün, nur am Kragen	ponceaurot, nur am Kragen
Knöpfe	mattgrau	silberfarben	mattgold
Mütze	feldgrau	dunkelgrün	graugrün
Besatzstreifen	feldgrau	schwarz	dunkelgrün
Vorstöße	hellgrün	hellgrün	ponceaurot
Tschako	entfällt	schwarz	entfällt
Beschläge		silberfarben	
Tschakozier		Landeswappen	
Hose	grau	schwarz	grau
Vorstöße	ohne	hellgrün	ohne

Freistaat Württemberg

D er Freistaat Württemberg war Nachfolger des gleichnamigen Königreichs. In seiner territorialen Ausdehnung hatte sich kaum etwas geändert. Auf 19 500 qkm kamen etwa 4 Millionen Einwohner. Württemberg gehörte damit zu den flächengrößten Staaten der jungen deutschen Republik, war dabei aber verhältnismäßig dünn besiedelt.

Neben der alten Polizei und der Landjägerei, die alle in ihrer personellen Struktur durch den langen Krieg geschwächt und überaltert waren, übernahmen auch in Württemberg sogenannte Freikorps und Bürgerwehren viele sicherheitspolizeiliche Aufgaben. Daneben werden in der Literatur für das Jahr 1919 immer wieder die Sicherheitskompanien als Träger ordnungspolizeilicher Gewalt genannt. Dazu bleibt festzustellen, daß die Sicherheitskompanien einen Bestandteil des aktiven deutschen Heeres (vorläufige Reichswehr) bildeten. Sie unterstanden dem Generalkommando des XIII. Armeekorps, ab Februar 1919 dem Kriegsministerium. Sie waren militärisch gegliedert und ausdrücklich als Träger des militärischen Sicherheitsdienstes vorgesehen. Sonst wurden sie lediglich als Unterstützung der nicht ausreichenden Organe der öffentlichen Sicherheitsdienste herangezogen[1], so beispielsweise zu den Spartakus-Unruhen im Januar 1919.

Während der Monarchie hat es neben der Landjägerei keine staatliche Polizei gegeben. Die langjährigen Bemühungen, die Polizei in der Landeshauptstadt Stuttgart zu verstaatlichen, scheiterten im Verlaufe des Krieges. Im Polizeiverwaltungsgesetz vom 2. Dezember 1921[2] wurde erstmals bestimmt, daß »in den großen und mittleren Städten und in Friedrichshafen die Sicherheits- und Kriminalpolizei durch staatliche Polizeiämter verwaltet wird«.

Zur Gründung der Schutzpolizei kam es erst durch Verordnung vom 30. April 1925[3], in der es heißt: »Die Schutzpolizei ist die staatliche Polizei, mit Ausnahme der Landjäger, sie gliedert sich in Bereitschaftspolizei und in Einzeldienst«.

Die Polizeiwehr 1919 bis 1922

Die Polizeiwehr darf als Nachfolgeorganisation der militärischen Sicherheitskompanien angesehen werden; zumindest kann davon ausgegangen werden, daß aus den Reihen der Sicherheitskompanien viele Männer in die Polizeiwehr eingetreten sind. Die württembergische Polizeiwehr wurde im Oktober 1919 geschaffen.

Für die Uniformierung sind zwei Bestimmungen bekannt; sie stammen vom 27. November 1919[4] und vom 30. Juni 1920[2]. Beide Bestimmungen sind nahezu identisch. Sie sollen hier im Wortlaut wiedergegeben werden.

I. Allgemeines

1. Die Bekleidung ist für alle Angehörigen der württembergischen Polizeiwehr im Schnitt und in der Ausstattung gleich. Sie wird aus feldgrauem Grundtuch und hellgrünem Abzeichentuch gefertigt.
2. Durch Abzeichen am Kragen und auf den linken Ärmeln werden die einzelnen Dienstgrade gekennzeichnet.
3. Bekleidungs- und Ausrüstungsstücke, die den nachfolgenden Bestimmungen nicht entsprechen, dürfen nicht getragen werden.

II. Kopfbedeckung

1. Stahlhelm nach der Probe für das alte Heer.
2. Skimütze aus feldgrauem Tuch mit hellgrünem Vorstoß, nach der Probe für Gebirgstruppen; auf dem Besatzstreifen, abschließend mit dem oberen Rand der Mütze, eine schwarzrote Kokarde aus Tuch in Ellipsenform. Durchmesser der schwarzen Ellipse 30x40 mm und der inneren roten Ellipse 17x25 mm. Die Skimütze wird stets getragen, wenn nicht zu besonderen Diensten der Stahlhelm vorgeschrieben wird.

III. Rockbluse

Sie weicht von den bisher in der Armee üblichen Rockblusen, die der Polizeiwehr geliefert worden sind, in folgenden Punkten ab:

a) Stehumfallkragen
b) Beiderseits vorn am Kragen Kragenspiegel aus grünem Abzeichentuch, 7 cm lang und 4,5 cm breit.
c) Auf jeder Schulter einen Wulst (Wing) aus grünem Abzeichentuch.
d) Auf dem linken Arm, oberhalb des Ellenbogengelenks, einen ovalen Armspiegel aus grünem Abzeichentuch, 7,5 cm hoch und 5 cm breit.
e) Am Schnitt der bisherigen Feldbluse wird vorläufig nichts geändert, eine spätere einheitliche Bekleidung mit Gebirgsröcken ist beabsichtigt. Die aus dem württembergischen Gebirgsregiment hervorgegangene Schar kann die Gebirgsröcke weiterhin tragen.

f) Matte Metallknöpfe bzw. Taillenhaken auf den Taschenpatten und der Rückentaille wie bisher.

g) Der Verschluß der Rockbluse erfolgt durch sechs unter der Vorderleiste unsichtbar angebrachte Knöpfe.

h) Die Ärmelaufschläge aus Grundtuch sind vorn und hinten angestichelt. Die Länge der Ärmelaufschläge an den für Gefreite und Rottenmeister überwiesenen Bekleidungsstücken bleibt bestehen, für Feldwebel und Oberfeldwebel beträgt sie 12 cm.

IV. Halsbinde, Drillichzeug und Wäsche
wie beim bisherigen Heer.

V. Mantel
Schnitt wie beim Einheitsmantel, einreihig mit sechs vorn sichtbaren matten Metallknöpfen. Die Rückenfalte ist bis etwa zur Taille eingenäht. Am zweiteiligen Taillengurt ein matter Metallknopf. Am Kragen aus Grundtuch Kragenspiegel wie an der Rockbluse und Dienstgradabzeichen, dagegen keine Ärmelabzeichen.

VI. Bein- und Fußbekleidung
1. Graue Stiefelhosen ohne Vorstöße.
2. Daneben lange, graue Hosen mit hellgrünen Vorstößen. Soweit rote Vorstöße vorhanden sind, können diese zur Vermeidung von Abänderungskosten bleiben.
3. Schuhzeug: Schnürschuhe und graue Wickelgamaschen.
4. Für Berittene als Reitstiefel hohe Lederstiefel wie die bisherigen Kavalleriestiefel.
5. Sämtliches Schuhzeug ist im Gebrauch geschwärzt.

VII. Ausrüstungsstücke
1. Brauner Leibriemen mit mattweißer Schloßschnalle. Die vorhandenen bisherigen Koppelschlösser sind aufzubrauchen.
2. Auswechselbare Seitengewehrtasche.
3. Für Polizeioffiziere, -Beamte, Zeugmeister, Oberfeldwebel und Feldwebel, die im alten Heer Portepeeträger waren, ein schwarzrotdurchwirktes Portepee, für alle anderen Dienstgrade grüne Troddeln.
4. Für Berittene aller Dienstgrade Anschnallsporen mit schwarzem Sporenleder, zur langen Hose jedoch werden Anschlagsporen getragen.
5. Für Polizeioffiziere und -Beamte im Offiziersrang im Dienst graue Handschuhe, außer Dienst braune Handschuhe. Unterführer und Gefreite tragen im Winter graue Fingerhandschuhe.

VIII. Dienstgradabzeichen und Abzeichen für besondere Dienststellungen

a) Dienstgradabzeichen

Die Abzeichen bestehen aus vergoldeten und versilberten Sternen an den Kragenpatten sowie 1,5 cm breiten, grünen Bändern aus Abzeichentuch an den Ärmeln und für Polizeiwehr-Offiziere und -Beamte aus vergoldeten Tressen auf den Kragenpatten und den Ärmeln.

1. P.W. Rottenmeister
   auf den Kragenspiegeln einen versilberten Metallstern; am Unterärmel ein 1,5 cm breites, grünes Band um die vordere Hälfte des Ärmels, je bis zur Naht.

2. P.W. Feldwebel
   zwei versilberte Metallsterne und zwei grüne Bänder wie zu 1. Zwischen den grünen Bändern bleibt ein 1 cm breiter Streifen frei.

3. P.W. Oberfeldwebel
   drei versilberte Metallsterne und drei grüne Bänder wie zu 1.

4. Planmäßige P.W. Oberfeldwebel (Scharoberfeldwebel)
   wie zu 3., jedoch die drei grünen Bänder in Winkelform am Oberarm.

5. P.W. Leutnant
   auf dem Kragenspiegel einen vergoldeten Metallstern, am Unterärmel zwei 5 mm breite, grüne Bänder aus Abzeichentuch, getrennt durch eine 5 mm breite, vergoldete Tresse.

6. P.W. Oberleutnant
   zwei vergoldete Metallsterne, drei grüne Bänder und zwei vergoldete Tressen wie zu 5.

7. P.W. Hauptmann
   drei vergoldete Metallsterne, vier grüne Bänder und drei vergoldete Tressen wie zu 5.

8. P.W. Major
   auf dem Kragenspiegel einen vergoldeten Metallstern und eine 5 mm breite, senkrecht laufende, vergoldete Tresse am vorderen Spiegelrand; am Unterärmel eine 2 cm breite, vergoldete Tresse, eingefaßt durch zwei 1,5 cm breite, grüne Bänder.

9. P.W. Oberstleutnant
   wie zu 8., jedoch auf dem Kragenspiegel zwei vergoldete Metallsterne und am Unterärmel eine weitere, 5 mm breite, vergoldete Tresse und ein weiteres grünes Band.

10. P.W. Oberst
    wie zu 8., jedoch auf dem Kragenspiegel drei vergoldete Metallsterne und am Unterärmel zwei vergoldete 5 mm breite Tressen, eingefaßt durch zwei 1,5 cm breite grüne Bänder.

11. P.W. Direktor
    auf dem Kragenspiegel eine 4 cm breite, vergoldete Tresse und einen versilberten Stern; auf dem Ärmel eine 4 cm breite, vergoldete Tresse, eingefaßt durch zwei 1,5 cm breite, grüne Bänder.

Entsprechend ihrer Dienststellung tragen die Dienstkleidung der P.W. Leutnants:

P.W. Assistenzärzte, P.W. Sekretäre, P.W. Feuerwerker, P.W. Schirrmeister, P.W. Waffenmeister.

Die Dienstkleidung der P.W. Oberleutnants:

P.W. Kommissare bis zu 15 Dienstjahren, P.W. Obersekretäre, P.W. Zahlmeister.

Die Dienstkleidung der P.W. Hauptleute:

P.W. Stabsärzte, P.W. Kommissare mit mehr als 15 Dienstjahren, P.W. Stabszahlmeister.

b) Abzeichen für besondere Dienststellungen

Auf dem Armspiegel: P.W. Ärzte einen Äskulapstab,

P.W. Veterinär eine Schlange

P.W. Kommissare und Sekretäre ein »B«

P.W. Zahlmeister ein »Z«

P.W. Feuerwerker ein »F«

P.W. Waffenmeister ein »W«

P.W. Schirrmeister ein »S«.

Die Buchstaben sind aus gelber Seide in gotischer Schrift gestickt.

Auf dem Armspiegel wird von den Unterführern und Gefreiten die Nummer aus weißem Tuch und zwar die Scharnummer in arabischen, die Nummer der Bezirksleitung in römischen Ziffern getragen. Bei den Angehörigen der Oberleitung fällt die Zahl weg. Bei den Bannleitungen ist die Nummer der ersten Schar des betreffenden Banns zu tragen. Nachrichtentruppen führen auf dem Armspiegel einen Zickzackpfeil, Flieger einen Propeller, technische Truppen eine Abzeichnung nach Art einer geflügelten Mine aus weißem Tuch. Die P.W. Offiziere tragen keinerlei Abzeichen auf dem Armspiegel.

IX. Eigene Uniformstücke

Unterführer und Gefreite, die Anspruch auf freie Dienstkleidung in Natura haben, können außer Dienst eigene Bekleidungsstücke tragen, wenn diese den Bestimmungen entsprechen. Eine Entschädigung wird hierfür nicht gewährt. Nachstehende Abweichungen sind gestattet: Stege an den Hosen, Ledergamaschen anstelle der Wickelgamaschen, zur Tuchhose jede Art von Schuhzeug mit bis über die Knöcheln reichendem Blatt und Schaft, Abzeichen auf Armspiegeln in seidener Stickerei, braune Handschuhe, Wäschekragen statt Halsbinde und dunkelbraunes Lederzeug.

X. Ehemalige Uniformen

Außer Dienst können ehemalige Heeresbekleidungsstücke mit Ausnahme solcher aus blauem Tuch aufgetragen werden. Damit jedoch die Angehörigen der Polizeiwehr als solche erkennbar sind, sind durchweg die Skimützen zu tragen und auf den Kragenpatten, den Armspiegeln und den Ärmelaufschlägen die vorgeschriebenen Abzeichen anzubringen. Alle übrigen Abzeichen des früheren Heeres oder der Reichswehr fallen fort.

XI. Waffen

1. Das kurze Seitengewehr. P.W. Offiziere, die bei ihrem Ausscheiden aus dem Heere die Berechtigung zum Tragen des Offiziersseitengewehrs hatten, können dieses weitertragen.
2. Die Schußwaffe (Pistole oder Revolver).
   Die Waffen, mit Ausnahme des Offiziersseitengewehrs, werden am übergeschnallten Leibriemen getragen.

XII. Kriegsauszeichnungen und Ehrenzeichen

Die erworbenen Kriegsauszeichnungen und Ehrenzeichen, Rettungsmedaillen, Verwundetenabzeichen, Dienstehrenzeichen, Fliegerabzeichen usw. dürfen in bisheriger Trageweise auch im Dienst getragen werden.

XIII. Sonstiges

An den Bekleidungs- und Ausrüstungsstücken, die den Unterführern und Gefreiten in Natura gewährt werden, dürfen Umänderungen nicht vorgenommen werden.

Die hier beschriebene Dienstkleidung wird als Ausbildungs- und Innendienstkleidung noch viele Jahre bei der späteren kasernierten Schutzpolizei beibehalten. Natürlich unterliegt sie einigen Veränderungen. So fallen die Wulste an den Schultern fort, die Armspiegel werden nicht mehr getragen und — ohne daß dies ausdrücklich erwähnt wird — dürften auch die Rangabzeichen den Bestimmungen für die dunkelgrüne Uniform angeglichen worden sein.
Die Rangabzeichen und die Armspiegel der württembergischen Polizeiwehr lassen noch eine Verbindung zum Friedensheer von 1919 und zur vorläufigen Reichswehr erkennen[6]. Dort zeigten in der ersten Zeit auch Streifen oder Winkel am Ober- bzw. Unterärmel die Dienstgrade an. Auch die Armspiegel finden sich in der vorläufigen Reichswehr wieder.

Die Schutzpolizei 1922 bis 1932

Die Schutzpolizei gliedert sich in die Bereitschaftspolizei und in den staatlichen Einzeldienst. Während beim Einzeldienst ständig eine dunkelgrüne Uniform getragen wird, tragen die Angehörigen der Bereitschaftspolizei die dunkelgrüne Dienstkleidung nur als Ausgehanzug. Im Ausbildungsdienst wird eine feldgraue Bekleidung getragen, die der Uniformierung der württembergischen Polizeiwehr in vielen Teilen gleicht.

Eine erste umfangreiche Dienstkleidervorschrift stammt vom 1.April 1924[7]. Daneben gibt es noch eine maschinenschriftliche, nicht datierte Quelle[8] der »Bekleidungsstücke der württembergischen Schutzpolizei«. Diese deckt sich mit der Vorschrift vom 1. April 1924, dürfte jedoch etwas älter sein, vermutlich stammt sie aus der Zeit um 1922/23.

Die Bluse (als Winterbluse) ist aus dunkelgrünem Grundtuch mit zwei aufgesetzten Brusttaschen und zwei schräg eingeschnittenen Seitentaschen, alle mit Taschenklappen, die mit einem weißmetallenen Knopf geschlossen werden. Der Stehumfallkragen ist aus schwarzem Besatztuch mit hellgrünen Vorstößen. Vorn am Kragen ist auf jeder Seite eine 8,5 cm lange und 2,5 cm breite, hellgrüne Kragenpatte mit einem kleinen, versilberten Knopf am hinteren Ende angebracht. Auf den Schultern ist zum Befestigen der Achselstücke je ein kleiner Knopf und ein schmaler Stoffsteg befestigt. Die glatten Ärmelaufschläge sind aus Grundtuch, ohne Vorstöße. Der Rückenschoß ist geteilt, mit zwei Schoßtaschen. Hinten in der Taille sitzen zwei Knöpfe.

In der erwähnten maschinenschriftlichen Beschreibung der Dienstkleidungsstücke wird für die Bluse auf dem Vorderstück eine durchgeknöpfte Knopfreihe mit acht glatten, weißen Metallknöpfen genannt. Die Verordnung vom 1. April 1924 macht dazu keine Angaben. Bilder der württembergischen Polizei aus der Zeit vor 1933 zeigen aber deutlich, daß die Bluse mit einer durchgeknöpften Knopfreihe geschlossen wird. Die Verwendung von acht Knöpfen ist für die Polizei in der Weimarer Republik außergewöhnlich. In der Regel werden die Blusen, wenn sie keine verdeckte Knopfleiste haben, mit sechs Knöpfen geschlossen.

Die Sommerbluse gleicht der Winterbluse mit folgenden Abweichungen: sie ist aus leichterem Tuch gefertigt, die hinteren Schoßtaschen und die Taillenknöpfe entfallen. Die Sommerbluse hat einen Stehkragen. Die beschriebenen Blusen sind für alle Dienstgrade gleich (Abb. 49).

Seit dem 30. März 1930 tragen die zum Stammpersonal der Polizeischulen versetzten Polizeiwachtmeister (S.B.) an den Blusen und Mänteln der feldgrauen und der dunkelgrünen Dienstkleidung am linken Ärmel, in der Mitte zwischen dem Ellenbogen und der Schulter, ein etwa 4x6 cm großes, ovales Metallschild aus Nickel mit den Buchstaben »PS« (Polizeischulabteilung)[9]. Das Abzeichen wird auf einer Unterlage, aus hellgrünem Besatztuch befestigt.

Als Dienstgradabzeichen werden Achselstücke mit steifer, hellgrüner Tuchunterlage und mit Schnallzunge getragen.

Die Polizeiwachtmeister tragen ein Geflecht aus dunkelgrüner Wollschnur, die in Abständen mit Aluminiumfäden durchzogen sind. Auf der Mitte der Achselstücke ist ein 25 mm breites, versilbertes Landeswappen befestigt.

Die Polizeioberwachtmeister tragen auf den beschriebenen Achselstücken je eine versilberte Rosette.

Die Polizeikommissare tragen die Achselstücke mit zwei nebeneinanderliegenden, 10 mm breiten Silberplattschnüren, die mit grünen Seidenfäden durchzogen sind. Die Plattschnüre laufen bogenförmig um das Knopfloch und lassen in der Mitte des Achselstückes einen 10 mm breiten Streifen des Grundtuches frei. Auf der Mitte der Achselstücke ist ein 45 mm breites, vergoldetes Landeswappen befestigt.

Die Polizeioberkommissare tragen die Achselstücke mit je einer vergoldeten Rosette.

Die Polizeiinspektoren tragen die Achselstücke mit vier dicht nebeneinanderliegenden Plattschnüren, die bogenförmig um das Knopfloch geführt werden. Die 10 mm breiten Silberplattschnüre sind mit grünen Seidenfäden durchzogen. Auf der Mitte der Achselstücke ist ein 45 mm breites, vergoldetes Landeswappen befestigt.

Die Polizeioberinspektoren tragen die Achselstücke der Polizeiinspektoren mit je einer vergoldeten Rosette, die Polizeiräte mit je zwei vergoldeten Rosetten.

Die Polizeileutnants tragen die Achselstücke mit vier dicht nebeneinanderliegenden Plattschnüren, die bogenförmig um das Knopfloch geführt werden. Die 10 mm breiten Silberplattschnüre sind in kurzen Abständen mit schwarzroten Seidenfäden durchzogen. Auf der Mitte der Achselstücke ist ein 45 mm breites, vergoldetes Landeswappen befestigt. **Die Polizeioberleutnants** tragen auf jedem Achselstück einen, **die Polizeihauptleute** je zwei vergoldete Sterne.

Die Polizeimajore tragen die Achselstücke mit einem Geflecht aus Silberplattschnur, die mit schwarzroten Seidenfäden durchzogen ist. Zwei je 7 mm breite Plattschnüre sind zusammengenäht und bilden am oberen Ende eine Öse für den Knopf. An den Seiten werden je fünf Bogen gebildet und am unteren Ende sind die Plattschnüre zusammengefügt. Das Landeswappen ist wie bisher beschrieben. **Der Polizeioberstleutnant** trägt die Achselstücke mit je einem, **der Polizeioberst** mit je zwei vergoldeten Sternen.

Die Hose ist aus schwarzem Tuch mit Vorstößen aus hellgrünem Abzeichentuch in den äußeren Längsnähten. Die Stiefel- oder Reithosen sind dunkelgrün, ohne Vorstöße. Die Reithosen haben zusätzlich einen Besatz aus Leder.
Für alle Hosen gilt, daß sie an der linken Seite ein Besatzstück aus Leder als
Schutz gegen Beschädigungen durch den Säbel haben.

Die Mütze ist aus dunkelgrünem Tuch in der üblichen, steifen Form mit
schwarzem Augenschirm aus Leder oder Vulkanfiber gearbeitet. Der Besatzstreifen ist aus schwarzem Tuch. Am oberen und unteren Rand des Besatzstreifens befindet sich ein hellgrüner Vorstoß. In der erwähnten maschinenschriftlichen Vorschrift wird auch noch ein hellgrüner Vorstoß am oberen
Deckelrand genannt. Vorne auf dem Besatzstreifen ist die schwarzrote Landeskokarde angebracht. Während diese Vorschrift keine weiteren Abzeichen
nennt, erwähnt die bereits zitierte Bestimmung vom 1. April 1924 ein Landeswappen aus Metall, das über der Landeskokarde an der Mütze angebracht
wird. Es darf dabei davon ausgegangen werden, daß dieses Wappen in der Me-
tallfarbe mit dem auf den Achselstücken angebrachten Wappen korrespon-
diert.

Der Tschako wird erstmals in der Bestimmung vom 1. April 1924 genannt. Er
ist in der üblichen Form, aus schwarzem Leder, auch bei den Offizieren ohne
Tuchbespannung an der Kopfhülse. In der zitierten Vorschrift heißt es für die
Offiziere: »Tschako aus schwarz lackiertem Leder mit Kinnriemen — bei den
Berittenen mit Schuppenketten — und mit dem württembergischen Wappen
aus weißem Metall«. Für alle anderen Dienstgrade wird die Bestimmung für
die Offiziere wiederholt.

Es scheint also so gewesen zu sein, daß die Offiziere, wenn sie nicht beritten
waren, den Tschako mit ledernem Kinnriemen getragen haben. Diese Verfahrensweise ist auch bei der preußischen Polizei üblich gewesen[10].

Das Landeswappen wird von zwei Hirschen gehalten. Darüber ist das Nationale in den Landesfarben eingesteckt. Am Tschako wird kein Haarbusch zur
Parade getragen.

Das genaue Einführungsdatum des Tschakos ist nicht zu ermitteln. Aus einem
Schreiben vom 27. Juni 1922[11] geht aber hervor, daß über die Form des Wappens am einzuführenden Tschako noch nicht entschieden ist.

Der Mantel ist aus dunkelgrünem Grundtuch, zweireihig mit je sechs fast parallel zueinanderstehenden, weißen Metallknöpfen. Auf jedem Vorderschoß
befindet sich eine schräg eingeschnittene Tasche mit Klappen. Die Ärmel haben glatte Aufschläge aus Grundtuch. Der Kragen ist aus Grundtuch ohne jedes Abzeichen. Im Rücken hat der Mantel einen Taillengurt, der in der Mitte
mit zwei Knöpfen gehalten wird. Schoßtaschenleisten werden nicht getragen.
Der Mantel hat keine Vorstöße.

Der Umhang ist aus dunkelgrünem Grundtuch mit Kragen aus schwarzem

Besatztuch mit Vorstößen und Kragenspiegeln aus hellgrünem Abzeichentuch. Er wird mit einer verdeckten Knopfleiste geschlossen.

Der Leibriemen ist aus braunem Leder mit Dornschnalle. Ein Schulterriemen wird in den Bestimmungen nicht genannt. Die Schuhe und Stiefel sind aus schwarzem Leder.

Über **die Seitenwaffen** gibt ein Schreiben des M.d.I. vom 21. April 1923 Auskunft[12]:

»Über das Tragen von langen Seitenwaffen der württembergischen Schutzpolizei wird nachstehendes bestimmt:

Eine lange Seitenwaffe kann von sämtlichen Polizeioffizieren und Polizeiwachtmeistern, ausgenommen von den Polizeischülern, außer Dienst getragen werden.

Das Tragen einer langen Seitenwaffe im Dienst ist den Polizeioffizieren, vom Polizeihauptmann aufwärts, gestattet.

Von den vorgenannten Bestimmungen sind die Angehörigen der berittenen Polizei Schulabteilung Ludwigsburg ausgeschlossen. Sämtliche Polizeioffiziere und Polizeiwachtmeister dieser Abteilung tragen in und außer Dienst eine lange Seitenwaffe.

Für Polizeioffiziere und Polizeiwachtmeister wird ein Degen am schwarzen Unterschnallkoppel und nach einer einheitlichen Form vorgeschrieben. Muster für Degen und Koppel werden in Umlauf gesetzt.

Polizeioffiziere, -kommissare, -Oberwachtmeister und die zum Tragen eines Portepees berechtigten Polizeiwachtmeister können die in ihrem Besitz befindlichen Offizierssseitengewehre und die von der vorgeschriebenen Form abweichenden Unterschnallkoppel auftragen. Die übrigen Polizeiwachtmeister dürfen nur vorschriftsmäßige eigene Degen und Koppel tragen.

Zum Tragen des silbernen Portepees sind berechtigt:
Polizeioffiziere
Polizeikommissare
Polizeioberwachtmeister und
Polizeiwachtmeister, die bereits im alten Heer Portepeeträger waren.

Die vorgeschriebene grüne Troddel tragen:
die übrigen Polizeiwachtmeister
die Polizeiunterwachtmeister und
die Polizeihilfswachtmeister (Polizeischüler).

Lange Seitenwaffen und Unterschnallkoppel müssen von den Beamten, soweit ihnen diese Stücke nicht dienstlich zur Verfügung gestellt werden, auf eigene Kosten beschafft werden«.

In der bereits genannten Vorschrift vom 1. April 1924 heißt es zu den Seitenwaffen der Offiziere: »Offizierssseitengewehr, das Tragen eigener Offizierssseitengewehre und -Portepees ist gestattet«. Für die Inspektoren und Kommissa-

re wird ein Polizeisäbel (sog. Vorgesetztensäbel) angeordnet. Das Tragen eigener Säbel in Metallscheide mit Portepee ist den Beamten von Besoldungsgruppe VII ab aufwärts gestattet. Die Wachtmeister-Dienstgrade mit Ausnahme
der Polizeischüler tragen den sogenannten Wachtmeistersäbel. Eine nähere
Beschreibung der Waffe erfolgt nicht«.

An dieser Stelle soll noch die feldgraue Dienstkleidung, wie sie bei der Polizeiwehr bereits erwähnt wurde, und wie sie im Ausbildungsdienst der Schutzpolizei in leicht abgeänderter Form weiterhin getragen wird, beschrieben werden. Grundlage für die Beschreibung ist die bereits zitierte maschinenschriftliche Bestimmung[13].

Die Skimütze ist aus graugrünem Grundtuch mit einem Augenschirm aus
Pappe und mit graugrünem Stoff bespannt. Am Rand des ovalen Deckels ist
ein Vorstoß aus hellgrünem Abzeichentuch eingenäht. Auf jeder Seite sind
zwischen der Oberkante der doppelten Klappe (Baschlik) und dem Vorstoß je
zwei Ventilösen nebeneinander angebracht. Die Seitenteile der Skimütze sind
etwa 9,5 cm hoch. Der Baschlik ist 8 cm hoch und verjüngt sich nach vorne
auf etwa 6 cm, er wird vorne mit zwei kleinen Hornknöpfen geschlossen.
Vorn über dem Baschlik sitzt die ovale Kokarde aus Pappe, überzogen mit
schwarzem und rotem Tuch.

Der Dienstrock ist aus feldgrauem Grundtuch mit resedagrünem Besatz- und
hellgrünem Abzeichentuch. Die Ärmel haben 10 cm hohe Aufschläge aus
Grundtuch, ohne Vorstöße. Die von der Polizeiwehr bekannten Wulste
(Wings) werden nicht mehr erwähnt. Die Taschen sind wie beim dunkelgrünen Dienstrock beschrieben. Der Klappkragen hat vorn auf jeder Seite eine 6
mm lange und 3,5 mm breite, hellgrüne Patte. Ohne daß es bei der Beschreibung des Kragens in der Vorschrift ausdrücklich erwähnt wird, darf davon
ausgegangen werden, daß der Oberkragen aus resedagrünem Besatztuch ist,
denn in der Vorschrift heißt es in der Beschreibung der Farben, wie bereits erwähnt: feldgraues Grundtuch mit resedafarbenem Besatz- und hellgrünem Abzeichentuch. Der feldgraue Rock wird vorn herunter mit einer Reihe von acht
großen, matten, glatten und flach gewölbten Metallknöpfen (Tombak) geschlossen. Die Knöpfe der Taschenklappen, die Taillenknöpfe und die Seitenhaken sind ebenfalls aus Tombak.

Der Mantel ist einreihig. Die Farbangaben sind wie bei der Bluse. Auch die
Knöpfe gleichen den Blusenknöpfen. Auf den Vorderschößen sind zwei einge-
schnittene Taschen mit Patten angebracht. Die glatten Ärmelaufschläge sind
16 cm hoch. Der Kragen ohne jedes anderen Abzeichen, ist aus resedagrünem
Besatztuch. Im Rücken hat der Mantel eine Falte und einen Gehschlitz. Der
Taillengurt wird mit zwei Knöpfen geschlossen. Schoßtaschenleisten hat der
Mantel nicht.

Die Stiefelhose und die Reithose sind aus feldgrauem Tuch, sonst unterscheiden sie sich nicht von den dunkelgrünen Hosen. Eine lange Hose in feldgrauer Ausführung wird nicht getragen.

Die Landjäger 1919 bis 1932

Während in Württemberg im Herbst 1919 zwischen dem Verein der württembergischen Landjäger, dem Landjägerkorps und dem Innenministerium Verhandlungen bezüglich der künftigen Struktur des Korps, der neuen Uniform und Dienstgradabzeichen laufen, erfolgen noch immer Beförderungen und Auszeichnungen nach den Grundsätzen der alten Vorschriften[14]. So sollen zwischen Juli und Oktober 1919 noch das silberne Portepee am Offiziersseitengewehr verliehen und Beförderungen zu Stationskommandanten ausgesprochen werden.

Eine erste Beschreibung der Dienstkleidung der Landjäger[15] stammt vom 1. April 1924 und faßt die allmähliche Entwicklung der Dienstkleidung bis zu diesem Zeitpunkt zusammen.

Die Bluse wurde in der hier beschriebenen Form am 5. Oktober 1919 endgültig genehmigt[16]. Sie ist aus graugrünem Grundtuch, mit zwei aufgesetzten Brusttaschen und zwei schräg eingeschnittenen Schoßtaschen, alle mit Taschenklappen und je einem Knopf. Alle Knöpfe sind glatt, aus gelbem Metall. Die Bluse wird unter einer verdeckten Knopfleiste geschlossen. Die Ärmel haben glatte Aufschläge aus Grundtuch, ohne Vorstöße. Der Klappkragen ist aus dunkelgrünem Besatztuch mit ponceauroten Vorstößen. Im Rückenschoß sind zwei Schoßtaschen ohne Taschenleisten eingearbeitet.

Als Achselstücke werden seit dem 5. Oktober 1919, einheitlich für alle Dienstgrade (ohne Offiziere), Geflechte aus dunkelgrüner Wollplattschnur mit goldfarbenen Durchzügen getragen. Die steife Unterlage der 3,7 cm breiten und 11 cm langen Achselstücke ist grün, mit ponceauroten Vorstößen. Auf der Mitte der Achselstücke wird in der ersten Zeit ein »W« aus gelbem Metall befestigt. In der zuletzt genannten Verordnung heißt es dazu: »Das Ministerium behält sich jedoch vor, die Frage der Anbringung des württembergischen Wappens anstelle des »W« in Erwägung zu ziehen, wenn der Landtag über die neue Gestalt des Staatswappens Beschluß gefaßt haben wird.«

Auf Antrag der Kleiderkommission des Landjägerkorps erhalten die Achselstücke durch Erlaß vom 6. Juni 1924[17] ein emailliertes Landeswappen aus gelbem Metall als Auflage zu den Achselstücken. Dieses Wappen wird durch Ver-

fügung vom 20. März 1931[18] durch ein vergoldetes Wappen in der Form, wie
es bisher von den Vorgesetzten der Polizei an den Mützen getragen wurde, ersetzt (Abb. 48).
Bis zum Jahre 1932 gelten die einheitlichen Achselstücke nicht als Dienstgradabzeichen.
Die Dienstgradabzeichen werden von den Landjägern seit dem 5. Oktober
1919 in den vorderen Kragenecken der Bluse getragen. Die Gradunterschiede
werden durch vergoldete Rosetten, die ohne Patten auf dem Kragentuch angebracht sind, angezeigt.

Landjäger auf Probe	ohne Rosetten
Landjäger	je eine Rosette
Oberlandjäger	je zwei Rosetten
Stationskommandanten	je drei Rosetten.

Ab dem 1. April 1932 werden die Gradunterschiede durch vergoldete Rosetten auf den bisherigen Achselstücken kenntlich gemacht. Die Rosetten an den
Kragen entfallen dadurch.

Landjäger auf Probe	die bisherigen Achselstücke ohne Rosette
Landjäger	wie vor, mit je einer Rosette
Oberlandjäger	wie vor, mit je zwei Rosetten
Stationskommandanten	Achselstücke mit grüner Unterlage und pon-ceauroten Vorstößen, darauf zwei nebenein-anderliegende 10 mm breite Silberplattschnü-re, die mit grüner Seide durchzogen sind. Die Plattschnüre laufen bogenförmig um das Achselstück und lassen in der Mitte einen 10 mm breiten Streifen der Unterlage frei. Das Landeswappen wie bisher. Als Gradabzei-chen je eine vergoldete Rosette. Hier handelt es sich um die Achselstücke der Oberkom-missare der Schutzpolizei mit zusätzlichen ponceauroten Vorstößen.

Die Hose ist aus grauem Grundtuch, ohne Vorstöße in den Seitennähten. Die
aus leichterem Tuch gefertigte Sommerhose ist stahlgrau.
Die Mütze in der üblichen, steifen Form mit schwarzem Augenschirm ist aus
graugrünem Grundtuch mit dunkelgrünem Besatzstreifen. Um den Deckelrand und um den Besatzstreifen laufen ponceaurote Vorstöße.
Vorn auf dem Besatzstreifen wird die Kokarde in den Landesfarben getragen.

Aus Anlaß des 125jährigen Bestehens des Landjägerkorps im Jahre 1932 erhält die Mützenkokarde eine Auszeichnung in Form eines vergoldeten, doppelten Eichenlaubbruches und einer Schleife mit den Jahreszahlen 1807 und 1932. Die Kokarden sollen mit den Mützen im Oktober 1932 ausgegeben werden, sind aber schon bei den Festlichkeiten anläßlich des Jubiläums am 16. und 17. Juli 1932 in Friedrichshafen getragen worden[19] (Abb. 48).

Bereits seit dem 10. März 1931 tragen die Landjäger vorn auf der Mütze, über der Kokarde, ein vergoldetes Landeswappen[20], wie es zum gleichen Zeitpunkt auch für die Achselstücke angeordnet worden ist. Die Wappen sind jetzt für die Schutzpolizei und Landjäger einheitlich.

Ein **Tschako** wird als dienstliche Kopfbedeckung der Landjägerbeamten nicht eingeführt. Der alte **Helm** wird in den ersten Jahren nach dem Krieg von vielen Angehörigen des Landjägerkorps außer Dienst noch getragen, ohne daß es hierfür eine Erlaubnis oder Anordnung gegeben hat. Im Jahre 1925 werden die noch auf der Kleiderkammer lagernden 600 Helme und 590 Haarbüsche zum Preis von 30 Pfennigen, zusammen für Helm und Haarbusch, den Landjägerbeamten zum Kauf angeboten[21].

Der Mantel ist einreihig, aus feldgrauem Tuch mit Kragen aus dunkelgrünem Besatztuch und ponceauroten Vorstößen. Auf dem Vorderschoß sind zwei schräg eingeschnittene Taschen mit Klappen, ohne Knöpfe, angebracht. Der Rücken ist mit Taillengurt und Gehschlitz, ohne Taschenleisten gearbeitet. Die glatten Ärmelaufschläge sind aus Grundtuch, ohne Vorstöße. Die Knöpfe sind aus mattem Metall.

Der Umhang mit verdeckter Knopfleiste ist aus grauem Tuch mit Kragen wie am Mantel.

Das Lederzeug ist schwarz. Der Leibriemen hat noch das aus der Monarchie stammende Kastenschloß aus gelbem Metall mit dem königlichen Namenszug »W«. Im Jahre 1928 wird ein gekörntes Kastenschloß aus Messing eingeführt[22], wie es die Reichswehr trägt. Im Zentrum jedoch statt des stehenden Adlers das württembergische Landeswappen im Eichenlaubkranz. Im Gegensatz zu vielen anderen deutschen Staaten tragen die Landjäger keine Schulterriemen.

Als **Blankwaffe** wird das »Seitengewehr M 98« und das »Offiziersseitengewehr« genannt. Zur letzten Waffe heißt es in der Vorschrift von 1924 jedoch ausdrücklich, daß »das Tragen des Offiziersseitengewehrs mit Portepee (noch) besonders geregelt wird«. — In den Quellen konnten bisher keine weiteren Angaben dazu aufgefunden werden.

Zur **Offizierskleidung** ist festzustellen, daß die Quellen sehr unergiebig sind. In der bereits zitierten Verordnung vom 18. November 1919[23] werden für die zwei Offiziere der Korps die Achselstücke nach den Mustern für die Offiziere der preußischen Landgendarmerie eingeführt. Gleichzeitig wird den Landjägeroffizieren gestattet, ihre seitherige Uniform auch weiterhin zu tragen. Spätere Angaben zur Dienstkleidung der Offiziere fehlen.

Bezüglich der Offiziersuniform werden keine Angaben gemacht, ob es sich dabei um die alte dunkelgrüne, oder um die im Jahre 1917 befohlene feldgraue Bekleidung handelt.

Anmerkungen

[1] Landjäger Verordnungsblatt 1919, S.21 f.
[2] Regierungsblatt 1922, S. 15 f.
[3] ebenda 1926, S. 101 f.
[4] Hauptstaatsarchiv Stuttgart, E 151 c II Bü 609
[5] ebenda
[6] A. Schlicht/J. Kraus, Die Uniformierung und Ausrüstung des deutschen Reichsheeres 1919-1932, Veröffentlichung des Bayer. Armeemuseums Band 4, Ingolstadt 1987.
[7] Hauptstaatsarchiv Stuttgart, E 151 c II Bü 609
[8] ebenda
[9] ebenda
[10] Ingo Löhken, Die Polizeiuniformen in Preußen 1866 bis 1945, Friedberg 1986, S. 27 f.
[11] Hauptstaatsarchiv Stuttgart, E 151 c II Bü 368
[12] ebenda, E 151 c II Bü 609
[13] ebenda
[14] Landjäger Verordnungsblatt 1919, S. 66 f.
[15] Hauptstaatsarchiv Stuttgart, E 151 c II Bü 609
[16] ebenda, E 151 c II Bü 368
[17] ebenda
[18] ebenda
[19] ebenda
[20] ebenda
[21] ebenda
[22] ebenda, E 151 c II Bü 372
[23] ebenda, E 151 c II Bü 368

Reichslande Elsaß-Lothringen 1872 bis 1918

Nach dem deutsch-französischen Krieg von 1870/71 wurde am 18. Januar 1871 in Versailles der preußische König zum Deutschen Kaiser ausgerufen. Damit kam es zur Wiedererrichtung des Deutschen Reiches.

Elsaß-Lothringen, das im Kriege von deutschen Truppen besetzt worden war, wurde am 9. Juni 1871 dem neuen Deutschen Reich als »Reichsland« angegliedert. Es war kein Bundesstaat im eigentlichen Sinne, sondern unterstand direkt dem Monarchen und der Reichsregierung.

Das Reichsland war in vier Distrikte, zwanzig Landkreise und zwei Stadtkreise unterteilt. Die polizeilichen Organe des Gebietes wurden nach preußischen Vorbildern eingerichtet.

Es gab die
Gendarmeriebrigade Elsaß-Lothringen (Reichsgendarmerie), die
Kaiserliche Schutzmannschaft und die
Kantonalpolizei.

In den Anfängen wurden die polizeilichen Aufgaben von Angehörigen der Armee wahrgenommen. Die ehemals französische Polizei wurde nicht übernommen; wie überhaupt festgestellt werden muß, daß die alteingesessene Bevölkerung kaum Zugang zum Polizeiberuf hatte. Nur in den unteren Rängen der Kantonalpolizei wurden Männer beschäftigt, die nicht aus den deutschen Staaten stammten.

Die Gendarmeriebrigade Elsaß-Lothringen wurde im Jahre 1872 errichtet. Die Angehörigen waren Soldaten, aktive Offiziere oder länger gediente Unteroffiziere, die in die Reichsgendarmerie übernommen wurden. Also ein Polizeikorps mit Kombattantenstatus. Der Stellung als Reichsland folgend, rekrutierten sich die Angehörigen der Reichsgendarmerie aus allen deutschen Staaten. Der Brigadier, ein Stabsoffizier, hatte seinen Sitz in Straßburg. In jedem der Landkreise wurde ein Beritt eingerichtet und die einzelnen Beritte waren in Stationen gegliedert. Der Berittführer war in der Regel ein Oberwachtmeister.

Die Offiziere, es waren in der Regel fünf, wurden noch bis 1902 à la suite der preußischen Landgendarmerie geführt. Danach erst wurde die Reichsgendarmerie eine völlig eigenständige Behörde.

Offiziere und Unteroffiziere der Reichsgendarmerie unterstanden der militärischen Gerichtsbarkeit. Ihre Uniformierung und Ausrüstung erhielten sie vom Beschaffungsamt des zuständigen Armeekorps. In ihrer dienstlichen Verrichtung jedoch arbeitete die Reichsgendarmerie auf verwaltungspolizeilicher Ebene mit den Kreisdirektoren zusammen. Die strafgesetzlichen Tätigkeiten orientierten sich an den bestehenden Reichsgesetzen.

Neben der Reichsgendarmerie gab es in den ländlichen Gebieten noch die Kantonalpolizei. Ihre Angehörigen waren Gemeindebedienstete, die ihr Amt oftmals in Personalunion mit anderen Aufgaben ausübten. Die Konstellation Gemeindediener - Polizeidiener wird wohl der Regelfall gewesen sein. Erst wenn der Aufgabenbereich und der Arbeitsanfall stärker wurde, kam es zur Anstellung einer hauptamtlichen Ortspolizei. Hier sind auch vermehrt einheimische Männer beschäftigt worden.

In den Städten Straßburg, Metz und Mülhausen bestand die kaiserliche Schutzmannschaft, organisiert und gekleidet nach dem Vorbild der Schutzmannschaft von Berlin. In der Gründungsphase wurden viele Angehörige der Schutzmannschaft von Berlin nach Straßburg geschickt, teils zur Instruktion der dortigen Beamten, teils aber auch, um in die kaiserliche Schutzmannschaft übernommen zu werden. Die Schutzmannschaft in den Reichslanden rekrutierte sich, wie in den deutschen Staaten üblich, aus Unteroffizieren der Armee. Die Offiziere der Schutzmannschaft haben größtenteils auch als Offiziere in der Armee gedient.

Nachdem Elsaß-Lothringen im Jahre 1918 wieder an Frankreich fiel, wurden viele der dortigen Polizei- und Gendarmerieangehörigen in den deutschen Einzelstaaten angestellt. So wurden Gendarmen der Reichsgendarmerie im Freistaat Preußen als »Hilfsgendarmen EL« — so die offizielle Bezeichnung — eingestellt.

Reichsgendarmerie 1871 bis 1918[1,2]

Der **Waffenrock der Gendarmen** ist nach militärischem Schnitt gearbeitet. Die Grundfarbe ist dunkelgrün mit ponceauroten Vorstößen. Die Besatzfarbe ist kornblumenblau, und die Knöpfe sind gelb, ohne Prägung. Der Waffenrock hat vorne eine Reihe mit acht Knöpfen, auf den geschwungenen Taschenleisten je drei Knöpfe und auf den Schultern je einen kleinen Knopf. Die Achselklappen sind aus dunkelgrünem Grundtuch mit ponceauroten

Vorstößen. Darauf sind die verschlungenen Buchstaben »EL«, ebenfalls rot, aufgekurbelt (Abb. 83).

Der vorn abgerundete Stehkragen ist aus kornblumenblauem Tuch mit roten Vorstößen. Er ist mit einer goldenen Unteroffizierstresse besetzt. An jeder Seite befindet sich zusätzlich eine schmale Gardelitze mit kornblumenblauem Spiegel.

Die polnischen Ärmelaufschläge sind aus kornblumenblauem Tuch mit ponceauroten Vorstößen und einer goldenen Unteroffizierstresse besetzt. In der Spitze jedes Aufschlages befindet sich ein gelber Knopf. Gendarmen, die in der Garde gedient haben, tragen in der Spitze der polnischen Aufschläge eine Gardelitze mit kornblumenblauem Spiegel und einem gelben Knopf. Ab 1889 werden schwedische Ärmelaufschläge eingeführt (Abb. 82). Die Farbe, Vorstöße und Tressen bleiben unverändert. An den schwedischen Aufschlägen erhalten jetzt alle Gendarmen zwei Gardelitzen mit kornblumenblauem Spiegel und einem gelben Knopf. Zum gleichen Zeitpunkt dürfen Gendarmen, die in der Armee den Dienstgrad eines etatmäßigen Wachtmeisters oder Feldwebels inne hatten, eine zweite, etwas schmalere Goldtresse anlegen. Diese wird dicht über den Aufschlägen auf die Ärmel genäht.

Der Waffenrock der Wachtmeister entspricht dem der Gendarmen mit allen seinen Veränderungen. Die Wachtmeister tragen zusätzlich an jeder Kragenseite, in Höhe der Schulterknöpfe, je einen großen Auszeichnungsknopf mit dem erhaben geprägten Reichsadler. Ab 1889 dürfen Wachtmeister, die in der Armee den Dienstgrad eines etatmäßigen Wachtmeisters oder Feldwebels innehatten, eine zweite, etwas schmalere Goldtresse anlegen. Diese wird dicht über den Aufschlägen auf die Ärmel genäht.

Der Waffenrock der Oberwachtmeister entspricht dem der Wachtmeister. Als Auszeichnung tragen die Oberwachtmeister quer über die Achselklappen eine silberne Tresse mit schwarzen, ab 1902 schwarzen und roten Durchzügen. Ab 1910 erhalten die Achselklappen der Oberwachtmeister an den Seiten und oben herum eine silberne Tresseneinfassung mit Durchzügen in den Reichsfarben. Gleichzeitig wird der Namenszug »EL« in gelben Metallbuchstaben aufgelegt. Ab 1910 wird die zweite, etwas schmalere Tresseneinfassung über den Ärmelaufschlägen für die Oberwachtmeister obligatorisch.

Die in der Armee erworbenen Abzeichen (Schießschnur, Sergeantenknöpfe, Kaiserpreis usw.) dürfen in der Reichsgendarmerie von allen Dienstgraden weitergetragen werden.

Der Sommerrock aus graugrünem Tuch wird im Jahre 1914 eingeführt. Er hat eine verdeckte Knopfleiste und schräg eingeschnittene Taschen mit Patten an den Vorderschößen. Der Kragen, die Aufschläge, Litzen und Tressen bleiben wie am Waffenrock. Die Achselklappen sind jedoch aus dem Grundtuch des Sommerrockes.

Die Hosen der Gendarmen und Wachtmeister sind aus schwarzblauem Tuch mit ponceauroten Vorstößen in den äußeren Längsnähten. Der Schnitt ist wie bei den Hosen des Militärs. Die Berittenen tragen Reithosen mit Lederbesatz, aber ohne Vorstöße. In der warmen Jahreszeit ist es gestattet, weißleinene Hosen zu tragen, die aber keine farbigen Vorstöße an den Außennähten haben.

Der Mantel ist aus fast schwarzem, ab 1884 aus grauem Tuch gearbeitet. Der Schnitt ist wie der Militärmantel. Die Knöpfe sind gelb, ohne Prägung. Der Kragen ist aus Grundtuch. Vorne in jeder Kragenspitze befindet sich eine kornblumenblaue Patte, ab 1900 zusätzlich noch eine gelbe Litze mit kornblumenblauem Spiegel. Die Gendarmen haben auf jeder Patte eine Querborte aus weißer Wolle mit schwarzen Durchzügen. Ab 1902 sind die Durchzüge in den Reichsfarben.

Bei den Wachtmeistern ist die Borte aus Silbertresse mit Durchzügen wie bei den Gendarmen. Zusätzlich haben die Unterkragen noch einen großen Auszeichnungsknopf auf jeder Seite, der nur bei hochgeschlagenem Kragen sichtbar ist.

Die Oberwachtmeister tragen den Mantel der Wachtmeister, ab 1894 mit einer zweiten Silberborte auf den Kragenpatten. An den Mänteln werden keine Schulterklappen getragen.

Der Umhang hat die Farbe des Mantels. Er wird mit drei Hornknöpfen unter einer verdeckten Knopfleiste geschlossen. Der Kragen aus Grundtuch hat die Abzeichen wie am Mantel.

Der Helm der Gendarmen zu Fuß ist aus schwarzem Leder, die Metallbeschläge sind gelb, der Vorderschirm ist rund (Abb. 53). Die Tellerbasis der Helmspitze wird mit Buckelschrauben auf dem Helm befestigt. Der Zierat besteht aus dem heraldischen Reichsadler. Die flache Schuppenkette wird mit Rosetten und Schlitzschrauben am Helm befestigt. Ab 1891 wird der sogenannte Knopf 91 zur Befestigung der Schuppenketten eingeführt. Er besteht aus einer stufig vorspringenden Rosette mit nach hinten oben zeigender Nase. Unter der rechten Schuppenkettenbefestigung wird die deutsche Kokarde getragen. Bei den Gendarmen, die das silberne Portepee tragen dürfen, ist der weiße Reif der Kokarde aus Neusilber. Zur Parade tragen die Gendarmen einen schwarzen Haarbusch aus Roßhaar auf dem Helm. Der Buschtrichter ist aus Messing.

Der Helm der berittenen Gendarmen hat einen eckigen Vorderschirm. Die Schuppenkette ist konkav gewölbt. Die Helmspitze hat eine Kreuzblattbasis. Sonst gelten die Bestimmungen wie für den Helm der nicht berittenen Gendarmen.

Der Helm der Wachtmeister und der Oberwachtmeister entspricht dem Helm der Gendarmen mit den Besonderheiten, je nachdem ob die Wachtmeister oder Oberwachtmeister beritten sind oder nicht. Der weiße Reif der Kokarde ist immer aus Neusilber, so wie auch der Buschtrichter aus Neusilber ist.

Die Mütze ist für alle Dienstgrade gleich. Sie besteht aus dunkelgrünem Grundtuch mit kornblumenblauem Besatzstreifen. Um den Besatzstreifen und am Deckelrand befinden sich ponceaurote Vorstöße. Vorn auf dem Besatzstreifen wird die deutsche Kokarde getragen. Im Innendienst wird von den Gendarmen eine Mütze ohne Augenschirm getragen.

Die Seitenwaffe der Gendarmen zu Fuß dürfte in den ersten Jahren mit den Waffen der preußischen Landgendarmerie identisch sein, also das neupreußische Infanterieseitengewehr ohne Stichblatt M 1818, wie bei der kaiserlichen Schutzmannschaft beschrieben, jedoch mit gelben Metallteilen und Tragehaken am Mundblech. Genaue Angaben lassen sich dazu nicht mehr auffinden. In der Sekundärliteratur wird für 1881 ein »Haubajonett mit geflammter Klinge und eisernem Griff« angegeben. Die Klinge hat die Form des französischen Yatagans von 1866, der Griff aus Eisen ist dem preußischen Seitengewehr M 71 nachgebildet. Die Lederscheide hat eiserne Beschläge mit Tragehaken am Mundblech.

Im Jahre 1899 oder 1900 wird das sogenannte Fahnenträger-Seitengewehr eingeführt (Abb. 52). Das Gendarmerie-Seitengewehr unterscheidet sich von dem Seitengewehr für Fahnenträger durch ein kürzeres und nicht so stark abgebogenes inneres Stichblatt. Im Griffkorb befindet sich der Reichsadler. Der schwarze Griff mit Wicklung trägt den kaiserlichen Namenszug unter der Kaiserkrone. Die Steckrückenklinge mit Schör ist in einer Lederscheide, mit Ortblech und Mundblech mit Tragehaken. Die Seitenwaffen werden am übergeschnallten Leibriemen mit Tragetaschen geführt.

Die berittenen Gendarmen tragen den Kavalleriesäbel M 52 mit schwarzem Griff und Silberdrahtverwicklung. Das mehrspangige Bügelgefäß und die Stahlscheide sind vernickelt. Die Scheide hat zwei Trageringe (Abb. 80). Die Waffe wird untergeschnallt getragen. Später wird der Kavalleriesäbel M 52/79 geführt.

An der Waffe tragen die Gendarmen eine weißwollene Troddel mit Durchzügen in den Reichsfarben. Die Gendarmen zu Fuß an einem weißen Band, die berittenen Gendarmen an einem rotjuchtenem Schlagriemen. Diejenigen Gendarmen, denen in der Armee das silberne Portepee verliehen wurde, dürfen dieses, allerdings mit Durchzügen in den Reichsfarben, zu ihren Seitenwaffen tragen. Nach einer Gesamtdienstzeit von 25 Jahren dürfen die Gendarmen das silberne Portepee an der Offiziersseitenwaffe anlegen. Diese wird aber immer in einer Tragetasche am Leibriemen geführt. Ab 1889 verkürzt sich die Dienstzeit auf zwölf Jahre, ab 1894 auf zehn Jahre.

Die Seitenwaffe der Wachtmeister, soweit sie nicht das Offiziersseitengewehr tragen, ist der Füselieroffizierssäbel in Lederscheide. Der Griff und die

Beschläge an der Scheide sind aus Tombak. Am Mundblech befindet sich ein Tragehaken. Die Klinge ist leicht gebogen. Die berittenen Wachtmeister tragen den Kavalleriesäbel M 52. Die Trageweise der Waffen ist wie bei den Gendarmen.

Die Seitenwaffe der Oberwachtmeister ist immer das Offiziersseitengewehr mit silbernem Portepee, bei den Oberwachtmeistern zu Fuß am übergeschnallten Leibriemen, bei den berittenen Oberwachtmeistern untergeschnallt.

Das Lederzeug ist weiß, ab 1901 braun. Der Leibriemen hat ein Messing-Kastenschloß mit der Kaiserkrone. Die Berittenen tragen keinen Leibriemen. Sie tragen ein weißes Bandelier mit schwarzem Kartuschkasten (Abb. 80). Ab 1901 sind Kartuschkasten und Bandelier aus braunem Leder. Auf dem Kartuschkasten befindet sich der kaiserliche Namenszug unter der Kaiserkrone aus gelbem Metall.

Der Waffenrock der Offiziere entspricht dem der Mannschaften mit folgenden Abweichungen: der eckige Stehkragen hat zwei goldgestickte Gardelitzen wie bei den Garderegimentern zu Fuß, der Tressenbesatz entfällt. Die Offiziere tragen ausschließlich schwedische Ärmelaufschläge mit zwei goldgestickten Gardelitzen mit Knopf, auch hier ohne Tressenbesatz. Die Knöpfe sind vergoldet.

Der Sommerrock aus weißem Tuch, im Schnitt wie der Waffenrock, wird im Jahre 1890 eingeführt. Er wird vorne mit sechs Goldknöpfen geschlossen und hat zwei weitere Knöpfe hinten in der Taille. Bereits im Jahre 1895 wird er von einer Litewka aus dunkelblauem Tuch mit gleichfarbigem Kragen abgelöst. Die Litewka wird mit einer verdeckten Knopfleiste geschlossen. Die im Jahre 1903 eingeführte graue Litewka hat vorne zwei Reihen mit je sechs Goldknöpfen und Stehumfallkragen und Rollaufschläge aus Grundtuch. Die Vorderkante, Aufschläge und Kragen haben rote Vorstöße. Am Kragen befinden sich kornblumenblaue Kragenspiegel mit roter Einfassung und je einem kleinen Knopf. Zum Sommerrock und zur Litewka werden die üblichen Feldachselstücke getragen.

Der Überrock der Offiziere ist schwarz, ab 1896 blau und ab 1903 dunkelgrün in der Farbe des Waffenrockes. Der Stehkragen ist kornblumenblau mit ponceauroten Vorstößen. Der Überrock ist doppelreihig, mit je sechs Goldknöpfen, die keilförmig (ab 1896 parallel) zueinander stehen. Die einfachen Ärmelaufschläge sind aus Grundtuch. Die geraden Taschenleisten im Rückenschoß haben ponceaurote Vorstöße und je zwei Knöpfe. Zum Überrock werden bis 1888 Epauletten, danach nur noch die Achselstücke getragen.

Die Hosen der Offiziere entsprechen denen der Mannschaften. Die weiße Sommerhose wird von den Offizieren allerdings nicht getragen.

Der Paletot der Offiziere ist aus schwarzem, ab 1893 aus hellgrauem Tuch und hat einen dunkelgrünen, ponceaurot vorgestoßenen Umlegekragen, der mit kornblumenblauem Unterfutter versehen ist. Der Mantel ist nach militärischem Schnitt gearbeitet, mit zwei Reihen von je sechs schräg gestellten, ab 1896 parallel zueinander stehenden Knopfreihen. Alle Knöpfe sind vergoldet und ohne Prägung. Auf den Taschenleisten befinden sich je drei und auf dem Riegel ein Knopf. Die Rollaufschläge sind aus Grundtuch.

Die Dienstgradabzeichen der Offiziere sind Epauletten, die ab 1888 nur noch zur Parade oder zu feierlichen Anlässen getragen werden dürfen, oder die Feldachselstücke.

Die Epauletten haben Feld und Schieber aus dunkelgrünem Tuch, ponceaurot vorgestoßen. Um die Schieber laufen Silbertressen mit schwarzen, ab 1902 schwarzen und roten Durchzügen. Die glatten Monde sind vergoldet. Auf dem Feld befinden sich die verschlungenen Buchstaben »EL« für Elsaß-Lothringen aus vergoldetem Metall. Die Offiziere vom Major aufwärts tragen die Epauletten mit losen Kantillen. Die Gradunterschiede werden durch vierzackige, vergoldete Sterne angezeigt. Die Passanten aus Epaulettentresse haben ponceaurote Unterlagen.

Die Achselstücke haben eine steife, dunkelgrüne Tuchunterlage. Ab 1916 kommt noch eine ponceaurote Auflage hinzu. Die Silberplattschnüre haben schwarze, ab 1902 schwarze und rote Durchzüge aus Seide. Bei den Dienstgraden bis zum Hauptmann liegen vier Plattschnüre nebeneinander. Bei den Stabsoffizieren sind die Plattschnüre geflochten (Abb. 81). Auf den Achselstücken wieder die verschlungenen Buchstaben »EL«.

Das Dienstabzeichen der Offiziere ist die Schärpe mit zwei Quasten, die an der linken Hüfte getragen werden. Ab 1888 wird sie nur noch zu besonderen Anlässen getragen. Gleichzeitig wird die Feldbinde mit rundem Feldbindenschloß, auf dem sich die Kaiserkrone befindet, eingeführt. Schärpe und Feldbinde sind aus Silbertresse mit Streifen in den Reichsfarben, das Feldbindenschloß ist vergoldet, das Unterfutter ist dunkelgrün.

Das Bandelier der Offiziere wird, außer im Feldeinsatz, erst im Jahre 1895 eingeführt. Es ist aus Goldtresse mit dunkelgrünem Unterfutter. Der Kartuschkasten aus schwarzem Lackleder hat auf dem Deckel den kaiserlichen Namenszug »W« unter der Kaiserkrone aus vergoldetem Metall.

Der Helm der Offiziere ist aus schwarzem Lackleder mit eckigem Augenschirm. Die Spitze mit Kreuzblattbasis wird mit Sternschrauben am Helm befestigt. Als Helmzier wird der Reichsadler getragen. Die gewölbte Schuppenketten werden mit Rosetten am Helm befestigt. Unter der rechten Schuppenkettenbefestigung befindet sich die Reichskokarde, bei der der weiße Reif aus Neusilber ist. Die Schuppenkette und die Helmbeschläge sind vergoldet. Zur Parade tragen die Offiziere einen schwarzen Paradebusch aus Büffelhaar. Der Buschtrichter ist vergoldet.

Die Offiziersmütze mit kurzem schwarzen Augenschirm gleicht der Mütze der Wachtmeister. Der weiße Reif der Reichskokarde ist auch hier versilbert.

Das Offiziersseitengewehr ist der Kavalleriesäbel 52 als Dienstwaffe. Daneben wird eine leichtere Interimswaffe mit einfachem Bügel, glatt oder mit Löwenkopfbügel, getragen. Ab 1890 ist die Dienstwaffe ein Säbel mit vergoldetem Löwenkopfgefäß. Der Interimssäbel bleibt wie bisher. Alle Seitenwaffen haben vernickelte Metallscheiden mit zwei Trageringen. Im Jahre 1916 entfällt der untere Tragering und die Scheiden werden geschwärzt. Die Seitenwaffen der Offiziere der Reichsgendarmerie dürften überwiegend eine Klingengravur oder -ätzung mit dem Reichsadler haben. An den Seitenwaffen wird das silberne Portepee mit Durchzügen in den Reichsfarben getragen.

Die frühen Uniformen der kaiserlichen Schutzmannschaft bis 1885[3]

Als Provisorium wird bereits im Jahre 1871 eine einheitliche Dienstmütze für alle im Polizeidienst stehenden Personen befohlen. Sie wird zu beliebiger Kleidung getragen; das kann die bisherige französische Polizeiuniform, das kann aber auch eine bürgerliche Kleidung sein.

Die Dienstmütze mit schwarzem Augenschirm, in der Form der Offiziersmütze des Militärs, ist aus dunkelblauem Tuch mit gleichfarbigem Besatzstreifen, auf dem die Reichskokarde in den Farben schwarz, weiß und rot (von außen nach innen) sitzt. Am Deckelrand und um den Besatzstreifen hat die Mütze ponceaurote Vorstöße.

Eine erste, etwas umfassendere Uniformierungsvorschrift erfolgt am 23. Oktober 1872 für alle Unterbeamten der Stadt-, Bezirks- und Gemeindeverwaltungen in den Reichslanden. Das Reglement enthält auch die Bestimmungen für die Dienstkleidung der Gemeindeschutzmänner, wie die Polizeibeamten zu diesem Zeitpunkt genannt wurden.

Als Dienstmütze wird die bereits eingeführte Mütze getragen. Auf besonderen Antrag wird es gestattet, oberhalb der Kokarde das Gemeindewappen anzubringen. Ein Helm wird im Jahre 1872 noch nicht befohlen.

Der doppelreihig geknöpfte Überrock ist aus dunkelblauem Tuch. Der Stehkragen und die schwedischen Ärmelaufschlägen sind aus Grundtuch. Die Vorstöße am Kragen, den Aufschlägen, vorn herunter am Überschlag und an den geraden Schoßtaschenleisten sind aus ponceaurotem Tuch. Statt der sonst üblichen Achselklappen wird eine Auszeichnungsschnur aus einer 10 mm breiten Goldplattschnur auf den Schultern getragen. Auf der Brust des Überrockes befinden sich zwei Reihen mit je sechs Knöpfen. Auf jedem Ärmelbeschlag und auf jeder Taschenleiste befinden sich jeweils zwei Knöpfe. Diese sind gelb und ohne Prägung. Auf Ersuchen der Gemeinden kann die Genehmigung erteilt werden, daß die Knöpfe mit dem Wappen der Gemeinde versehen werden.

Als Gradabzeichen erhalten die oberen Aufsichtsbeamten vorn auf jeder Kragenseite in den Rundungen je einen goldenen Epaulettenstern. In späteren Jahren bildet sich die Praxis heraus, daß die Vizewachtmeister und Wachtmeister die Ärmelaufschläge und Kragen des Überrockes aus dunkelblauem Samt tragen; auch wird es üblich, wenn auch nie angeordnet, daß die Vizewachtmeister in den Kragenecken je einen, die Wachtmeister je zwei goldene Epaulettensterne tragen. Im Sommer darf ein grauer Drillichrock mit grauen Hornknöpfen im gleichen Schnitt wie der Überrock getragen werden.

Die Seitenwaffe hat eine kurze, gebogene Keilklinge. Der Griff mit Bügel und Parierstange aus gelbem Metall ist in einem Stück gegossen. Die schwarze Lederscheide hat gelbe Beschläge. Es handelt sich hier um das Infanterieseitengewehr ohne Stichblatt M 1818 (neupreußisches). An der Waffe wird ein Troddel mit geschlossener Quaste aus Wolle in den Reichsfarben getragen. Die Seitenwaffe wird an einem beliebigen Unterkoppel am Tragehaken so durch den Rock gesteckt, daß nur der Griff über dem Rock bleibt.

Die weitere Entwicklung der Uniformierung der Polizei der Reichslande ist nicht nur aus heutiger Sicht unklar. Die Vorschriften der damaligen Zeit und ihre Anwendung durch die Beamten, die alle Selbsteinkleider waren, erschien schon zur damaligen Zeit derart nebulös, daß sich der Oberpräsident von Elsaß-Lothringen im Jahre 1882 veranlaßt sah, in den Reichslanden die derzeit getragene Uniformierung abzufragen, um sich selbst ein Bild zu machen von der vielfältigen Dienstkleidung. Das heute noch vorhandene, umfangreiche Archivmaterial über diese Umfrage ergibt ein durchweg uneinheitliches Bild über die frühe Uniformierung der Polizei. Allerdings ist deutlich festzustellen, daß sich die frühen Uniformen der Polizei der Reichslande in groben Zügen an die Bestimmungen über die Uniformierung der königlichen Schutzmannschaft Berlin vom 7. Juni 1866 anlehnte.

Als Ergebnis der Umfrage wurde ein einheitliches Reglement angestrebt, das am 6. Juni 1886 vom deutschen Kaiser genehmigt wurde. Erst nach diesem Zeitpunkt kann man von einer einheitlichen Uniformierung der kaiserlichen Schutzmannschaft Elsaß-Lothringen sprechen.

Im Interesse der Vollständigkeit und auch zur Verdeutlichung der sehr uneinheitlichen Dienstkleidung der Polizei in den frühen Jahren erscheint es notwendig, hier näher auf das Ergebnis der bereits erwähnten Unfrage von 1882 einzugehen.

Während die Angehörigen der Schutzmannschaft und die Offiziere der Kantonalpolizei die Uniformen nach dem Vorbild der Schutzmannschaft von Berlin tragen sollten, behielten die unteren Chargen der Kantonalpolizei ihre Dienstkleidung nach Vorschrift vom 23. Oktober 1872.

Nachfolgend sollen die Bestimmungen für die Schutzmannschaft Berlin, wie sie im Jahre 1882 Gültigkeit hatten, vorgestellt werden, um daran anschließend die Ergebnisse der Umfrage von 1882 aufzuzeigen. Diese sind nur in dem Maße aufgeführt, wie sich Varianten ergeben haben. Sie sind nicht abschließend und lassen durchaus noch weitere Möglichkeiten zu.

Der Rock des Schutzmannes zu Fuß ist aus dunkelblauem Tuch zum Übereinanderknöpfen mit zwei Reihen Knöpfen eingerichtet. Der Stehkragen, die Achselklappen und die schwedischen Ärmelaufschläge sind gleichfalls aus dunkelblauem Tuch, jedoch mit kornblumenblauen Vorstößen eingefaßt. Die Knöpfe sind aus Neusilber und zeigen in erhabener Prägung das königlich preußische Wappenschild mit dem heraldischen Adler und mit der Krone darüber. An jedem Rock befinden sich 24 Knöpfe: 2 Reihen à sechs auf der Brust, zwei auf jedem Ärmelaufschlag, drei auf jeder Taschenleiste und ein kleiner Knopf auf jeder Schulter. Der Kragen und die Ärmelaufschläge sind mit einer echt silbernen, etwa 1,2 cm breiten und mit zwei schwarzen Streifen versehenen Tresse umnäht. Auf jeder Achselklappe befindet sich das kleine preußische Wappenschild mit der Krone. Daneben ist mit neusilbernen Ziffern die Nummer befestigt, unter welcher der Schutzmann in den Listen geführt wird.

Straßburg, Mülhausen, Metz

Der Rock des Schutzmannes ist wie für Berlin vorgeschrieben, jedoch mit folgenden Abweichungen: die Knöpfe sind mit dem Reichsadler und die Tressen aus Silber sind mit zwei schwarzen und in der Mitte mit einem roten Streifen versehen.

Der Rock des Polizeiwachtmeisters zu Fuß ist ganz so, wie der der Schutzmänner, nur sind der Kragen und die Aufschläge aus dunkelblauem Samt. Anstatt der Achselklappen ist eine Achselschnur in Silber und schwarz aufgesetzt.

Straßburg

Wie vorstehend, jedoch mit folgenden Abweichungen: die Wachtmeister tragen am Kragen und an den Ärmelaufschlägen statt der Tressen eine Stickerei in Silberfäden in Form einer Säge und die Achselschnur ist in Silber mit schwarzen und roten Streifen durchwirkt.

Mülhausen

Die silbernen Achselschnüre sind mit roter und schwarzer Seide durchflochten.

Metz

Die Achselschnur der Wachtmeister besteht aus Silber, Schwarz und Rot. Die Kragen der Röcke sind mit der für die Röcke der Berliner Abteilungswachtmeister vorgeschriebenen Säge in Silber versehen.

Die Beinkleider sind aus graumeliertem Buckskin mit Schlitz und mit zwei Seitentaschen. Die äußeren Seitennähten haben einen Vorstoß aus kornblumenblauem Tuch. Sie werden von den Schutzmännern, Polizei- und Abteilungswachtmeistern im gleichen Schnitt und gleicher Güte getragen. Die weißleinenen Beinkleider sind von gleichem Schnitt wie die Beinkleider aus Buckskin, jedoch ohne Vorstöße.

Straßburg, Metz

Es bestehen keine Abweichungen.

Mülhausen

Die Schutzmänner und die Wachtmeister tragen vielfach statt der weißleinenen Beinkleider solche aus grauem Drillich.

Der Mantel ist aus dunkelblauem Tuch. Er reicht bis zum halben Unterschenkel und ist mit zwei Reihen glatter, neusilberner Knöpfe und hinten mit einem Gürtel aus gleichem Tuch versehen. An jedem Mantel befinden sich 19 Knöpfe: auf der Brust zwölf (2 Reihen à sechs), am Gürtel einer und an den Taschenleisten zwei Reihen à drei. Der 12 cm breite Kragen und die 12 cm breiten Ärmelaufschläge sind aus Grundtuch. Der Mantel der Polizei- und Abteilungswachtmeister hat keine Abzeichen (in den Reichslanden wird an den Kragen der letztgenannten Dienstgrade eine Silbertresse gefordert).

Straßburg

Der Paletot wird in gleicher Weise getragen.

Mülhausen

Der Umlegekragen des Paletots ist aus etwas hellerem Tuch als der Paletot selbst. Die Knöpfe sind ungleich, teils erhöht, teils glatt. Die Wachtmeister tragen keine Chargen-Erkennungszeichen an ihrem Paletot.

Metz

Eine Abweichung besteht nicht. Silberne Tressen werden seitens der hiesigen Wachtmeister nicht getragen.

Der Helm der Schutzmänner ist aus schwarzlackiertem Leder mit Vorder- und Hinterschirm. Die gereifte und mit einer Endkugel versehene Spitze endet in vier Bügeln. Sie wird mit vier Buckelschrauben auf dem Helm befestigt. Der königliche Namenszug (FW, verschlungen) mit Krone, die flache Schuppenkette, die Einfassung des Vorder- und Hinterschirmes, die Hinterhelmschiene und die Spitze sind aus Neusilber. Unter der Schuppenkette und mit dieser an der rechten Kopfseite befestigt, wird das königlich preußische National aus schwarzem Leder mit weißgemaltem Reif getragen.

Straßburg
Der Helm der Schutzmänner ist wie beschrieben, mit folgenden Abweichungen: statt des königlichen wird der kaiserliche Namenszug und statt des preußischen wird das deutsche Nationale am Helm getragen.

Mülhausen
Unter der Helmspitze befindet sich ein versilbertes gotisches W mit der Reichskokarde. Unter der Schuppenkette und mit derselben an der rechten Kopfseite befestigt, befindet sich die deutsche Nationalkokarde.

Metz
Der Helm der Schutzmänner zeigt vorn anstelle eines FW ein geschwungenes W mit der Kaiserkrone darüber. Die an der rechten Kopfseite unter der Schuppenkette getragene Kokarde ist aus gefaltetem Messing mit schwarzem, weißem und rotem Streifen.

Der Helm der Polizeiwachtmeister unterscheidet sich von dem der Schutzmänner nur durch den gekrönten heraldischen (preußischen) Adler mit dem königlichen Namenszug (FW mit Krone) auf der Brust. Der Adler ist aus Neusilber, der königliche Namenszug aus Messing gefertigt. Das Nationale ist aus schwarzlackiertem Leder mit neusilbernem Ring.

Straßburg
Wie beschrieben, mit dem Unterschied, daß statt des heraldischen preußischen Adlers mit dem königlichen Namenszug der Reichsadler und statt des preußischen das deutsche Nationale getragen wird.

Mülhausen
Der Helm unterscheidet sich von dem der Schutzmänner nur durch den gekrönten Reichsadler mit dem kaiserlichen Namenszug W auf der Brust.

Metz
Der Helm der Polizeiwachtmeister hat vorn den gekrönten heraldischen Reichsadler mit dem kleinen Reichsadler aus Messing, Zepter und Reichsapfel tragend, in der Mitte. Die Kokarde an der rechten Kopfseite ist wie die der Schutzmänner.

Der Säbel der Schutzmänner ist der altpreußische Infanteriesäbel, an welchem ein Troddel aus schwarzer und weißer Wolle befestigt wird. Der Säbel wird an einem um die Hüften zu schnallenden ledernen Unterkoppel an zwei Riemen getragen.

Straßburg, Metz
Es wird der gleiche Säbel getragen. Statt einer Troddel aus schwarzer und weißer Wolle wird eine aus schwarzer, weißer und roter Wolle getragen.

Mülhausen
Der Säbel wird ganz so wie in Berlin getragen.

Der Säbel der Polizei- und Abteilungswachtmeister ist der krumme Infanterie-Offizierssäbel von jetzt (1866) gebräuchlicher Form, jedoch mit weißen Beschlägen. An demselben wird das goldene Portepee befestigt. Der Säbel wird an einem ledernen, mit zwei Trageriemen versehenen Unterkoppel entweder an einem Haken hoch aufgehängt, oder an zwei Trageriemen so getragen, daß er die Erde nicht berührt.

Straßburg
Es wird der gleiche Säbel getragen, nur mit dem Unterschied, daß diejenigen, die Feldwebel oder Wachtmeister in der Armee waren, statt des goldenen das silberne Portepee tragen.

Mülhausen
Für den Säbel bestehen hier bisher keine besonderen Bestimmungen.

Metz
Das goldene Portepee ist in den Reichsfarben durchwirkt.

Der Rock des Polizeileutnants ist in der Farbe des Tuches, der Aufschläge und Vorstöße von dem der Mannschaften nicht verschieden. Zu Kragen und Aufschlägen wird dunkelblauer Samt verwendet. Der Kragen und die Aufschläge sind mit einer Stickerei in silber und schwarz versehen. Auf jeder Kragenseite befindet sich eine Silberstickerei in Form des heraldischen preußischen Adlers, von Rankenwerk umgeben. Die Ärmelaufschläge haben eine schmale, gestickte Silbertresse. Auf den Schultern wird statt des bisherigen gebräuchlichen Epauletts ein Schultergeflecht in silber und schwarz getragen. Dasselbe ist auf einer Unterlage aus dunkelblauem Samt mit hellblauen Vorstößen. Es wird in die Ärmelnaht eingenäht und ist zum Anknöpfen auf der Schulter eingerichtet. Auf dem Schultergeflecht befindet sich das kleine königliche Wappenschild mit der Krone.

Straßburg
Wie in Berlin, mit dem Unterschied, daß die Knöpfe mit dem Reichsadler, und daß der Kragen und die Aufschläge mit einer Stickerei in silber, schwarz und rot versehen sind. Das Schultergeflecht ist aus Silber, mit schwarzen und roten Streifen durchwirkt, es hat keine hellblauen Vorstöße und ist nicht fest eingenäht, sondern zum Auf- und Abnehmen eingerichtet.

Mülhausen
Die Polizeikommissare tragen den Rock der Polizeileutnants zu Berlin mit dem Unterschied, daß die Achselstücke mit roter und schwarzer Seide durchflochten sind und dieselben, wie auch auf dem silbergestickten Kragen mit dem Reichsadler und darüber befindlicher Krone besetzt sind. Ferner tragen sie auf den Knöpfen den Reichsadler mit Krone.

Metz
In den Ecken der Kragenstickerei ist anstelle des preußischen Adlers der Reichsadler mit roten Flügelspitzen eingestickt. Die Schultergeflechte werden in Silber, schwarz und rot getragen. Auf demselben befindet sich an-

stelle des preußischen Wappens der Reichsadler. Das gleiche trifft für die Knöpfe zu.

Der Rock des Polizeihauptmanns unterscheidet sich von dem der Leutnants durch die Rankenstickerei auf Kragen und Ärmelaufschlägen und durch das Schultergeflecht. Es besteht aus dreifach zusammengenähten, geflochtenen Schnüren in Silber und Schwarz und zeigt unter dem Wappen mit der Krone zwei vergoldete Sterne nebeneinander.

Straßburg
Der Rock des Polizeiinspektors ist wie der von den Hauptleuten in Berlin getragene, mit dem Unterschied, daß die Knöpfe mit dem Reichsadler und die Schultergeflechte aus Silber mit schwarzen und roten Streifen durchwirkt sind. Auf den Geflechten befindet sich der Reichsadler, die hellblauen Vorstöße fehlen. Die Schultergeflechte sind zum Abnehmen eingerichtet.

Mülhausen
Der Rock des Polizeiinspektors unterscheidet sich von dem der Polizeikommissare nur durch die Form der Stickerei auf Kragen und Ärmel. Diese ist die gleiche wie die der Berliner Polizeihauptleute. Auch trägt der Polizeiinspektor die gleichen Achselstücke wie letztere, nur mit der Abweichung, daß neben dem schwarzen Seidenstreifen noch ein roter durchgezogen ist und anstelle des preußischen Wappens der gekrönte Reichsadler aufgelegt ist.

Metz
Die Schultergeflechte werden ebenfalls in Schwarz, Weiß und Rot getragen. Auf denselben befindet sich der Reichsadler, gleich wie auf den Knöpfen. Bei feierlichen Anlässen werden seitens der Polizeikommissare und Polizeiinspektoren die früher in Berlin gebräuchlich gewesenen silbernen Epauletten mit dem Reichsadler getragen.
Die früher von den Offizieren der Schutzmannschaft Berlin getragenen Epauletten hatten silberne Felder und Schieber, silberne Epaulettentressen mit schwarzen Durchzügen und silberne Halbmonde. Auf den Feldern das kleine preußische Wappenschild mit der Krone. Die Hauptleute trugen auf den Epauletten je zwei vergoldete, vierzackige Gradsterne, die Leutnants hatten keine Sterne. Das Unterfutter war dunkelblau.

Der Interimsrock wird den Polizeileutnants und den Polizeihauptleuten zur Schonung der oben beschriebenen Uniformröcke gestattet. Der Interimsrock unterscheidet sich von dem anderen Dienstrock nur durch das Fehlen der Stickereien auf Kragen und Aufschlägen. Auf den Kragen der Interimsröcke der Polizeihauptleute sind in jeder Kragenecke zwei Gradsterne aufgesetzt. Die noch nicht etatmäßig angestellten Polizeileutnants tragen nicht den beschriebenen Uniformrock, sondern nur den Interimsrock.

Die Abzeichen der Charge, welche die Polizeileutnants und -Hauptleute in ihrem Militärverhältnis einnehmen oder eingenommen haben, werden auf den vorschriftsmäßigen Schultergeflechten nicht mehr erkenntlich gemacht.

Straßburg, Metz
Der Interimsrock wird mit dem Unterschied getragen, daß die Ärmelaufschläge nicht aus Samt, sondern aus Tuch sind. Die Knöpfe sind glatt.

Mülhausen
Am Interimsrock sind die Knöpfe glatt.

Die Beinkleider der Offiziere unterscheiden sich in Farbe und Schnitt von denen der Mannschaften nicht.

Straßburg, Mülhausen, Metz
Es bestehen keine Abweichungen.

Der Paletot der Offiziere ist aus dunkelgrauem Tuch in der Form, wie ihn die Offiziere der Armee tragen. Der hohe Umschlagkragen ist auf der inneren Seite aus dunkelblauem Tuch, auf der Außenseite aus blauem Samt wie die Uniformkragen und mit einem hellblauen Vorstoß versehen. Die glatten Knöpfe sind silberfarben. Anstatt des Paletots kann von den Offizieren ein dunkelgrauer Mantel mit einem Kragen wie am Paletot getragen werden.

Straßburg, Mülhausen, Metz
Es bestehen keine Abweichungen, der Mantel wird nicht getragen.

Der Helm der Offiziere hat die Form wie bei den Mannschaften. Derselbe zeigt den heraldischen Adler in Silber mit goldenem, königlichen Namenszug »FW«. Auf den von der Helmspitze verlaufenden vier Bügeln befindet sich je ein goldener Stern als Helmschraube. Die Spitze ist reicher verziert als die auf den Helmen der Mannschaften.

Straßburg
Wie in Berlin, jedoch mit der Abweichung, daß statt des gekrönten Adlers mit goldenem königlichen Namenszug der Reichsadler in Silber und statt der preußischen Kokarde die deutsche Kokarde getragen wird.

Mülhausen
Der Helm der Offiziere hat den gekrönten heraldischen Reichsadler in Silber mit vergoldetem Wappenschild auf der Brust.

Metz
Der Helm der Offiziere ist wie derjenige der hiesigen Wachtmeister, nur werden als Helmschrauben (wie in Berlin) goldene Sterne verwandt.

Die Mütze der Polizeileutnants und -Hauptleute hat die Form wie die Mütze der Offiziere der Armee. Sie ist aus dunkelblauem Tuch mit dunkelblauem Samt am Besatzstreifen und mit hellblauen Vorstößen. An der Mütze wird die preußische Kokarde und darüber das königliche Wappenschild mit der Krone getragen.

Straßburg, Mülhausen, Metz
An der Mütze wird die deutsche Kokarde mit dem Reichsadler darüber getragen.
Der Säbel der Polizeileutnants und -Hauptleute hat die Form wie der Säbel der Füsilieroffiziere, jedoch mit weißen Beschlägen. Er wird an einem schwarzledernen Unterkoppel und zwei Trageriemen mit weißen Löwenkopfbeschlägen entweder am Haken hoch aufgehängt oder herabhängend so getragen, daß der Säbel die Erde nicht berührt. Am Säbel ist das goldene Portepee befestigt. Diejenigen Polizeioffiziere, welche noch aktive Offiziere in der Armee sind, oder mit der Berechtigung zum Tragen der Offiziersuniform aus der Armee ausgeschieden sind, können anstatt des goldenen das silberne Portepee tragen.
Straßburg
Wie in Berlin. Am Säbel wird unterschiedlich das goldene und das silberne Portepee getragen.
Mülhausen
Keine Angaben.
Metz
Das goldene und das silberne Portepee sind in den Reichsfarben durchzogen.

Die frühen Uniformen der Kantonalpolizei bis 1885[4]

Die Angehörigen der Kantonalpolizei tragen in der ersten Zeit die bereits bei der Schutzmannschaft erwähnte blaue Dienstmütze. Auch die Uniform gemäß Reglement von 23. Oktober 1872 (bei der Schutzmannschaft beschrieben) wird von den unteren Chargen der Kantonalpolizei weiterhin getragen. Soweit für die Kommissare Uniformierungs- und Ausrüstungsstücke vorgeschrieben sind, sollen sie denen der gleichen Dienstgrade der kaiserlichen Schutzmannschaft entsprechen.
Um zu verdeutlichen, welcher Mangel an Uniformität bei den Dienstkleidungsstücken der Kommissare der Kantonalpolizei festgestellt wurde, sollen auch hier, wie bei der Schutzmannschaft schon geschehen, die Ergebnisse der Befragung von 1882 in dem Maße aufgezeigt werden, wie sie gravierende Unterschiede zu der vorschriftsmäßigen Dienstkleidung ergeben haben. Die nachfolgend aufgeführten Beispiele für die abweichende Trageweise der Uniformteile sind nicht abschließend. Weitere Varianten sind durchaus möglich. Wie mangelhaft die Ausstattung der Kantonalpolizei mit Uniformen war, sei am Beispiel des Kommissars von Colmar/Land aufgezeigt, der bei der Befragung berichtete, daß er »keine Uniform trägt, sondern nötigenfalls als Abzeichen eine schwarz-weiß-rote Schärpe über die Hüften anlegt«.

Der Waffenrock oder der Interimsrock nach Vorschrift der kaiserlichen Schutzmannschaft. Es werden beide Röcke getragen, obwohl nur der Interimsrock vorgeschrieben ist.

Metz (Kantonalpolizei)
Ein Rock gleich dem, wie er in dem Reglement von 1866 für die Berliner Polizeileutnants vorgeschrieben ist, mit Stickerei auf Kragen und Aufschlägen. Der Interimsrock nach Vorschrift. Schultergeflecht in Silber mit Durchzügen in den Reichsfarben und mit dem goldenen Reichsadler. Die hellblauen Vorstöße fehlen.

Der Kantonalpolizei-Kommissar Gaasch:
»Interimsrock aus dunkelblauem Tuch mit glatten Aufschlägen und dunkelblauem Samtkragen sowie hellblauen Vorstößen. Schultergeflechte in Silber, Rot und Schwarz und mit dem Reichsadler in Messing. Dunkelblaue Samtunterlage mit kornblumenblauen Vorstößen. Außerdem befinden sich auf den Schulterstücken des Interimsrockes Epaulettenhalter aus Silbertresse mit dunkelblauer Samtunterlage zum Befestigen der Epauletten aus Silbertresse mit vergoldetem Reichsadler und dunkelblauer Samtunterlage. Einen Waffenrock besitze ich nicht«.

Ars
Am Rock befindet sich an der vorderen Kragenseite der deutsche Wappenadler in gestickter Form. Die silberne Plattschnur des Schultergeflechtes ist außer mit schwarzer auch noch mit roter Seide durchzogen. Das Schultergeflecht ist nicht in die Achselnaht eingenäht, sondern zum Anknöpfen mit einer Zunge versehen, nach Art der Feldachselstücke der Offiziere in der Armee. Auf den Knöpfen und dem Schultergeflecht befindet sich der Reichsadler. Anstelle des Interimsrockes wird ein Überrock getragen. Der Schnitt ist wie bei dem Dienstrock, nur sind die breiteren Ärmelaufschläge statt aus dunkelblauem Samt aus Grundtuch des Rockes gearbeitet. An den Aufschlägen, Taschenleisten, am Kragen und vorne befinden sich hellblaue Vorstöße. Die Knöpfe sind glatt und flach. Die Taschenleisten sind gerade und haben jeweils nur zwei Knöpfe.

Bolsten
Ein Interimsrock aus dunkelblauem Tuch mit Schultergeflechten und Epauletten.

Diedenhofen
Ein Interimsrock mit dunkelblauen Vorstößen und gelben Knöpfen mit Reichsadler. Die Aufschläge sind aus dem Tuch des Rockes.

Altkirch
Ein Interimsrock mit glatten Knöpfen und dem Schultergeflecht in Silber mit schwarzen und roten Seidenfäden durchzogen. Zuweilen werden Epauletten mit silbernen, gereiften Monden und silbernem Feld, in welchem

sich der silberne Reichsadler befindet, getragen. Die Unterfütterung der Epauletten ist aus dunkelblauem Samt.

Der Helm nach Muster wie von den Offizieren der kaiserlichen Schutzmannschaft getragen.

Metz (Kantonalpolizei)
Helm mit Neusilberbeschlägen, vergoldetem Reichsadler, deutscher Kokarde und vergoldeten Helmschrauben.

Ars
Helm mit Neusilberbeschlägen. Der Reichsadler hat auf der Brust das preußische heraldische Wappen aus Messing. An der rechten Schuppenkette die deutsche Kokarde.

St. Anvery
Helm nach Vorschrift, nur mit einem Reichsadler in Bronze auf einem Messingschild inmitten des großen Reichsadlers aus Neusilber. Deutsche Kokarde.

Münster
Der Helm entspricht der Vorschrift mit Ausnahme des an der Stelle des königlichen Namenszuges befindlichen vergoldeten Reichsadlers und der deutschen Kokarde.

Der Säbel nach Vorschrift, wie er von den Offizieren der kaiserlichen Schutzmannschaft getragen wird.

Metz (Kantonalspolizei)
Der Kavalleriesäbel mit Löwenkopf und Stahlscheide, daran das goldene Portepee.

Ars
Der Säbel wird nach Vorschrift getragen, der Stengel des goldenen Portepees ist mit roten Seidenfäden durchzogen.

Diedenhofen
Der Artilleriesäbel mit silberfarbenem Portepee, das von schwarzen und roten Seidenfäden durchzogen ist.

Altkirch
Der Füsilier-Offizierssäbel mit gelbem Beschlag.

Die kaiserliche Schutzmannschaft und die Kantonalpolizei Elsaß-Lothringen 1886 bis 1918[5]

Der Rock des Schutzmannes ist aus dunkelblauem Tuch zum Übereinanderknöpfen mit zwei Reihen Knöpfen eingerichtet. Kragen, Achselklappen, Ärmelaufschläge und Taschenleisten sind gleichfalls aus blauem Tuch, mit kornblumenblauen Vorstößen eingefaßt. Am Rock befinden sich 24 Knöpfe: zwei Reihen à sechs auf der Brust, zwei auf jedem Ärmelaufschlag, drei auf jeder Taschenleiste und ein kleiner Knopf auf jeder Schulter. Die Knöpfe sind aus Neusilber mit dem Reichsadler in erhabener Prägung. Auf jeder Achselklappe ist aus neusilbernen Ziffern die Nummer befestigt, unter welcher der Schutzmann in den Listen geführt wird. Der vorn abgerundete Stehkragen und die schwedischen Ärmelaufschläge sind mit einer echt silbernen, einen halben Zoll breiten und mit einer roten, zwischen zwei schwarzen Streifen liegende Tresse besetzt (Abb. 56).

Der Rock des Vizewachtmeisters ist wie der Rock der Schutzmänner, nur sind der Kragen und die Ärmelaufschläge aus dunkelblauem Samt. Statt der Achselklappen ist eine Achselschnur aus Silberschnur mit schwarzen und roten Durchzügen aufgesetzt.

Der Rock der Wachtmeister ist wie der Rock der Vizewachtmeister, nur hat er auf Kragen und Ärmelaufschlägen statt der Tressen eine Stickerei aus Silberfäden in Form einer Säge.

Die Hose aus graumeliertem Buckskin ist für alle Dienstgrade gleich. Sie ist mit Schlitz und Seitentaschen gearbeitet. Die äußeren Seitennähte haben einen Vorstoß aus hellblauem Tuch. In der warmen Jahreszeit können weißleinene Hosen in gleichem Schnitt, jedoch ohne farbige Vorstöße in den Außennähten getragen werden.

Der Mantel der Mannschaften, aus dunkelblauem Tuch gearbeitet, reicht bis zum halben Unterschenkel. Im Rücken hat er zwei Schoßtaschenleisten und darüber einen Gurt aus Grundtuch. Der Kragen und die glatten Ärmelaufschläge sind ebenfalls aus Grundtuch. Auf der Brust befinden sich zwei Reihen mit je sechs Knöpfen, je drei Knöpfe auf den Schoßtaschen und ein Knopf auf dem Rückengurt. Die Knöpfe sind aus weißem Metall, ohne Prägung. Der Mantel ist ohne Vorstöße gearbeitet.

Der Umhang wird im Jahre 1907 eingeführt. Für die Mannschaften ist er aus dunkelblauem Wolltuch. Er ist aus vier Teilen gearbeitet, mit einer Länge von 95 bis 105 cm, je nach Körpergröße des Beamten. Er soll bis in die Kniekehlen reichen. Der Kragen hat die Form wie am Mantel. Der Umhang wird mit zwei Hornknöpfen unter einer verdeckten Knopfleiste geschlossen. Er ist so gearbeitet, daß er auch über dem Mantel getragen werden kann. Seine untere Weite beträgt vier Meter.

Der Helm der Schutzmänner ist aus schwarzlackiertem Leder in der üblichen Form. Als Helmzier wird der kaiserliche Namenszug »W« mit der Kaiserkrone getragen (Abb. 56). Der gekrönte Namenszug, die Helmspitze, die flache Schuppenkette und die Einfassung des Vorder- und Hinterschirmes sind aus Neusilber. Die Helmspitze ist gereift und mit einer kleinen Endkugel versehen. Sie ruht auf einer Kleeblattbasis und wird mit vier Buckelschrauben am Helmkörper befestigt. Im Jahre 1911 entfällt die Einfassung des Hinterschirmes. Unter der Schuppenkette und mit dieser an der rechten Kopfseite befestigt wird das Nationale aus schwarzem Leder mit weiß und rot gemaltem Reifen getragen. Es ist jedoch durchaus üblich, daß die Kokarde aus gepreßtem Metall getragen wird.

Der Helm der Wachtmeister entspricht dem der Schutzmänner. Anstelle des gekrönten kaiserlichen Namenszuges wird der aus Neusilber gefertigte heraldische Reichsadler mit Krone getragen. Die Kokarde unter der rechten Schuppenkettenbefestigung ist wie bei den Schutzmännern, nur wird der weiße Ring aus Neusilber getragen.

Der Säbel der Schutzmänner ist der neupreußische Infanteriesäbel o./St. M 1818 mit folgenden Abweichungen: Griff, Bügel und Parierstange sind aus weißem Metall, ebenso auch die Beschläge an der schwarzen Lederscheide. Die keilförmige Klinge ist leicht gebogen. Die Waffe wird an einem schwarzledernen Unterkoppel an zwei Riemen getragen. Im Laufe des Jahres 1912 entfällt das Mittelortblech an der Scheide. Das Mundblech erhält zwei seitlich angebrachte Trageringe. Die Waffe wird jetzt an zwei kurzen Riemen am Unterschnallkoppel getragen. Am Griff wird ein Troddel aus Wolle in den Reichsfarben getragen.

Der Säbel der Wachtmeister ist der Füsilieroffiziers-Schleppsäbel, jedoch mit weißen Beschlägen in einer blanken Metallscheide mit zwei Trageringen. Der Säbel wird an einem ledernen, mit zwei Trageriemen versehenen Unterkoppel entweder an einem Haken hoch aufgehängt oder an den Trageriemen so getragen, daß er die Erde nicht berührt. An der Waffe wird das goldene Portepee getragen. Beamte, die in der Armee die Berechtigung erworben haben, das silberne Portepee zu tragen, dürfen dieses auch bei der kaiserlichen Schutzmannschaft tragen.

Der Rock der Polizeikommissare gleicht dem der Wachtmeister, jedoch wird auf den Schultern ein Geflecht in Silber, Schwarz und Rot in der für die Polizeileutnants der Schutzmannschaft Berlin vorgeschriebenen Form getragen. Das Schultergeflecht ist auf einer steifen Unterlage aus dunkelblauem Samt mit hellblauen Vorstößen befestigt. Es wird in die Schulternaht eingenäht und mit einem kleinen Knopf gehalten. Auf dem Geflecht befindet sich ein kleiner

Reichsadler. Der Kragen und die Aufschläge der Ärmel sind mit einer Stickerei in Silber, Schwarz und Rot versehen. Sie hat die Form, wie sie für die Polizeileutnants der Schutzmannschaft Berlin vorgeschrieben ist. In den Kragenecken ist jedoch statt des preußischen heraldischen Adlers der Reichsadler (Abb. 54) mit dem kaiserlichen Namenszug eingestickt. Die noch nicht etatmäßig angestellten Kommissare tragen ausschließlich den Interimsrock.

Der Rock des Polizeiinspektors gleicht dem der Kommissare, jedoch wird auf den Schultern je ein Geflecht in Silber, Schwarz und Rot getragen, wie es für die Polizeihauptleute der Schutzmannschaft Berlin vorgeschrieben ist. Es besteht aus dreifach zusammengenähten, geflochtenen Schnüren und zeigt unter dem Reichsadler zwei vierzackige vergoldete Sterne. Ab 1894 werden die Sterne oberhalb und unterhalb des Reichsadlers getragen. Der eckige Stehkragen und die schwedischen Aufschläge sind mit einer Rankenstickerei in Silber, Schwarz und Rot versehen, in der Form, wie sie für die Polizeihauptleute der Schutzmannschaft Berlin vorgeschrieben ist.

Der Interimsrock wird von den Kommissaren und Inspektoren zur Schonung der gestickten Waffenröcke getragen. Am Interimsrock fehlen die Stickereien an den Kragen und den Ärmelaufschlägen. Statt der Knöpfe mit Reichsadler werden glatte, neusilberne Knöpfe getragen. Die einfachen dunkelblauen Aufschläge sind aus Grundtuch. Die Stehkragen sind aus dunkelblauem Samt. Die Inspektoren tragen vorne in jeder Kragenecke einen vierzackigen, versilberten Gradstern.

Die Hosen der Offiziere gleichen denen der Schutzmänner, jedoch werden seitens der Offiziere keine weißen Hosen getragen.

Der Paletot der Offiziere ist aus dunkelblauem Tuch in der Form, wie ihn die Offiziere der preußischen Armee tragen. Der hohe Umschlagkragen ist auf der inneren Seite aus dunkelblauem Tuch, auf der äußeren Seite aus blauem Samt mit hellblauen Vorstößen. Die einfachen Ärmelaufschläge aus Grundtuch haben keine Vorstöße. Der Paletot hat glatte, versilberte Knöpfe.

Der Umhang der Offiziere hat den gleichen Schnitt wie bei den Mannschaften. Das Grundtuch und der Kragen sind wie beim Paletot. Der Umhang der Offiziere wird vorn mit fünf Hornknöpfen unter einer verdeckten Knopfleiste geschlossen. Innen an der Rückennaht hat der Offiziersumhang einen Querriegel mit Knopflöchern, um ihn an den Taillenknöpfen des Waffenrockes oder des Paletots zu befestigen.

Der Helm der Offiziere gleicht dem der Wachtmeister. Als Helmzier dient der Reichsadler in Silber oder versilbert. Die übrigen Helmbeschläge sind versilbert. Unter der rechten Schuppenkettenbefestigung wird die Reichskokarde mit neusilbernem Ring getragen. Auf den vier Bügeln der Helmspitze befindet sich je eine vergoldete Sternschraube. Die Spitze selbst ist höher und reicher verziert als auf den Helmen der Mannschaften.

Die Mütze der Offiziere mit kurzem schwarzen Augenschirm hat die Form der Offiziersmütze der Armee. Sie ist aus dunkelblauem Tuch mit Besatzstreifen aus dunkelblauem Samt und kornblumenblauen Vorstößen am Besatzstreifen und am Deckelrand. Vorn auf dem Besatzstreifen wird die Reichskokarde getragen und darüber ein kleiner Reichsadler.

Der Offizierssäbel der kaiserlichen Schutzmannschaft und der Kommissare der Kantonalpolizei ist der Füsilieroffiziers-Schleppsäbel, jedoch mit weißen Beschlägen. Im Laufe des Jahres 1912 wird die schwarze Lederscheide durch eine vernickelte Stahlscheide ersetzt. Der Säbel wird an einem schwarzlackierten Unterschnallkoppel mit zwei Trageriemen mit neusilbernen Löwenkopfbeschlägen entweder an einem Haken hoch aufgehängt oder herunterhängend so getragen, daß der Säbel die Erde nicht berührt. An der Waffe wird das goldene Portepee getragen. Offiziere, die aus der Armee mit der Berechtigung ausgeschieden sind, das silberne Portepee zur Ziviluniform anzulegen, dürfen es statt des goldenen tragen. Die Portepees haben Durchzüge in den Reichsfarben.

Anmerkungen

[1] W. Blankenstein, Die preußische Landjägerei im Wandel der Zeiten, Erfurt 1931

[2] Mila, Uniformierungsliste des Deutschen Reichsheeres, Berlin, div. Jahrgänge

[3] Für das folgende: Archiv des »Departments du Bas-Rhin, Strasbourg«, AL 69 — 344 A/344 B

[4] ebenda

[5] ebenda

Farbschema Elsaß-Lothringen

	Schutzmannschaft	Gendarmerie
Waffenrock	dunkelblau	dunkelgrün
Kragen	dunkelblau	kornblumenblau
Aufschläge	dunkelblau	kornblumenblau
Vorstöße	hellblau	ponceaurot
Knöpfe	silberfarben	goldfarben
Mütze	dunkelblau	dunkelgrün
Besatzstreifen	dunkelblau	kornblumenblau
Vorstöße	hellblau	ponceaurot
Helm	Leder	Leder
Beschläge	silberfarben	goldfarben
Helmzier	Reichsadler oder »W« mit Kaiserkrone	Reichsadler
Hose	graumeliert	schwarzblau
Vorstöße	hellblau	ponceaurot

Literaturnachweis

F. Beck, Geschichte des Großherzoglich Hessischen Gendarmeriekorps, Darmstadt 1905

W. Blankenstein, Die preußische Landjägerei im Wandel der Zeiten, Erfurth 1931

v. Klippstein, Die hessische Schutzpolizei, o.O., o.J.

A. Holzmann, Badens Orden und Ehrenzeichen, Karlsruhe 1909

I. Löhken, Die Polizeiuniformen in Preußen 1866-1945, Friedberg 1986

Mila, Uniformierungsliste des Deutschen Reichsheeres, Berlin, div. Jahrgänge

F. Retzlaff, Der Polizeibeamte, Lübeck/Hamburg 1925

A. Schlicht/J. Kraus, Die Uniformierung und Ausrüstung des deutschen Reichsheeres 1919 bis 1932, Veröffentlichung des Bayer. Armeemuseums, Band 4, Ingolstadt 1987

H. Schröder, Die Gendarmerie in Bayern, Augsburg 1900

H. Schröder, Das Kgl. Bayer. Gendarmerie-Korps 1812 bis 1912, München o.J.

A. Steinhauser, Geschichte des Großherzoglich Badischen Gendarmerie-Korps, Karlsruhe 1900

M. Weiß, Die Polizeischule Band I und II, Dresden, div. Jahrgänge

Wiest, Geschichte des Kgl. Württ. Landjägerkorps, Stuttgart 1907

Anzugordnung für die Bereitschaftspolizei, München 1931

Dienstanweisung für die Schutzmannschaft der Stadt Mainz, Mainz 1913

Handbuch für die Großherzoglich Badische Gendarmerie, Karlsruhe, div. Jahrgänge

Reglement, die Uniformierung der niederen Zivildiener betreffend, Darmstadt 1852

Amtsblatt des Hessischen Ministeriums des Inneren

Bayerisches Gesetz- und Verordnungsblatt

Bayerischer Staatsanzeiger

Deutsches Gendarmerieblatt

Gendarmerie-Verordnungsblatt für das Großherzogtum Baden

Gesetz- und Verordnungsblatt für das Königreich Bayern

Großherzoglich Badisches Regierungsblatt

Großherzoglich Hessisches Militär-Verordnungsblatt

Landjäger-Verordnungsblatt für das Königreich Württemberg

Regierungsblatt für das Großherzogtum Hessen

Regierungsblatt für das Königreich Bayern

Verordnungsblatt für die Badische Gendarmerie
Verordnungsblatt des Königlich Bayer. Kriegsministeriums
Württembergisches Landjäger-Verordnungsblatt
Württembergisches Regierungsblatt
Zeitschrift für Heereskunde — Wissenschaftliches Organ der Deutschen Gesellschaft für Heereskunde e.V., Berlin

Bildnachweis

Bayerisches Armeemuseum Ingolstadt	22, 26, 28, 29
Bekleidungsvorschrift für die Großherzoglich Badische Gendarmerie, Karlsruhe 1910	3
F. Beck, Geschichte des Großherzoglich Hessischen Gendarmeriekorps Darmstadt 1905	72
Stadtarchiv Bingen	41, 44
Rüdiger Fischer	25
Gesetz- und Verordnungsblatt für das Königreich Bayern	23, 24, 27
Gewerkschaft der Polizei, Landesbezirk Baden-Württemberg, Stuttgart	1, 13
Hauptstaatsarchiv Stuttgart (Vorlage und Repro)	45, 46, 77
Hessische Landes- und Hochschulbibliothek, Darmstadt	73, 74, 75
Peter Kühnel	5, 18, 19, 20, 30, 36, 38, 55, 56, 80
F. Retzlaff, Der Polizeibeamte. Ausgabe Baden, Lübeck 1926	7, 8
Staatsarchiv Karlsruhe	11, 12, 15
Sergio Semino	37, 53
Wehrgeschichtliches Museum Rastatt	2
Stadtarchiv Worms	40, 76
Bildarchiv des Verfassers	4, 6, 9, 10, 16, 17, 21, 34, 35, 39, 42, 43, 47, 48, 49, 50, 51, 52, 54, 57, 58, 59, 60, 61, 62, 63, 64, 65, 66, 67, 68, 69, 70, 71, 78, 79, 81, 82, 83
Aus den Beständen des Bayerischen Armeemuseums wurden mit freundlicher Genehmigung fotografiert	62, 63, 64, 65, 66, 67, 68, 69
Aus den Beständen des Wehrgeschichtlichen Museums Rastatt wurde mit freundlicher Genehmigung fotografiert	57, 58, 59, 60, 61, 78, 79